勞篤文老子著作五種

勞篤文　著

中華書局

圖書在版編目(CIP)數據

勞篤文《老子》著作五種/勞篤文著. —北京:中華書局,2016.1
ISBN 978-7-101-11169-9

Ⅰ.勞… Ⅱ.勞… Ⅲ.《老子》-著作-彙編 Ⅳ.B223.1

中國版本圖書館 CIP 數據核字(2015)第 185289 號

責任編輯:張繼海

勞篤文《老子》著作五種

勞篤文 著

*

中 華 書 局 出 版 發 行

(北京市豐臺區太平橋西里 38 號 100073)

http://www.zhbc.com.cn

E-mail:zhbc@zhbc.com.cn

北京瑞古冠中印刷廠印刷

*

787×1092 毫米 1/16 · 41½印張 · 6 插頁 · 300 千字

2016 年 1 月北京第 1 版 2016 年 1 月北京第 1 次印刷

印數:1-800 册 定價:480.00 元

ISBN 978-7-101-11169-9

夾在書中的一頁紙片

劳篤文先生

今打本缺御三字

今打本缺御八字

今打本缺御九字

為腹不為目故去彼取此寵辱若驚貴大患
若身何謂寵辱寵之若驚失之若驚是謂寵
辱若驚何謂貴大患若身吾所以有大患者
為吾有身及吾無身吾有何患故貴以身為
天下若可寄天下愛以身為天下者可以
託天下視之不見名曰夷聽之不聞名曰
希搏之不得名曰微此三者不可致詰故混
而為一其上不皦其下不昧繩繩不可名復
歸於無物是謂無狀之狀無物之象是謂忽
恍迎不見其首隨不見其後執古之道以御
今之有能知古始是謂道紀古之善為士者
微妙玄通深不可識夫唯不可識故強為之

書稿手迹

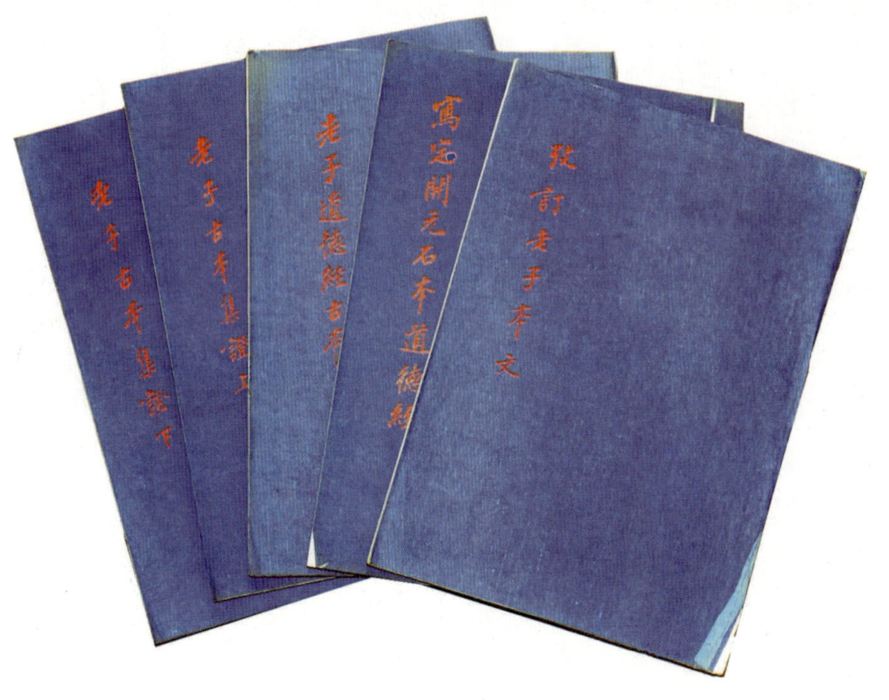

《考訂老子本文》等四種書影

勞篤文先生校注《老子》五種序

周景良

桐鄉勞先生名健，字篤文，是清代遺老、著名學者勞乃宣先生之次子。生於一八九四年，歿於一九五一年。勞先生主要經營實業，一生研習書法，用力極深，而於學術則尤留意於《老子》諸本之校勘。曾收藏古墨，頗可觀，惜於先生歿後已星散。

勞篤文先生和我父親周叔弢是相交一生的摯友。兩人相識早在清光緒三十一年乙巳（一九〇五年），當時父親十四歲，而先生年方十一歲。直至先生於一九五一年去世，相交一生，十分投契。一九二五年至一九三六年間，我父親任唐山華新紗廠總經理，先生在唐山華新紗廠任副總經理。其後，兩人都因拒絶與日本人合作而離開華新紗廠，在抗日戰爭期間賦閑八年。抗戰勝利後，先生擔任唐山華新紗廠總經理，直至解放後。兩人於文學、藝術等各方面都有相同的愛好。父親對先生的書法十分推重，覺得自己寫字不如先生，故有時爲珍藏宋版書籍題跋，亦請先生代爲抄寫在書上。勞夫人和我母親也相來往，兩家的子女更是非常熟悉，來往無間，可謂「通家之好」。只是解放以後，由於工作，天各一方，漸失聯繫。先生後人情形，我曾多年求索，久不得蹤跡。幸於前年得以聯繫到先生文孫勞志彬先生，欣喜過望，乃共同相商影印先生文稿手跡。冀先生精勤考訂之學、高深書法之妙，得以傳之世人，以盡我等作爲子孫及世交晚輩之心。

此卷所收，包括《老子古本考》及勞先生《老子》校本多種。《老子古本考》嘗印行於一九四一年（辛巳）秋，共印三百部，線裝，乃影印勞先生手寫稿。雖流行不廣，亦頗得學者推重，時有徵引。至於先生校勘《老子》共多少種，因原稿多有散佚，已無從計算。今印校本五種，爲勞氏後人所僅存者。近知外間流傳有先生四色校定《老子王弼注》稿本，有我父周叔弢跋及朱謙之先生兩長跋。惟不知此稿本於今下落，尚待訪求。先生校勘、考證之學凡有年代可證者，皆在一九四〇年代，殆於賦閑時期乃得以潛心學術耶！

先生善治印，存世有先生所治印之拓印本一册。又著有《篆刻學類要》，早於四十年代已印行。線裝，鉛字排印，世之學治印者多所遵崇。

一九四〇年代先生曾印行小册，名曰《百搭麻雀花樣新譜》。當時麻將遊戲新倡所謂「百搭」牌，得此牌可以代替任何一種花樣之牌，於是此遊戲益增複雜。先生乃排比種種可能，計其難易，定成全套規則，成此新譜。蓋亦遊戲之作耳。先生本人素不作麻將戲，創此「新譜」之工作，亦近乎數學運算。先生尊人韌叟素精籌算，此其家傳遺緒乎！

先生酷愛書法，嚮往晉唐真意，乃遍覽碑帖遺跡，求其用筆之道而勤習之，一生不輟。初敦煌寫經之發現，世人驚見大量六朝及唐人真跡。先生亦頗好之，反復臨習，得其精神。嘗於黃絹上仿六朝寫經體書《阿彌陀經》一部。數千字一氣呵成，細審其每一字，皆神似，而無一敗筆，至爲難得。於一九一二年初見日本藏

《智永千字文》真跡影本，先生歷經研考，對比虞世南、楊凝式、趙子昂諸家真跡，乃知其迴不可及，能傳古人用筆真意，於是潛心臨摹，窮其用筆之意。夫《千文》本智永爲傳右軍書法而作者，故其用筆之法變化多端，允爲大觀。先生臨習《千文》既久，乃盡得古人用筆之妙。尤見之於先生所爲行草，毫端收放，運用自如，無所掛礙。臨古人帖，能傳其精神，蓋知古人用筆之法，非徒描繪也。又先生曾以智永《千文》楷體書條幅，用筆變化豐富多彩，具見功力。然則究不能以「二王」神韻施之日常書寫。先生楷書仍以唐楷爲本，而於筆劃細節，不經意間流露多姿。唐人楷法偏凝重，先生乃兼採徐浩《不空和尚碑》筆意，其勢頓活。先生善寫小楷，每每字大小如豆，而筆姿盡現。先父甚愛之，嘗乞先生以小楷書扇而寶之。先生所書，多行、楷、草三體。先生隸書，近桂未谷體，不求奢華而尚簡約古樸，別具風格。余所見者僅二件，蓋不輕易爲之也。先生善治印，當精篆法，然於現存先生法書中僅見一扇用篆書，尤爲珍貴。綜觀先生書法，其用筆之精煉，不知世間有幾人，而世間知之者不多，深足惋惜。近世印刷術發達，當盡力搜求先生法書精品公之世人，以不負先生酷愛書法之一生也。

目録

老子古本考（上）

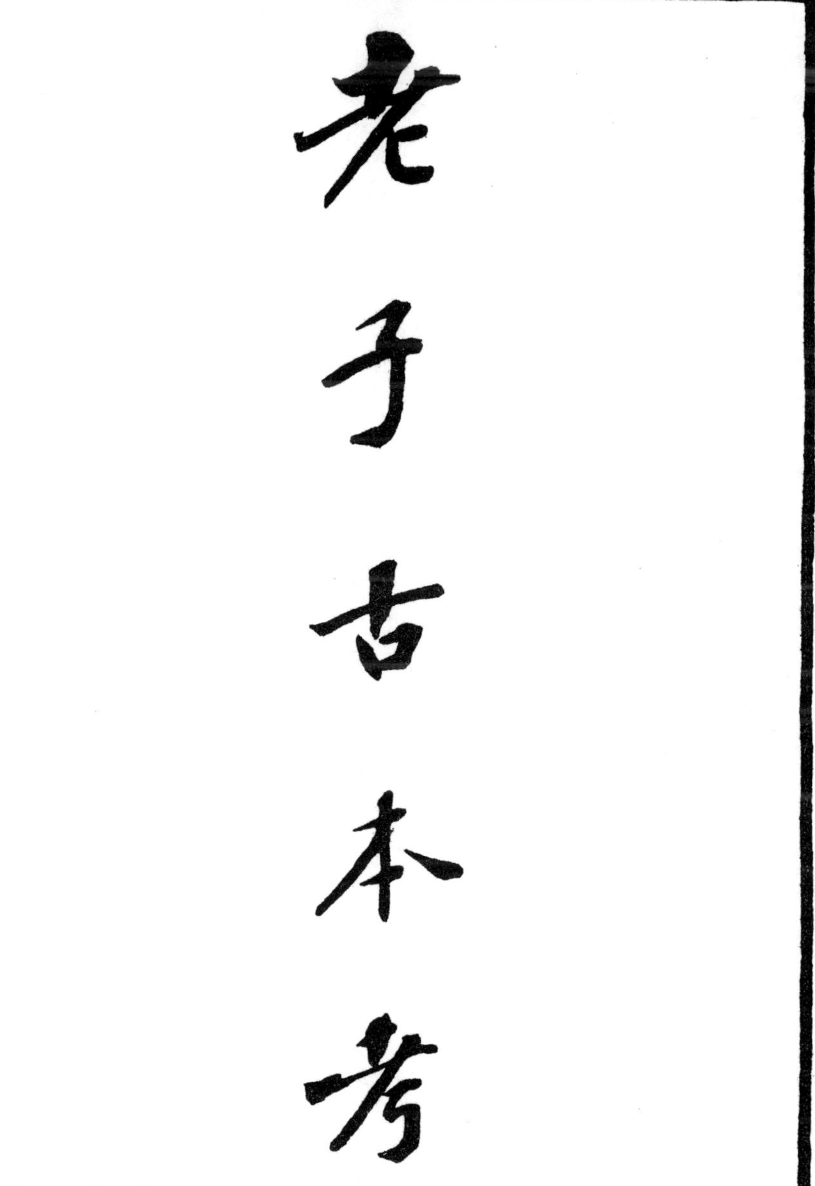
老子古本考

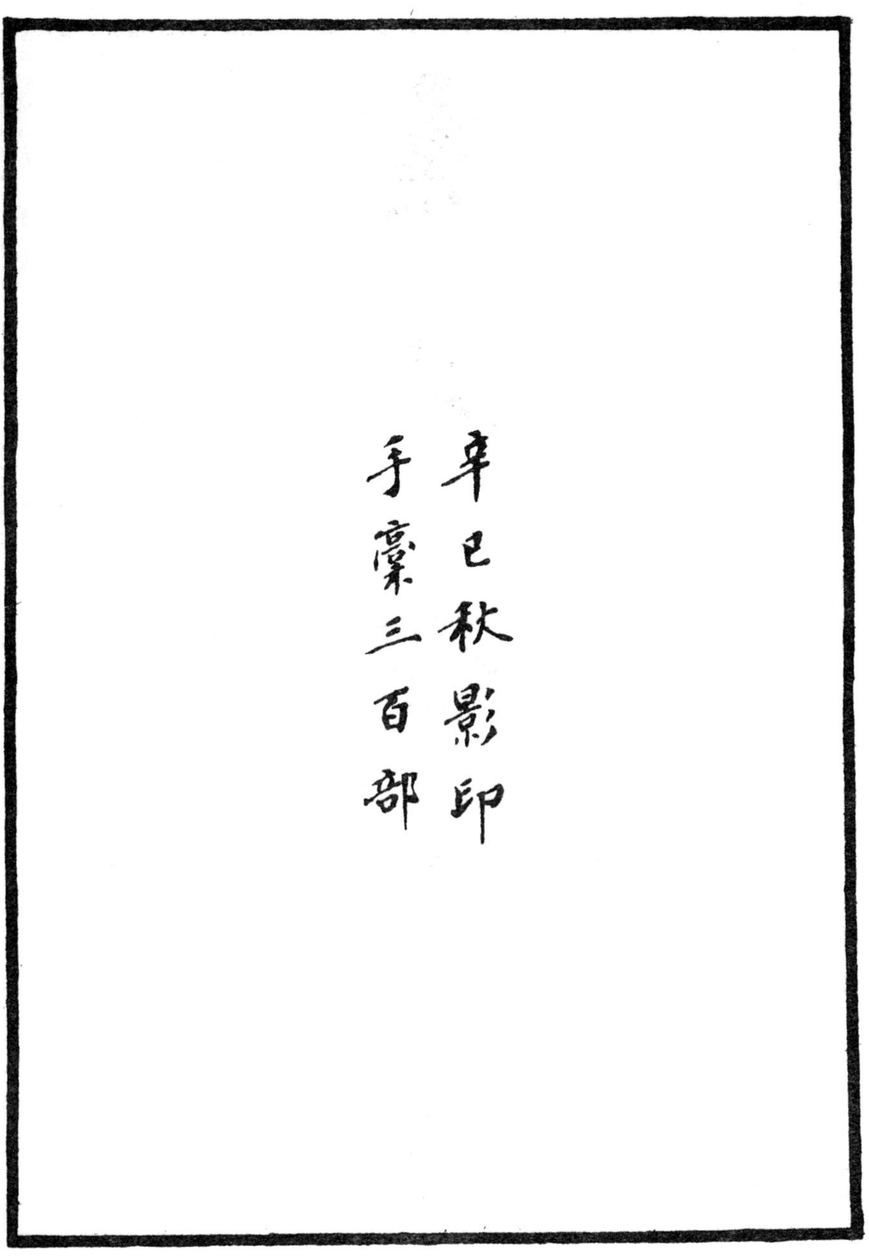

辛巳秋影印
手稾三百部

史稱老子著書言道德之意五千餘言約舉大凡而已傳本文字多少參差自古已然其間或經後人竄易增損更有妄爲翦裁使强就五千成數者歷年既久舛戾滋甚唐傅奕考覈衆本勘數其字云項羽妾本齊武平五年彭城人開項羽妾塚得之安丘望之本魏太和中道士寇謙之得之河上丈人本齊處士仇嶽傳之三家本有五千七百二十二字又洛陽官本五千六百三十五字王弼本五千六百八十三字或五千六百一十字河上公本五千三百五十五字或五千五百九十字而奕所校定古本篇爲五千五百五十六字雖時去古未遠文獻足徵傅氏又篤守許慎字義取辨謹嚴宜爲可信而按其文辭間亦失之拘章或近於蔓衍今惟道藏傳刻具本並有亥豕之疑鎮洋畢氏據以作老子考異摭取河上公王弼韓非淮南開元石刻及道藏諸本略爲訂證未盡詳

審且專務闡發許氏字說於文義出入尠所論列光宣之際敦煌
石室古寫本老子殘卷流布人間上虞羅氏蒐錄得六朝殘寫本
一唐殘寫本十合之止闕第六第七第八第五十六四章益以景
龍開元景福廣明四石刻都十有五本皆出唐以前乃據陸氏釋
文改正世傳王弼本踵畢氏作道德經考異盡錄所得寫本石本
異同以校王本可謂集古本大觀其於本之得失亦不著也江安
傅氏藏宋道士范應元老子古本集注為道藏所未收獨見劉惟
永集義序錄諸家姓氏列於林希逸徐權之間林徐著作皆稱景
定范蓋與同時者矣其注多取宋人說而頗明訓詁兼尊許書故
程氏說文解字義證亦閒嘗引之校勘尤█精博陳景元董思靖
彭耜諸家皆莫能及可謂善本僅出閒有疵纇瑕不掩瑜觀其尤
万悉弃諸字別構多與敦煌所出經卷書體相合或所據亦古寫

卷子本也書中徵引别本上自韓非下逮陳景元輩三十餘家出唐以前者蓋三居其二又宋鎌傳奕校記音義亦多今所不傳嘗就范本與傅奕古本羅氏輯錄諸唐本今傳河上本王弼本合校大率傅范皆與王本相近而互有長短諸唐本則多宗河上亦各具勝義惟好削減語詞是其通病景福廣明二本差少省略之失廣明殘闕已甚獨景福可采爲多寵辱若驚章今本寵爲下景福作寵爲上辱爲下蓋謂以爲上爲寵爲下爲辱則得失皆有以動其心今本闕文多解如以受寵爲下故驚得如驚失非其旨也以道佐人主章今本不以兵强天下景福作不以兵强於天下多一於字與王弼注義相合以知其旨爲戒窮兵有異於務去兵也用兵有言章今本抗兵相加哀者勝矣傅本作抗兵相若敦煌一本作抗兵相如互證以知加字爲如字之形誤蓋謂舉兵力相當則

哀者可勝非云凡舉兵相交即哀者勝也孔德之容章以閱衆甫敦煌一本作終甫以知衆當讀如終衆甫即終始或解作群美者爲失其旨也佳兵不祥章今本勝而不美傅范皆作故不美也無勝字而佳兵爲精飾兵器之義乃無可疑高郵王氏以佳爲古惟字非也視之不見章今本視之不見名曰夷范本夷作幾注云王弼同古本並引傅奕説幾字義訓釋之而今王本傅本並皆作夷知爲傅刻所改是又因范本得存王本傅本之真也夫五千言大旨固曰微妙難識然其文辭初非艱晦説者或過爲紆曲求之愈深失之愈遠亦魯魚陶陰常有以誤之耳今悉取傅本范本唐石本敦煌寫本雖非淮南河上公王弼及道藏諸本檢别疑繆參比覃研審義所安擇善而從旁徵周秦兩漢諸子與唐宋以來諸家注説訂爲老子古本考凡五千四百二十九字又存疑七十五字

剖析句讀略明音訓庶幾辭旨昭然具存其模在人玩習而自得之非所擬於鈎深索隱務追玄奥者也李道純道德會元分章皆不標題目止記右幾章其序例云河上丈人本有河上公解注有二家全解有章句白本三本中惟白本理長今從之然則章句白本當如李本亦無每章題目也今傳河上公本乃有體道養身諸章名擬議不倫殆與僞注同出流俗妄作而八十一章章句固自古相傳或並疑之以此僞注則已過矣陳景元藏室纂微序稱上下二卷八十一章皆起自先賢且仍舊貫斯爲篤論正統道藏別有冠章名之白本更多繆誤與李本大相逕庭如而貴食母乃從玄宗御注增改作而貴求食於母蓋後人轉錄俗本充之非李氏所據白本也嚴遵指歸相傳分七十二章今道藏僅存其下篇不記章第而所爲趣記凡四十節與上經四十下經三十二陽大陰

小上眾下寡之說又不盡合今莫能詳吳澄更訂為六十八章明太祖御注據吳本再併其一章為六十七章近世更競以改訂章句相矜尚甚至濫施割裂任意顛倒作者紛如不知老子闡述微旨多本古訓隨義立言積言成書遣辭行韻比類相從亦略見節次取便記誦而已必欲盡裁以後代文體強為科段雖使老子復生將不能自解則何益矣傳奕古本篇於每章之次書者第幾章若干言最可為法今仿其例壹如八十一章之舊亦便勘檢云爾

辛巳七月桐鄉勞健自序

老子古本考上

桐鄉 勞健 篤文

道可道。非常道。名可名。非常名。無名。天地之始。有名。萬物之母。故常無。欲以觀其妙。常有。欲以觀其徼。此兩者。同出而異名。同謂之玄。玄之又玄。衆妙之門。

右第一章五十九字　天地之始萬物之母景龍開元敦煌無之字傅范與景福皆有之　故常無欲以觀其妙常有欲以觀其徼景龍開元敦煌無故字以字景福有以字無故字傅范皆兼有之按常無常有猶第十一章有之以為利無之以為用有無二字之義也莊子天下篇建之以常無有蓋本於此河上王弼舊注皆以欲字絶句義未安司馬光始以常有常無為句得其旨矣第三十四章今本常無欲可名於小常無欲三字乃衍

文說詳後焦竑引以爲欲字絕句之證非也惟上文無名有名二句司馬氏亦以無字有字絕句則不然焦竑引道常無名始制有名二句證之是矣今從蘇轍注義無名有名爲句常無常有爲句。 觀字應讀如易觀卦之觀官喚反亦也徼釋文云小道也邊也徼妙也古弔反王弼云歸終也按當釋如邊王注歸終義猶邊際也或妄改作竅或解作徼倖與釋文兼注徼妙俱非莊子齊物論云夫道未始有封言未始有常封猶徼也妙者用之蘊而體從焉徼者體之備而用彰焉第十一章車室諸喻猶此義也方諸易妙有似乎乾之純粹精徼有似乎坤之直方大曰妙曰徼皆設爲可道可名以擬議之也莊子從而推論其不可道不可名者故曰未始有封未始有常也 此兩者同出而異名王弼注云同出於玄也按玄之爲言猶不可道不可名也欲亦其妙而謂之無焉。欲亦其徼而謂之有焉。亦相終始亦相表裏互名雖異本玄則同即同即異理無先後陳景元讀此兩者同句出而異名句則似先同後異矣且名玄玄門四句爲韻亦證不當於同字絶句　此章傅本范本並同

天下皆知美之爲美。斯惡已。天下皆知善之爲善斯不善已。故有無之相生。難易之相成。長短之相形。高下之相傾。音聲之相和。前後之相隨。是以聖人處無爲之事。行不言之教。萬物作焉而不爲始。生而不有。爲而不恃。功成而不處。夫惟不處。是以不去。

右第二章九十七字　天下皆知善之爲善淮南引如范本有天下二字義長傅與諸唐本無此二字　有無之相生六句之字傅范景福廣明皆如此他本無之字淮南齊俗訓故高下之相傾也短脩之相形也亦有之字王氏經傳釋詞云之猶則也

傳九年左傳曰東略之不知西則否矣晉語曰華則榮矣實之不知之亦則也互文耳按此六句之字義亦當如則也　相形王弼作相較不叶韻非是　萬物作焉而不爲始敦煌與傅本無焉字范本有焉字注云古本王弼楊孚同按道藏永樂大典武英殿諸王本皆如景龍開元景福作萬物作而不辭范氏稱引王弼本多與今諸王本不合與陸氏釋文亦不盡同蓋所據古王弼本今不傳矣今本第十七章王弼注中引此句則正如范本道藏無名氏道德真經次解所據龍興觀碑本亦作萬物作而不爲始不爲始者謂因其自然而不先爲之創也國語范蠡諫越王云人事不起弗爲之始、又云人事不起而創爲之始、逆於天而不和於人具說蓋本於此章明注先動爲始是也道藏强思齊玄德篡疏錄成玄英疏云始先也感而後應不爲物

先知成本亦作不爲始說文辭籀文从台作辝夏竦古文四聲
韻引石經詞作辝古孝經始作辝蓋二字古文形本相近畢氏
考異則云古始辭聲同致異亦謂作始義長　生而不有　敦煌
無此句他本皆有之　功成而不處夫惟不處　范引傅奕云古
本皆是處字樓傅本無而字敦煌功成作成功他唐本處皆作
居　此章全用范本

不尚賢。使民不爭。不貴難得之貨。使民不爲盜。不見可欲。使心不
亂。是以聖人之治也。虛其心。實其腹。弱其志。强其骨。常使民無知
無欲。使夫知者不敢爲也。爲無爲。則無不治矣。

右第三章六十八字　不尚賢　敦煌作不上寶賢字當是形誤
尚上古字通景龍亦作上　使民不爲盜　景龍開元敦煌省去
爲字他本皆有之　使心不亂　傅范作使民心不亂范引音辯

云古本皆有民字按永樂大典王本亦有民字武英殿據張之象本原無民字乃從永樂大典增補道藏王本則如諸唐本與淮南所引皆無民字此二句總攝上下文為不見可欲能使心不亂故曰不尚賢不貴貨能使民不爭不為盜也為見可欲則不免心亂故使民無知乃無欲也蓋本古語老子引之文推闡其義以為治民之道也當無民字老子引用古語說詳第六章

是以聖人之治也傅范皆如此廣明無也字開元並無之字景龍敦煌止作聖人治三字道藏李道純本直連下句作是以聖人虛其心並校云有之治也諸字者非按他本雖語詞完略不同皆有治字義自通敦李所據本偶奪一治字而誤以為古義當如此耳今從傅范　强其骨强傅作彊按傅本如强抱静彊諸字皆從說文作彊衰靖驕畢氏考異多稱申此類訓故然

凡此諸字經典相承通用已久無害文義茲悉從衆本用今通行字舉例於此後不備著他如范本无万炁弃諸别構字皆改從正體並同此例　使民無知無欲開元民作人唐人諱民字下筆習書作人亦有當作人而反書作民者蓋爲臨文不諱致矯枉過正而兼有濫改誤改之失也故諸唐本民人字往往互相參差舉例於此後不備校　使夫知者不敢爲也范本如此傅與諸唐本無也字景龍敦煌並無夫字知釋文音智武英殿王本直作智他本皆作知按以第五十六章知者不言第八十一章知者不博例之此亦當作知讀平聲　爲無爲則無不治矣治字傅范作爲他本皆作治范注無不爲傅奕孫登同古本河上公作無不治亦通今存古本按此句承上文聖人之治當作無不治又諸唐本與河上省矣字景龍敦煌並少爲無爲三

字道藏諸本亦多如傅范有矣字惟治不作為　此章使心不
亂從諸唐本無不治治字從河上諸本他皆從范本
道盅。而用之又不盈。淵兮似萬物之宗。挫其銳。解其紛。和其光。同
其塵。湛兮似常存。吾不知其誰之子。象帝之先。
右第四章四十三字　道盅盅字范與諸唐本作沖傅本作盅
按說文盅器虛也沖涌搖也今皆通作沖並訓虛傅作盅用說
文本字是也第四十二章沖氣以為和則當訓如涌搖之義不
訓虛故傅本亦作沖氣不作盅氣而范本反作盅氣並引說文
器虛之義解之非也說詳下篇又第四十五章大盈若盅傅范
並作盅他本作沖此字當盡以傅本為正　用之又不盈敦煌
與范本皆如此景龍作久不盈乃又字之形誤淮南作又弗盈
也他唐本皆作或不盈傅作又不滿第四十五章大盈若盅傅

范盈亦作滿按盈之作滿當是漢避惠帝諱所爲今從作又不盈古或有又三字音義相通　淵兮似萬物之宗傅范與諸王本皆如此景龍作深乎萬物宗當是唐人避諱改淵作深開元作淵似萬物宗敦煌作淵似萬物也宗皆有語詞　解其紛景龍開元敦煌紛作忿非是傅范與諸王本皆作紛釋文云河上作芬漢書禮樂志芬哉芒芒注芬亦謂衆多是猶紛紜之紛也今河上亦作紛按挫其鋭四句應讀如兩句謂挫其鋭以解其紛和其光以同其塵也用鋭解紛猶言用錐解結與用光照塵皆事理之常今反言之所以明無爲之旨若分釋作四句則無以顯其義宋刊河上本此章注云紛結恨也當念道無爲以解釋第五十六章同句則注云紛結恨不休當念道無爲以挫止之誤根作恨而釋如忿道藏河上本則並此章之注亦誤作結

恨也又夏竦古文韻引義雲章紛作𢙥从心唐本㤋字所由來
二者或居其一第五十六章同句諸王本又作分蓋亦通段爲
紛或古本並此章紛字皆止作分後人各從其解而加邊旁乃
有紛芬忿之異耳今兩章皆從作紛　湛兮似常存常字傅范
與諸王本作或河上作若景龍開元作湛常存敦煌作湛似常
存成玄英疏云湛凝寂也似不定也神凝始射動不乖寂故云
常存而言似者明非應非寂而寂而應知成本亦作常諸唐本
語詞互有省略惟常字義長當從之　吾不知其誰之子范與
景福皆如此傅與諸王本無其字他唐本並有其之二字　此
章盅字用傅本常字用唐本他皆用范本

天地不仁。以萬物爲芻狗。聖人不仁。以百姓爲芻狗。天地之間。其
猶橐籥乎。虛而不屈。動而愈出。多言數窮。不如守中。

右第五章四十五字　按此章言不仁猶醫家謂痿痺不識痛癢爲不仁也晏子春秋内篇景公欲殺犯槐者條晏父不仁不聞令醉而犯之史記仲尼弟子傳子貢説齊稱魯君愚而不仁皆用不仁爲昏昧無知之義非謂無仁德也芻狗祭祀所用如莊子天運篇未陳已陳之義以喻與時推移順應自然昏昏惛惛若無所察治故曰不仁言近旨遠老子之道所以爲大諸家皆説或解云聖人不存仁愛之心乃成其仁則辭彼義曲求通反執矣王弼獸食芻人食狗之説並涉支離　橐籥王弼注橐排橐也籥樂籥也程大昌云橐冶鞴也籥其管也橐吸氣滿而播諸鑪管受吸而噓之所以播也按王注樂籥字疑有誤後人多承其説别釋籥爲管笛非也當如程説玉篇鞴韋橐也可以吹火令熾字亦作橐或作排又名排筒橐籥並是此一物兼言

籥者猶舟曰舟楫兵曰兵刃屬類成辭義與樂器無涉此乃取
譬翕張往複、任無爲用之象、亦非管籥所能爲喻也、 虚而不
屈傅本屈作詘范與景龍開元景福諸本皆作屈釋文作掘注
云河上作屈屈竭也顧作掘云猶竭也按説文屈訓無尾引伸
爲凡短之稱故有竭義詘訓詰詘乃詘伸本字掘與搰互訓釋
文引顧云猶竭者謂通叚作屈也傅之作詘、蓋釋爲詘伸非是
此字當作屈訓竭音掘 動而愈出傅范景龍愈作俞他本皆
如釋文作愈此相承通叚字今仍從愈音俞 此章悉如范本
惟愈不作俞

谷神不死。是謂玄牝。玄牝之門。是謂天地之根。綿綿若存。用之不
勤。

右第六章二十六字 谷神漢邊韶老子銘引作浴神列子天

端篇並如衆本作谷神釋文云谷古木反中央無者河上本作浴浴者養也今天祿琳琅鐵琴銅劍樓兩宋刊與道藏河上本皆不作浴成玄英疏云谷空虛也范注引傅奕云谷神幽而通也。按谷字義當如第十五章曠若谷之谷不死亦猶第十五章安以動之徐生之謂也　是謂天地之根范與諸王本無之字王弼注中所引與傅本景福本道藏陸希聲本皆如列子有之字景龍開元並有上句之字與是謂字作玄牝門天地根　綿綿若存景福綿綿下有兮字他本所無　杜道堅道德玄經原旨云列子中亦有此章然不言出於老子而言黄帝書曰則知老子五千文引用墳典古語爲多如經中凡稱是以聖人稱古之所謂稱建言有之稱故聖人云稱用兵有言是皆明露申述古聖遺言故孔子述而不作竊有比焉惟信而好古者可與言此道按杜說是也他如融會古訓以見微旨或闡揚深義引為發端具例匪一難盡指數第二章不見可欲二句第二十七章善行善言二句皆猶此類也　薛蕙云老子書遣辭多變文以叶韻非取義於一字之閒如是謂玄牝則讀牝如匕以叶工句曰玄牝之門則特衍其辭與下句相叶或隨語生解又指一處為玄牝之門則失之矣按此言蓋闢趙實庵喻清中諸家傅會脩煉神仙之繆其論變文叶韻深得讀老子竅要不可不察

此章天地之根從傅本他如范本

天長地久。天地所以能長且久者。以其不自生。故能長生。是以聖人後其身而身先。外其身而身存。非以其無私邪。故能成其私。

右第七章四十九字　故能長生景龍與道藏龍興碑本司馬本成玄英疏作故能長久他本皆作長生以兩私字韻例之宜

作長生　非以其無私邪范與廣明皆如此開元景福無邪字
傅本非作不景龍省作以其無私　此章悉如范本

上善若水。水善利萬物。又不爭。處衆人之所惡。故幾於道。居。善地。心。善淵。與。善仁。言。善信。政。善治。事。善能。動。善時。夫惟不爭。故無尤。

右第八章五十字　又不爭景龍開元與道藏龍興碑本李榮强思齊司馬光趙秉文本皆如此他本多作而不爭　處衆人之所惡傅范處作居居處字義本互通傅范他居字多據古本作處此則諸唐本皆作處傅范反作居疑爲取同下文居善地居字然下文乃謂善能擇地爲居其義自别此句仍宜作處釋文亦作處注一本作居　與善仁傅與景龍仁作人范與開元諸本皆作仁按人相偶爲仁古亦以人通作仁　政善治道藏武英殿兩王本政作正傅范與諸唐本永樂大典王本皆作政

幾於道故無尤兩句下傅本各有矣字他本所無　按居善
地句乃承上文以總攝下文善者能也謂取法於水善能擇地
爲居則可致以下六能而皆由於不爭之故也呂惠卿解此章
有五要之出於不爭而以居善地爲本得之矣　此章又字處
字從開元諸本他皆如范本

持而盈之。不如其已。揣而銳之。不可長保。金玉滿室。莫之能守。富
貴而驕。自遺其咎。功成名遂身退。天之道。

右第九章四十一字　持而盈之持之爲言保也守也道藏司
馬本持作恃古字通陳景元引嚴遵作殖謂貨殖也義如保舊
說皆釋作執持之義故多曲解焦竑乃謂是古文倒語持而盈
之猶盈而持之懼其溢而左右以枝之曰持云云頗涉支離
揣而銳之范與景龍開元景福河上皆如此傅本揣作㪫注音

揣量也銳作梲注士活切解也釋文揣字下注云初委反又丁果反志瑞反顧云治也簡文章樏反銳字亦作梲注云音銳梲字音菀奪反又徒活反河上作銳按釋文注梲字既云音銳又重出梲字本音與河上作銳者乃明王是借梲爲銳之義也說文揣量也度高曰揣一曰捶之無敪字廣韻敪試也集韻敪字則全以說文揣字訓義當之傅云音揣量也義猶通作揣夏竦古文韻引古老子亦作敪蓋即揣之古文也梲字說文訓大杖玉篇梲同棳爲榅梲字或又借作脫如荀子禮始乎梲史記作始乎脫故傅云解也揣梲各依本訓成如傅注義皆難通王弼注云揣末令尖又銳之令利蓋用說文捶之之義並借梲爲銳乃合於富貴而驕之義是也二字宜從王注而直作揣銳如河上諸本令人未曉其義輒妄執梲字爲佳本不足據　金玉滿

室傅范皆如此范注室字嚴遵楊孚王弼同古本按今諸王本皆如河上與諸唐本作金玉滿堂釋文亦作堂注云本或作室焦氏易林屢有此語亦堂室字互見因韻而異此蓋以室字與守字取諧價聲下二句驕咎字亦然證當作室　功成名遂身退范與景龍開元景福河上淮南皆如此傅作成名功遂身退道藏龍興碑本作名成功遂身退今諸王本止作功遂身退蓋誤奪二字　此章全用范本

載營魄抱一。能無離乎。專氣致柔。能如嬰兒乎。滌除玄覽。能無疵乎。愛民治國。能無以知乎。天地開闔。能為雌乎。明白四達。能無以為乎。生之。畜之。生而不有。為而不恃。長而不宰。是謂玄德。

右第十章七十二字　載營魄抱一能無離乎離字釋文音力智反義如不可須臾離之離按此離字與兒疵諸字為韻當讀

列池反。如易傳離麗也否卦疇離祉詩小雅月離于畢諸離字之義猶言繫著也。營魄王弼注云人之常居處韋強難通此當用河上注營魄魂魄也河上注雖出僞託亦頗存古訓閒有可取陳景元注引白虎通魂者云云也解曰營者不定貌故謂魂爲營揔魂魄猶精神左氏昭公二十五年傳心之精爽是謂魂魄魂魄去之何以能久、祭義鄭注耳目之聰明爲魄、楚辭遠游篇載營魄而登霞兮、淮南精神訓襲用其語作此精神之所以能登假于道也精神訓又云魂魄處其宅而精神守其根皆可證古用魂魄字、亦猶如精神之義也、舊說每以陽魂陰魄爲解多失之韋合繳繞載營魄抱一、謂持載精神而抱於一也、能無離謂於外物無所繫著也。外不繫於物。則内自抱於一。而湛兮似常存也。淮南精神訓不與物散不與物糅物無能營不隨物而動適篇所論皆可與此義相發若云魂魄是二抱守歸一不使離去則是為而執之非自然矣諸唐本多省去以下諸句乎字不合辭理當如傅范諸本全有乎字又冊府元龜錄唐玄宗詔改載字為哉隸屬上句郭忠恕佩觿亦引之褚伯秀頗持其說今考道藏御注御疏杜光庭廣聖義皆不然蓋理未安不果行　專氣致柔能如嬰兒乎傅范景福與淮南所引皆有如字開元與諸王本省去如字非也　能無疵乎舊說多解如去其疵病義未安蘇轍云無所瑕疵蘇靜說云不索疵求疵幾得之劉驥引易繫辭聖人以此洗心退藏於密相詮。理最勝。愛民治國能無以知乎傅范皆如此范注王弼孫登同古本今諸王本無以字道藏龍興碑本作而無知景龍開元敦煌作能無為敦煌又一本作而無為按愛民治國無以知。即使民無知無欲。

不以知治國之義諸本此句作無爲明白四達句作無知者非

天地開闔能爲雌乎天地地字敦煌一本如此他本皆作天門成玄英疏云闔閉也雌靜也天地開闔謂動運成壞也言聖人混迹二儀之中不爲三災所及雖動有廢興而心恒虛靜知成本亦作天地王弼注略云天門謂天下之所由從也開闔治亂之際也雌應而不倡因而不爲河上注天門謂北極紫微宮開闔謂終始之際也治身天門謂鼻孔開謂喘息闔謂呼吸也莊子天運篇正者正也其心以爲不然者天門弗開矣成玄英疏其心之不能如是者天機之門擁而弗開天門心也陸氏釋文云天門一云謂心也一云大道也又庚桑楚篇入出而無見其形是謂天門郭象注天門者萬物之都名也謂之天門猶云衆妙之門也諸家解天門各執一義范注則據莊子成疏推演

具詞略云天門以心神出入言應物則開應已則闔雌言主靜
感而後應按成氏天門之說專以解莊此注老既作天地自闢
是一義未可相爲援附易繫辭闔戶謂之坤闢戶謂之乾一闔
一闢謂之變往來不窮謂之通天地猶乾坤也作天地義長天
地開闔而爲雌者謂以靜御變也第十六章致虛極守靜篤萬
物並作吾以觀其復義可與此相發諸本作天門並以闔戶闢
戶義解之亦通似獨王弼所詮理不相違也能爲雌敦煌作而
爲雌古用能而字義相通互詳第十四章范云河上公并蘇注
皆作爲雌一本或作無雌恐非經義按今河上本亦作無雌蓋
涉上下句諸無字之譌傳與諸唐本皆作爲雌　明白四達能
無以爲乎傅范與王弼注中所引皆如此敦煌一本此句在天
地句前按老子以無爲爲旨此句義當歸結在後能無以爲敦

煌作而無為武英殿王本作能無為他唐本與河上本道藏王

本作能無知非也成玄英疏云寂而能應所以四達應不乖寂

恆自無為也。　此章天地字用敦煌本他皆從傅范

三十輻。共一轂。當其無有車之用。埏埴以為器。當其無有器之用。

鑿戶牖以為室。當其無有室之用。故有之以為利。無之以為用。

右第十一章四十九字　釋文埏始然反河上云和也聲類云

柔也方言云取也按說文挻長也从手从延會意蓋如今人謂

和土築坯製範曰拓之義范與開元石刻皆如釋文从手不从

土是也他本多誤从土作埏道藏傅本亦然當為傳刻之譌

畢氏考異引考工記注利轉者轂以無有為用也謂此章皆應

以有字斷句按第十九章盜賊無有第四十三章出於無有莊

子天下篇建之以常無有皆無有二字連用此古之恆言畢說

是也　有之以爲利無之以爲用利字河上注云利物也又云利於形用器中有物室中有人恐其屋破壞腹中有神畏形之消亡也按易文言傳利物足以和義何晏注利者裁成也疑河上注中利物句正是古疏引易成訓並當如何注解之其下利於形用諸語繆不成文則造僞注者所妄續治輻轂埏埴鑿戶牖皆合裁成之義即所謂利也此章以有無相對爲喻即首章徼妙互顯之理與莊子推論不可道不可名而稱未始有封未始有常不同又第四十一章夫惟道善貸且善成善貸猶爲用善成猶爲利亦一貫相承也利字古義久湮注家所解多與用字不別反覆繳繞演爲貴有崇無之論皆失本旨王安石亦蒙此惑故舉治車者知治其轂輻而未嘗及於無以譏老子立論之疏程大昌獨辨其誣力闢王說爲誤認老意然辭理未暢反

若不及王氏持之有故今明利字古義則王氏之說不攻自破矣說文利銛也从刀和省制裁也从刀未髮篆形近同古或相通許書乃别以裁義專屬於制字耳　此章傅本范本並同

五色令人目盲。五音令人耳聾。五味令人口爽。馳騁田獵令人心發狂。難得之貨令人行妨。是以聖人為腹不為目。故去彼取此。

右第十二章四十九字　釋文爽差也河上云亡也按廣雅爽傷也當讀若霜莊子天地篇云五味濁口使口厲爽是傷之義也　田今本或作畋字通　此章傅范諸唐本並同

寵辱若驚。貴大患若身。何謂寵辱若驚。寵為上辱為下。得之若驚。失之若驚。是謂寵辱若驚。何謂貴大患若身。吾所以有大患者。為吾有身。及吾無身。吾有何患。故貴以身為天下者。則可以託天下矣。愛以身為天下者。則可以寄天下矣。

右第十三章九十字　何謂寵辱若驚傳與道藏李道純冠才質二本皆如釋文有若驚二字他本多無此二字非是　寵為上辱為下景福本如此傳范與開元本諸王本皆作寵為下一句景龍與河上作辱為下一句以景福本證之知二者皆有闕文道藏陳景元李道純寇才質諸本並如景福亦作二句陳云河上本作寵為上辱為下於經義完全理無違闕知古河上本原不闕上句按寵辱謂寵辱之見也為上為下猶第六十一章以其靜為下大者宜為下諸言為下之義也蓋謂以為上為寵以為下為辱則得之失之皆有以動其心其驚惟均也若從闕文作寵為下一句而解如以受寵者為下故驚得如驚失非其旨矣作辱為下一句者更不可通　及吾無身諸唐本王本河上本皆如此傳范及作苟范云苟字應吉反司馬公同古本按

今道藏司馬本亦作及古用及字或猶若字考詳王氏經傳釋詞羊子理懋論正引作若吾無身苗亦猶若二字形並相近或傳寫偶異今從作及又按爾雅釋詁身我也注今人亦自呼爲身此章諸身字亦宜解如我義莊子齊物論子綦謂顔偃曰今者吾喪我即無身之謂也舊説多解如身體河上僞注乃云得道輕舉與前章以天門開闔爲鼻息呼吸皆神仙家傅會之詞絶非老子本旨　吾有何患傳本下有乎字他本所無　貴以身爲天下者四句傳范皆如此范注一本作故貴以身爲天下若可寄天下愛以身爲天下若可託天下莊子在宥篇故君子不得已而臨莅天下莫若無爲無爲也而後安其性命之情故貴以身於爲天下則可以託天下愛以身於爲天下則可以寄天下大意與古本同云云羅氏校錄景龍敦煌作貴身於天下

若可託天下；愛以身爲天下，若可寄天下。景福作「貴以身爲天下者，則可以寄於天下；愛身以爲天下者，乃可以託於天下」，廣明略同景福，惟無二者字，又寄於天下句下有矣字。按景龍、敦煌託在前，寄在後，與景福二者字皆合於傅范，他則互相參差，疑其間或有譌奪。又淮南引此作「貴以身爲天下，焉可以託天下；愛以身爲天下，焉可以寄天下矣」，亦略同傅范。高郵王氏云：焉猶則也，義詳第十七章。此章「何謂寵辱若驚」，用傅本；「寵爲上，辱爲下」，用景福本及古無身從諸唐本，他如范本。

視之不見名曰幾，聽之不聞名曰希，搏之不得名曰微。此三者不可致詰，故混而爲一。其上不皦，其下不昧，繩繩兮不可名，復歸於無物。是謂無狀之狀，無物之象，是謂忽恍。迎之不見其首，隨之不見其後。執古之道，以御今之有。能知古始，是謂道紀。

右第十四章九十五字　視之不見名曰幾范本如此他本皆作夷范注幾字孫登王弼同古本傅奕云幾者幽而無象也按范注特引傅氏義訓知所見傅本必作幾然今道藏傅本與諸王本並皆作夷釋文亦作夷注顧云平也鍾會云滅也平也蓋夷幾二字草書與六朝别體形皆相近其譌由來已久是必傳刻傳本王本者習見他本皆作夷乃反疑幾字爲誤而妄改獨范氏所見猶存其真也陳景元注亦云夷古本作幾幾者幽而無象也易曰幾者動之微雖有此義今存而不論故陳本仍作夷明知古本古義乃反存而不論因譌傳譌惑之甚矣幾希微同是一義相貫説文幾微也幽隱也二字皆从幺故傅云幽而無象舊説從夷字曲解義本牽强當作幾無疑　摶之不得釋文摶音博第五十五章攫鳥不摶亦音博開元石刻皆書作搏

唐人治習六朝别體於从專从叀之字往往通混作專故摶字或譌爲音團之摶說文摶索持也摶圜也莊子摶扶摇而上釋文乃音徒端反二字音義俱別不得混用陳摶號希夷當本此實兩字皆誤也　混而爲一傅本下有者字不皦不昧傅作之不皦之不昧以御今之有傅作可以御今之有皆他本所無皦敦煌一本作皎說文皦玉石之白也皎月之白也義通皦字从白不从日傳寫多誤今釋文亦誤从日當辨之　忽恍傅范並作芴芒古段借字也范注音辨云芴音忽芒虛往切於無非無曰芴於有非有曰芒淮南子揚雄傳並同古本其下又引莊子至樂篇芴芒字證之按鶡冠子亦用芴芒字古籍每如此景龍開元景福則皆作忽恍恍字俗當如釋文作怳此既各有本字無取改從古段借又以御今之有是謂道紀景龍御作語紀

作已御禦諸三字古相通段廣雅已紀也諸唐本中景龍用古字最多此亦其例今凡古字别無異訓不關文義者皆通用今字互詳第三章舉例　能知古始諸唐本與河上能皆作以傅范與諸王本作能按古用能字亦猶而字又與乃字通乃字以字亦皆可用如而字考詳王氏經傳釋詞此能字以字同是用如而字也王弼注則云可以知古始亦通　此章全用范本惟忽恍不作芴芒

古之善爲天下者。微妙玄通。深不可測。夫惟不可測。故强爲之容。豫兮若冬涉川。猶兮若畏四鄰。儼兮其若客。涣兮若氷之將釋。敦兮其若樸。混兮其若濁。曠兮其若谷。孰能晦以理之。徐明。孰能濁以靜之。徐清。孰能安以動之。徐生。保此道者不欲盈。夫惟不盈。是以能敝復成。

右第十五章一百又五字　古之善爲天下者文子上仁篇所引如此善爲天下傳作善爲道也本皆作善爲士河上亦作士而注云謂得道之君也按爲士無由釋作君疑古河上本原亦作爲天下今本士字當同第六十八章首句傳本道字亦當同第六十五章首句疑並涉竄誤此章所論皆猶第四十九章聖人在天下歙歙焉爲天下渾渾焉之義宜作善爲天下文子書雖出僞託然多存古字古義每有可取道藏寇才質四子古道集解經文雖作善爲士亦引文子此句相詮並解章旨曰上古聖人善治天下者云云是也　深不可測夫惟不可測兩測字諸本並作識范本獨作測注云古本按司馬遷稱老子書微妙難識正用此語諸本作識合於史記然淮南原道訓主術訓皆有深不可測之文高注度深曰測一曰盡也他如呂覽論人篇

闊大淵深不可測也下賢篇昏乎其深而不可測管子九守篇
深淵度之不可測也此蓋古之恒言宜如范本義長　强爲之
容傳本句下多一曰字他本所無　豫兮若冬涉川范云古本
下七句皆有兮字按景龍開元敦煌諸本無兮字景福與傳本
皆有兮字文子引作豫兮其若冬涉大川以下諸句若字上全
有其字景龍開元敦煌全無其字今兮其字皆從范本景福本
並同　儼兮其若客景福本如此客字范本作容注云一作客
非也按若客猶第六十九章吾不敢爲主而爲客之義又與下
文釋字叶韻證當作客范注不足據文子亦作若容傳與諸唐
本皆作若容　涣兮若冰之將釋范本如此傳與諸唐本多無
兮之字文子作涣兮其若冰之液　混兮其若濁曠兮其若谷
景福本如此景龍作混若濁曠若谷文子所引亦如景福惟曠

作廣古逸段字也傳范開元諸本皆若谷句在前若濁句在後混作渾按下文徐明承若樸句徐清承若濁句徐生承若谷句次第相貫證若濁當在若谷前　孰能晦以理之徐明諸本皆佚此句按王弼注夫晦以理物則得明濁以靜物則得清安以動物則得生此自然之道也孰能者言其難也徐者詳慎也王云可證原有此句義與上文敦兮其若樸相承又與徐清徐生二句叶韻夏竦古文韻引古老子有理字殆即出此句當據王弼注補　孰能濁以靜之徐清孰能安以動之徐生永樂大典王本與道藏陸希聲呂惠卿邵若愚董思靖彭耜吳澄杜道堅諸本皆如此他本下句多作孰能安以久動之徐生衍一久字按王弼所注本無久字今藏本殿本皆有之疑爲後人據别本所增景龍作孰能濁以靜之徐清安以動之徐生省下句孰能

二字亦無久字廣明作孰能濁以靜動之以徐清孰能安以久動之以口口傳本作孰能濁以澄靖之而徐清孰能安以久動之而徐生陳景元本如傳本無而字道藏河上本作孰能濁以止靜之徐清孰能安以久動之徐生蓋此諸本皆據下句衍文反疑上句闕字以意增補而致互異天祿琳琅與瞿氏兩宋刊河上本上句皆無止字惟下句亦有久字范本作孰能濁以靖之而徐清孰能安以久動之而徐生注稱靖一作靜靖訓安按下文義相貫云云按大學定而后能靜靜而后能安靜亦如安故說文安字訓靜宋以後乃有專訓靜字如虛寂之義者非也范本他靜字皆不作靖傳本則全作靖班固幽通賦靖潛處以永思兮顏師古注靖古靜字也、揚雄甘泉賦稍暗暗而靚深李善注靚即靜字第四十五章敦煌一本清靜作清淨第六十一首敦煌又一本靜勝牡作彰勝牡靖覩淨彰皆用如今靜字也說文靜審也彰清飾也淨水名瀞無垢薉也覩名也靖立也竫也竫亭安也故段氏又訂竫爲今靜本字並改說文安靜也亦作安竫也以求合互訓之例夏竦古文韻引古老子此字凡四形筆畫雖小異體構皆从青从彡略如彰夏氏取以分釋爲靜彰二字又重見於淨字竊以爲古文原止有彰字引伸假借兼賅多義許氏乃別彰靜靖竫諸篆各專一解竇並從古文彰字孳乳而出故自古每互通今經典相承既皆用靜字不必更泥古深求徒滋紛疑也　是以能敝復成道藏司馬本如此敝原作弊古通段字今從其正景龍與道藏龍興碑本李榮本省是以字亦作能弊復成淮南引作是以能敝而不新成傅如淮南無新字他本皆作故能敝不新成敝字王弼又作蔽成玄英疏

云聖人於有爲徼濁之内復能慈救蒼生成大功德此重結成也知其本亦作徼復成按徼復成謂晦而能明濁而能清安而能生也其道皆由於不盈盈者極也極則必變惟能挫鋭和光去甚去泰乃可率由故常因勢利導不爲顯變而徐然成化於無形因其徼用其徼而復成焉非坐守其徼而不治也第二十二章徼則新理可與此互證他本作不新成猶云不待更張而後成亦通然與徼則新句疑若牴牾不如作徼復成義長王弼注云盈必溢也蔽覆蓋也義涉隱曲道藏宋槧剩四家注本錄王弼注並無此二句或非王作　此章古之善爲天下者從天子儼兮其若客混兮其若濁曠兮其若谷從景福本孰能晦以理之徐明據王弼注校補孰能濁以靜之徐清孰能安以動之徐生據王弼注從永樂大典本是以能徼復成從司馬本惟徼

不作弊他如范本

致虛極。守靜篤。萬物並作。吾以觀其復。凡物[馬云][馬云]。各復歸其根。歸

根曰靜。靜曰復命。復命曰常。知常曰明。不知常。妄作凶。知常容。容

乃公。公乃王。王乃天。天乃道。道乃久。沒身不殆。

右第十六章六十八字　　致虛極景福敦作至古字通　凡物

[馬云][馬云]范注傅奕云古本如此[馬云]字玉篇音云物數亂也一本作

夫物芸芸按景龍開元作夫物云云釋文亦作凡物注一本作

夫說文[馬云]物數紛[馬云]亂也段注[馬云]今字作紜古叚芸為[馬云]老子

夫物芸芸各歸其根蓋引據今河上王弼本也桂氏義證亦引

此句則用傅本兼及范注　各復歸其根傅范景龍無復字莊

子在宥篇萬物云云各復其根無歸字開元石刻此句今泐道

藏玄宗注疏皆如河上與諸王本兼有復歸字按第十四章復

歸於無物第二十八章復歸於嬰兒莊子知北遊篇今已爲物
矣欲復歸根不亦難乎皆復歸二字連用證當如河上諸本
靜曰復命傅范景龍開元敦煌皆如此河上與諸王本作是謂
復命　容乃公以下五句乃字景龍與道藏龍興碑本作能古
通段字　知常容容乃公以容公二字爲韻天乃道道乃久以
道久二字爲韻獨公乃王王乃天二句韻相遠王字義本可疑
王弼注此二句云蕩然公平則乃至於無所不周普也無所不
周普則乃至於同乎天也周普顯非釋王字道藏龍興碑本作
公能生生能天生字更不可通按莊子天地篇云執道者德全
德全者形全形全者神全神全者聖人之道也此二句王字蓋
即全字之譌公乃全全乃天全天二字爲韻王弼注云周普是
也又呂覽本生篇天子之動也以全天爲故者也高注全猶順

也可補王注未盡之義今本王字碑本生字當並是全之壞字生字尤形近於全可爲蜕變之驗也今錄如衆本並訂王字形誤當作全　沒身不殆沒字范與開元作歿即古文沒今從傅本作沒後仿此　此章各復歸其根從河上本沒字從傅本他如范本並訂公乃王王乃天王字皆當作全

太上下知有之。其次親之譽之。其次畏之侮之。故信不足。焉有不信。猶兮其貴言哉。功成事遂。百姓皆曰我自然。

右第十七章四十三字　太上下知有之下字吳澄本作不解云民不知有其上非也傅范與諸唐本皆作下其次親之譽之其次畏之侮之二句范與景龍開元道藏龍興碑本永樂大典王本皆如此傅本譽之侮之上又各有其次二字析成四句道藏武英殿兩王本作其次親而譽之其次畏之其次侮之析成

三句按侮慢易也方言云賤稱也秦晉之間罵奴婢曰侮此云侮之義正如罵乃譽之反也所謂下知有者無親無畏但知有之而已猶莊子天地篇云上如標枝也其次則知親之親之而中心悅故稱美之親譽爲一事又其次乃知畏之畏之而莫敢違非心所悅誠詛罵之畏侮爲一事三句中有字譽字侮字並是韻諸析親譽畏侮作四句三句者皆非也　故信不足焉有不信傅本如此景福河上無故字景龍開元敦煌並無焉字范作故信不足焉有不信焉諸王本如范無故字按此焉字屬下句之首作於是解不作何字解義猶則也與淮南引第十三章句則可以託天下作焉可以託天下訓同高郵王氏博徵經史諸子辨之甚確唐本習省語詞故去之范與諸王本則誤以爲是句尾語詞屬之上句故又於下句增一焉字也今從王氏說

讀故信不足句焉有不信句又信讀平聲音新與下言然爲韻

猶兮其貴言哉功成事遂百姓皆曰我自然傳范皆如此范

注兮哉曰三字嚴遵同古本按諸唐本無兮哉字皆曰我自然

作謂我自然功成景龍景福作成功猶字景龍作由開元敦煌

亦作猶諸王本作悠古字通釋文云孫登張憑杜弼俱作由一

本作猶　此章故信不足焉有不信用傳本他如范本

大道廢。焉有仁義。智慧出。焉有大偽。六親不和。焉有孝慈。國家昏亂。焉有忠臣。

右第十八章三十字　四句焉字廣明本前三句皆如此第四句亂字以下石泐當同前三句可隅反而知此與前章故信不足焉有不信句法正同高郵王氏引證不及蓋未省此本也他唐本與河上本諸王本皆省去焉字范本亦有四焉字而皆在

下句之末注引音辯云四句下俱有焉字傳本前二句如廣明有焉字後二句則如他唐本無焉字疑俱爲未明焉字義訓句讀而有所刪改也　智慧范本從古通叚字作知惠廣明景龍景福慧亦作惠今從傳用本字作智慧後凡智作知慧作惠者皆真從本字不具校錄　忠臣傅范作貞臣范注貞字嚴遵王弼同古本世本多作忠蓋避諱也按諸唐本並作忠臣范云避諱殊不然今諸王本亦不作貞廣明此字今泐以他唐本例之知當作忠　此章用廣明本惟慧不作惠

絶聖棄智。民利百倍。絶仁棄義。民復孝慈。絶巧棄利。盜賊無有。此三者。以爲文不足。故令有所屬。見素抱樸。少私寡欲。

右第十九章四十五字　此三者以爲文不足開元河上與諸王本皆如此景龍景福無以字范本上無此字下有也字注云

古本王弼同按此兩者此三者經文屢見王弼注中亦有此字又足屬爲韻宜無也字范本不足據傅作此三者以爲文而未足也又似從王弼注語增改今並不取以爲文猶言以聖智仁義巧利互爲禮教法術不足猶不勝謂脩諸外也莊子胠篋篇所謂外立其德也令力征反屬之欲反令有所屬猶言使有所歸見素抱樸少私寡欲乃存諸内也莊子胠篋篇所謂人含其明人含其聰人含其知人含其德者也　少私寡欲傅范河上王弼與諸唐本並同惟道藏王真論兵要義述作少思寡慾强思齊陳象古二本私亦作思按少思慮寡嗜欲乃養生之言與此章義不相屬莊子山木篇其民愚而樸少私而寡欲蓋本於此並不作思舊説解私欲字或如偏私邪慾之義則未安國策秦策即王雖有萬金弗得私也呂覽去私篇子人之所私也高

注並云私愛也此句私字亦當釋爲愛私謂愛其所有欲謂慕其所無同是貪著之義如第七十二章狎其所居即所謂私猒其所生即所謂欲也若解作偏私邪慾而但言少寡則何異於孟子月攘一雞之誚或又從而爲之辭謂所以誘進中下之士曲說傅會而已　永樂大典王本此章與前章合併又移仁義孝慈二句於聖智民利二句之前全如吳澄本按藏本殿本與王弼注語皆如諸唐本傅范本聖智句在前此蓋吳澄所改耳明太祖御注采用吳本故永樂宗之觀殿本所校永樂他異文亦多如明御注本並與吳本合可知也　此章從河上本

絕學無憂唯之與阿相去幾何美之與惡相去何若人之所畏不可不畏荒兮其未央哉衆人熙熙如享太牢如登春臺我獨怕兮其未兆如嬰兒之未孩儽儽兮其若不足似無所歸衆人皆有餘

而我獨若遺。我獨愚人之心也哉。沌沌兮。俗人皆昭昭。我獨若昏昏。俗人皆察察。我獨若悶悶。忽兮其若海。飄兮似無所止。衆人皆有以。我獨頑且鄙。我獨欲異於人。而貴食母。

右第二十章一百四十二字　美之與惡諸本美作善傅與道藏龍興碑本作美是也美惡猶言好醜與稱善惡以論德性有別第二章美對惡善對不善義可互見王弼注亦云唯阿美惡相去何若今具經文作善又何若作若何當非王本之舊何若承上幾何而言阿與呵通蓋唯為膺聲阿為叱聲二聲相去有幾何美惡相去亦何若喻其微也未學窮究美惡之辨而不悟所異僅在相形則逐物愈遠擺勉於畏人之所畏而不知道貴自守則徇俗忘返故曰荒兮未央歎役智外求之無終也舊說多未憭　如亨太牢亨字諸本並作享釋文作亨注云普庚反

殺煮也簡文許庚反河上公作饗用也按古亨享烹並是一字相叚从篆作亨从籀作亯漢隸者變或作亨或作享亦互通如張公神碑之元享利貞華山廟碑之輒過亨祭皆其例也今正書則以享專用作饗惟亨仍兼通作饗烹二義此章如亨太牢如登春臺二句皆以喻所謂衆人熙熙之事也熙熙盛也擾攘之謂也又樂也嬉豫之謂也釋文以烹謂殺煮煩勞用擾攘義也河上以享謂饜飫美樂用嬉豫義也下文皆形容人躁我静之詞則釋熙熙用擾攘義爲長如史記貨殖傳所謂天下熙熙皆爲利來。天下攘攘皆爲利往是也。今從釋文作亨讀如烹夏竦古文韻亨字下引古老子如籀書亯亦不釋作今享字第六十章若亨小鮮景龍諸本正作亨並可與此互證又此句如字傅與景龍釋文作若范與開元景福皆作如按如若似三字本是一義此章諸本俱參互為用惟范本凡屬於指事者用如屬於容狀者用若與若字句相次者用似自成條理他語助字諸本亦互有省略異同今悉從范本不具校錄　如登春臺范本與道藏陸希聲李約司馬光呂惠卿等唐宋以來十餘家皆如此潘岳秋興賦登春臺之熙熙兮珥金貂之炯炯李善注老子曰衆人熙熙如享太牢如登春臺所引亦如此開元石刻與諸唐本諸王本傅本則皆作春登臺正統道藏有玄宗御注四卷御疏十卷杜光庭廣聖義四十八卷注云春臺登望動生貪欲也疏云春臺所以為覽著者謂其陽和闓然易淫蕩也杜義云衆芳悅性喜春臺之縱目三本釋詞並經文皆作登春臺易州石刻乃書經文作春登臺道藏別有設標玄宗御疏之杜氏廣義稿本四卷引經文亦作春登臺疑與石刻皆偶誤從別本其

注文疏義國仍釋如登春臺也李榮注亦云太牢味也春臺色也成玄英疏則云如春日登臺眺望林野暢適其心蓋自唐時傳本早有登春臺與春登臺之異矣畢氏考異謂道藏所刊明皇本始誤作登春臺今流俗本皆然者乃未之審耳按此句與如享太牢相對成文享登二字亦叶句中韻自當作登春臺其義亦止謂擾攘競進而已秋興賦二句下文云苟趣舍之殊塗兮庸詎識其躁靜正用老子本旨潘岳所作遠在晉初以知古本固如此也道藏河上本亦作登春臺宋刊作春登臺注云春陰陽交通萬物感動登臺觀之意志淫淫然辭甚穿鑿僞注本不足據後人乃反以此執春字在上爲佳本惑矣王弼注云衆人迷於美進惑於榮利欲進心競故熙熙如享太牢如春登臺也並經文享字春字疑同是後人據别本所改　我獨怕兮其

未兆怕字傅與景龍作魄范與景福敦煌作怕釋文作廓注河上作泊今河上與道藏王本亦作怕說文怕無爲也　如嬰兒之未咳咳字景龍開元作孩傅范景福與釋文皆作咳范注咳何來切張君靜與古本同集韻通作孩按孩即咳之古文　儽儽兮其若不足似無所歸范本如此傅作儡儡兮其不足以無所歸諸唐本如河上作乘乘兮若無所歸或無兮若字諸王本作儽儽兮若無所歸釋文亦作儽儽按說文儽垂皃一曰懶懈廣雅釋訓儽儽疲也段氏謂史記累累若喪家之狗韓詩外傳羸乎若喪家之狗與說文儽字並當作儽乘說文云覆也覆猶蒙也故段氏以爲河上作乘乘與儽儽義近元和朱氏則謂乘乘是垂垂之誤儡說文云相敗也音雷禮記喪容累累或作儡儡今並從范本　我獨愚人之心也哉沌沌兮沌沌景龍開元

敦煌作純純傅范作沌沌釋文亦作沌註徒損反又徒門反簡文音頓傅注殊倫切粹也范注音齊云沌音國不分貌世本作純純又省獨字今從古本按傅注音義全如淳字息疎古文韻引古老子亦以从屯从水之文并釋作淳非是說文無沌字疑當釋作屯義如混沌呂覽大樂篇渾渾沌沌高注沌讀近屯又易屯卦彖曰天造草昧宜建侯而不寧是屯本有混沌之義序卦又云屯也者物之始生也廣韻魂韻沌字爲水勢混韻沌字爲混沌此宜讀魂韻徒門反而解爲混沌即第十五章所謂敦兮其若樸者是也左氏文十八年傳謂之渾敦注不開通之貌莊子應帝王作渾沌敦沌相通段本字似並當作屯　我獨若昏昏諸本皆不疊昏字惟道藏陳象古本與武英殿王本作我獨昏昏有若字王弼注中亦有悶悶昏昏若無所識之文以上下

句互證此句亦當作若昏昏無疑孟子今以其昏昏使人昭昭蓋古之恒言也今據殿本作昏昏仍從范本有若字　我獨若閔閔傅范皆如此他本閔並作悶傅注閔莫昆切集韻閔通作顧范注古本與傅奕本作閔閔莫昆切有訓作昏昧不分別者河上公及諸家並作悶悶晉同按閔閔即惛惛古字互通說文惛不憭也淮南引第五十八章句作其政惛惛是也集韻閔通顧五篇顧亦作惛說文聲傳閔古文从思作㥯形與惛近同史記范雎傳竊閔然不敏索隱曰鄒誕生本作惛然又一作閔猶昏闇也今諸本悶字蓋閔之形誤當從傅范　忽兮其若海廣明景福皆如此傅作淡兮其若海范作澹兮若海開元敦煌作忽若晦按廣雅釋水海晦也古微書引尚書考靈曜海之言昏晦無所睹也是忽若海義猶忽若晦亦以況昏昏閔閔之狀又

與下句飄兮似無所止辭意一貫義長澹說文訓水搖貌或訓爲恬靜淡說文訓薄味亦借爲澹字作澹若海失昏晦義　飄兮似無所止傳范皆如此廣明景福作漂兮若無所止諸王本作飂兮若無止釋文王梁簡文作飄開元敦煌作寂兮似無所止按寂而王無所止義未安飄音嫖謂飄飄也與上文相貫義長漂說文訓浮亦通作飄　我獨頑且鄙諸本皆作頑似鄙傳與道藏彭耜本作頑且鄙與王弼注合義長傳原用古鄙字作啚今道藏本或妄加口繆作圖字茲從他本用今鄙字　我獨欲異於人而貴食母傳本如此范與諸唐本有獨無欲敦煌一本有欲無獨王有一字也食母二字范本誤從唐玄宗加字作求食於母玄宗自注云先無求於兩字今所加也明非古本范氏失於校正最爲具書疵纇按食音嗣養也母謂本也知養其

本乃可以絕棄智外求諸末學而無憂也河上注食用也母道也王注食母生之本也與玄宗之求食於母皆讀如飲食之食並失其義吳澄以食母爲乳母如禮記內則之文讀食爲飼是矣而以母爲人之稱亦非也老子書凡言本者常用母字以取叶韻第五十二章既得其母以知其子既知其子復守其母明指本末而言他如第一章爲物之母第二十五章可以爲天地母第五十九章有國之母義皆如本貴食母與復守其母同是崇本之旨食母守母乃所以爲道不可謂母即道也孟子養其大體正猶此意　此章美之與惡用傳本如享太牢享字從釋文我獨若昏昏據王弼注疊昏字忽兮其若海用廣明本景福本我獨頑且鄙且字用傳本我獨欲異於人而貴食母用傳本他皆用范本

孔德之容。惟道是從。道之為物。惟恍惟忽。恍兮忽兮。其中有物。忽兮恍兮。其中有象。窈兮冥兮。其中有精。其精甚真。其中有信。自今及古。其名不去。以閱衆甫。吾奚以知衆甫之然哉。以此。

右第二十一章七十一字　孔德之容景龍德作得古字通

恍兮忽兮其中有物忽兮恍兮其中有象窈兮冥兮其中有精　道藏河上本吳澄本皆如此據王弼注文亦當如此今諸王本與宋刊河上本傅本皆以忽恍有象二句置在前北京圖書館敦煌本與道藏龍興碑本李榮本皆作慌惚中有物惚慌中有象窈冥中有精有去兮字其字亦恍忽有物在前他唐本則忽恍有象在前景龍亦全無兮字其字開元與倫敦圖書館敦煌本作忽兮恍其中有象五云止有一兮字范本作芴兮芒兮中有象兮五云注稱王弼同古本今諸王本與注文所引皆不如

此惟彭耜本亦下句有兮無其鶡冠子所引如范本而兮皆作乎又傅范並當字同第十四章窈冥作幽冥淮南道應訓引窈兮冥兮其中有精二句與河上本同今並從道藏河上本恍惚用本字說詳前　其中有信信讀平聲音新與真字叶韻　自今及古傅范如此他本皆作自古及今按自今及古猶言惟今如古即下文終始之義並與去字甫字叶韻也　衆甫北京敦煌本道藏龍興碑本皆作終甫按古衆字每通作終故廣韻集韻收一東音終士相見禮衆皆若是注云今文衆為終易雜卦傳大有衆也釋文云荀作終皆其例也高郵王氏亦嘗引史傳諸衆終互通之例證鄘風衆稺且狂衆當讀為終審此則知衆甫即終始之義舊注或解為衆有萬物羣美者皆失其旨今仍從作衆讀如終可也成玄英疏云閱覽也甫始也覽古察今應夫

終始也。又釋下句云我何以知始終之事皆不言衆字蓋其本亦作終甫也　吾奚以知衆甫之然哉傅范皆如此諸唐本奚作何范云奚字古本敦煌龍興衆作終同上　又然字諸王本與釋文作狀當屬形誤諸唐本並如傅范作然　此章恍兮忽兮至其中有精六句從道藏河上本恍忽皆用本字他如傅范

曲則全。枉則正。窪則盈。敝則新。少則得。多則惑。是以聖人抱一。爲天下式。不自見故明。不自是故彰。不自伐故有功。不自矜故長。夫惟不爭。故天下莫能與之爭。古之所謂曲則全者。豈虚言也哉。誠全而歸之。

右第二十二章七十九字　枉則正范云正字王弼同古本一作直按傅與景龍敦煌北宋刊淮南道藏龍興碑本皆如范作正開元與河上作直今諸王本亦作直古音正字亦叶新字當

作正　是以聖人抱一爲天下式　范與諸唐本皆如此傳無是
以二字作聖人襃一以爲天下式　豈虛言也哉傳本如此他
本無也字景龍與道藏龍興碑本作豈虛語並無也哉二字按
傳本義長哉字與下句之字爲韻誠全而歸之景龍龍興作故
成全而歸之他本皆作誠無故字誠謂信然故與固通亦明不
虛其義一也夏竦古文韻引古老子亦有誠字當出此句　此
章豈虛言也哉從傳本他如范本
希言自然。故飄風不崇朝。驟雨不崇日。孰爲此者。天地也。天地尚
不能久。而況於人乎。故從事於道者。同於道。從事於得者。同於得
從事於失者。同於失。同於道者。道亦得之。同於得者。得亦得之。同
於失者。失亦得之。信不足焉有不信。
右第二十三章八十九字　希言自然　希字傳本作稀按王弼

注引聽之不聞名曰希解此句蓋謂希言猶微言也或解爲罕言不如王注義長傳本諸希字多作稀今從經典通用如字本全作希後不具錄　飄風不崇朝驟雨不崇日傳本如此飄音標崇字諸唐本皆作終范與成玄英疏亦作崇驟雨范作暴雨他本皆作驟　孰爲此者天地也傳本如此他本皆無也字

故從事於道者同於道淮南所引與道藏司馬本皆如此傳與他本作故從事於道者道者同於道重衍道者二字景福作故從事於道道者同於道按王弼注曰從事謂舉動從事於道者也道以無形無爲成濟萬物故從事於道者以無爲爲君不言爲教緜緜若存而物得其真與道同體故曰同於道云云證不當重衍道者二字　從事於得者同於得從事於失者同於失二句范與諸唐本作德者同於德失者同於失皆無從事於三

字傳本作從事於得者得者同於得從事於失者失者同於失
重衍得者失者四字按德得字通第二十一章孔德景龍作孔
得乃以得爲德此章諸本作德者則以德爲得也王弼注曰得
少也少則得故曰得也行得則與得同體故曰同於得失累多
也累多則失故曰失也行失則與失同體故曰同於失也云云
所謂行得行失即舉動從事之謂證二句皆當如傳本有從事
於三字而不當重衍得者失者四字今用傳本去重衍四字
同於道者道亦得之同於得者得亦得之同於失者失亦得之
三句傳本無同字作於道於得於失云云范與諸唐本皆有同
字又河上作同於道者道亦樂得之云云三句得字上皆多一
樂字傳范開元敦煌皆無此樂字按王弼注曰言隨行其所故
同而應之證此三句皆當有同字無樂字今用傳本並據范本

唐本補同字　信不足焉有不信傅奕景福皆如此他唐本省焉字諸王本不信下又多一焉字其注云忠信不足於下焉有不信也亦用焉字如則字殿本注文也作焉蓋並經文下焉字皆後人增改他王本注文皆作焉有不信也互詳第十七章此章全據王弼注義以衆本參訂傅本帝不作稀去重衍道者得者失者六字補同於道者三句同字他悉如傅本

企者不立。跨者不行。自見者不明。自是者不彰。自伐者無功。自矜者不長。其於道也。曰餘食贅行。物或惡之。故有道者不處。

右第二十四章四十七字　企者不立企字范與開元廣明作跂傅與景龍皆如釋文作企二字通依說文跂爲足多指企爲舉踵此宜作企又廣明此句上多喘者不久一句敦煌一本與道藏龍興碑本作喘者不久跨者不行無企者不立句景龍作

企者不久跨者不行按立而至於企踵勢難持久行而至於跨越必致喘蹶故曰不立不行皆務益之而反失之猶爲蛇足之喻也疑喘字久字並從古疏語譌竄廣明説合兩本又增出一句耳景福兩句互倒作跨者不行企者不立不叶韻　其於道也范與開元敦煌皆如此景福誤倒作於其道也於字傅與諸王本作在按王弼注具唯於道而論之云云似王弼所據本原亦作於　物或惡之景龍作物或有惡之敦煌作物有惡之他本皆作物或惡之按物字指鬼神而言即鬼神害盈而福謙之義也漢書郊祀志高祖初起殺大蛇有物曰蛇白帝子而殺者赤帝子師古注物謂鬼神也又其下敘李少君事能使物卻老句如淳注物謂鬼物也第三十一章同此　故有道者不處傅與河上句下有也字他本所無又景龍敦煌無者字他本皆有

之　此章企字從傅本他如范本

有物混成。先天地生。宗兮寞兮。獨立而不改。周行而不殆。可以為天地母。吾不知其名。故强字之曰道。强為之名曰大。大曰逝。逝曰遠。遠曰反。故道大。天大。地大。人亦大。域中有四大。而人居其一焉。人法地。地法天。天法道。道法自然。

右第二十五章八十八字　宗寞范與釋文皆如此范注寞字王弼與古本同河上公作寥謌略云寂寞無聲也寂寥空也莊子天下篇亦有寂漠無形之云按今諸王本皆作寂寥其注仍作寂寞景福開元寞亦作寥景龍作寂漠無二兮字　可以為天地母范與道藏司馬本宋槧刻四家注本所錄王弼注皆如此他本天地作天下范注天地字古本如此一作天下母宜從古本按第五十二章天下有始以為天下母本從天下設論故

五天下世此章上文言天地自當作天地母義如第六章天地之根　故強字之曰道傅范皆如此范注王弼同古本河上公本無強字今從古本按今諸王本與諸唐本皆無故強二字非也　遠曰反傅與景龍開元反作返范與河上本諸王本並作反字通　故道大天大地大人亦大域中有四大而人居其一焉范本如此傅與景龍無故字他本皆有之范注人字傅奕同古本河上作王云今傅本上句作人下句作而王處其一尊戒為傅刻所毀廣弘明集法琳對傅奕廢佛僧事引下句作而道居其一他本兩句人字皆作王按大戴禮曾子大孝篇天之所生地之所養人為大矣說文解字大字下云天大地大人亦大蓋古常稱天地人為三大老子引用古語又加道大為四大也王弼注與淮南所引全作王其誤由來已久下文人法地句

人字衆本並同不曰王法地亦可證此二句自當作人不作王也人法地地法天四句言轉相爲法歸本自然義至明曉李約注乃讀人法地地句法天天句法道道句法自然句解王人能法三者皆與爲一始可稱王以傅會王字繆甚　此章全用范本

重爲輕根。靜爲躁君。是以君子終日行。不離輜重。雖有榮觀宴處超然。如之何萬乘之主。而以身輕天下。輕則失臣。躁則失君。

右第二十六章四十八字　君子終日行不離輜重今河上本王本君子皆誤作聖人傅范與諸唐本並作君子又不離輜重傅作不離其輜重他本皆無其字舊説解此句每牽涉章首輕重之文未免傅會蓋輕重句乃專爲靜躁句設喻而發謂凡物輕者易動重則常凝緊重之戴輕以識靜之制躁故曰重爲輕

根靜爲躁君和非對舉並論之辭以下皆止闡明靜躁得失本義與輕重之喻不復相蒙也靜爲躁君君猶主也本也終日行猶云一日之程輜重所以供舍次止息之具謂雖處須臾之動具志未嘗不主於安靜爲本也　雖有榮觀舊說皆以觀爲宮觀故釋文音古亂反陳景元引一本作榮館蓋亦通叚如宮觀之觀宋女道士曹道沖解云游觀榮樂無所係著吳澄解云雖有榮華之境可以游觀按曹吳所解皆有合於第二十章衆人熙熙我獨怕兮未兆之義是也觀字當音官與超然韻叶義如孟子吾何脩而可以比於先王觀之觀不合作館　如之何諸唐本作奈何或作如何傅范作如之何范注云古本　輕則失臣諸唐本與河上韓非皆如此傅范作輕則失本范注本字嚴遵王弼同古本河上公作輕則失臣與前文不相貫宜從古本

王云焦竑老子翼作輕則失根亦稱用王輔嗣本蓋所據永樂大典王本也今釋文與藏本殿本皆如范引作失本按輕則失臣二句乃承萬乘之主以身輕天下句推論其失謂人主不守其靜而事必躬親則臣無所為而失為臣之用過在人主不自處於無為故躁而失為君之道也輕字與章首以輕重設喻之辭無涉君字即指人主並與章首君字義別舊說亦多強為牽附故改失臣作失本作失根以求與章首二句文字相對乃反與萬乘之主句義不貫范說未確今仍從失臣　此章輕則失臣從韓非與諸唐本他皆如范本

善行無轍迹。善言無瑕讁。善計者不用籌策。善閉者無關楗而不可開。善結者無繩約而不可解。是以聖人常善救人。故人無棄人。常善救物。故物無棄物。是謂襲明。故善人不善人之師。不善人善人之資不貴其師。不愛其資。雖智大迷。是謂要妙。

右第二十七章九十四字　善行善言善計者善閉者善結者五句傅范景福廣明前二句同後三句全有者字開元河上與他唐本後三句同前二句全無者字按行字釋文音下孟反是德行之行言字亦如爲拜昌言之言善行善言謂嘉善如下文善人不善人之善善計善閉善結則謂善能如下文善救人善救物之善故前二句當無者字後三句宜有者字疑全無者字之本爲從前二句同省全有者字之本又爲據後三句同加蓋見善行下亦有者字輒循文生義讀行爲平聲解五車行無轍從行無迹理所難喻徹字范與開元河上作轍傅與釋文作徹古無轍通用徹徹迹連綿字不必爲車轍又徹通也國語其何事不徹韋注達也賈注明也善行無徹迹隱其徹迹不於彰也

善言無瑕謫不施瑕謫無適莫也二句蓋本古語老子引以發端其下乃自為推闡故文詞小異今前二句從開元無者字後三句從景福廣明有者字　善計者不用籌策景福廣明皆如此傅范作善數者無籌策無字蓋摹擬前二句所改非也釋文計亦作數諸唐本與河上並作計籌策開元敦煌作籌筭不叶韻蓋從古隸異字傳譌　善閉善結二句范本獨無下不可開不可解之文蓋亦摹擬前二句所刪傅本諸唐本與淮南所引皆有之關楗楗字范注楗拒門木也或從金傍非也横曰關豎曰楗傅奕云古字作闗按夏竦古文韻引古老子正作闗今傅本作鍵疑是傳刻所改釋文亦作楗景龍作鍵開元河上作楗即楗之别構唐人書木旁字往往通混作扌開元樸皆作撲是其例也　故人無棄人物無棄物二句傅范與淮南所引皆如

此景龍敦煌作而無棄人而無棄物開元與河上作故無棄人故無棄物皆無上人物字范氏郡齋讀書志云傅奕謂常善救人故無棄人常善救物故無棄物四句古本無有獨得於河上公耳按今傅所定古本固有其文陳景元范應元多引傅奕音義並未及此説且淮南已嘗引之亦不能謂古無有晁氏所據今莫能詳矣　善人不善人兩句傅與河上作善人者不善人者范本諸唐本與淮南所引皆無者字　是謂要妙傅與景龍敦煌是作此范與開元河上韓非皆作是　此章善行善言二句用開元本徹字從傅本善計者善閉者善結者三句用景福廣明本他如范本

知其雄。守其雌。為天下谿。為天下谿。常德不離。復歸於嬰兒。知其白。守其黑。為天下式。為天下式。常德不忒。復歸於無極。知其榮守

其辱。爲天下谷。爲天下谷。常德乃足。復歸於樸。樸散則爲器。聖人

用之。則爲官長。故大制無割。

右第二十八章八十六字　爲天下谿　谿字景龍作蹊敦煌作奚開元景福作溪傅范與釋文淮南皆作谿　故大制無割　傅本獨無故字他本皆有之無割開元景福作不割傅范景龍敦煌與淮南所引並作無割范注嚴遵王弼同古本河上公與世本作不割按今諸王本亦作不割其注則皆作無割知不字爲後人所改　此章悉如范本

將欲取天下而爲之。吾見其不得已矣。天下神器。不可爲也。爲者敗之。執者失之。凡物或行或隨。或噤或吹。或強或剉。或培或墮。是以聖人去甚。去奢。去泰。

右第二十九章六十字　將欲取天下而爲之者諸唐本無者

字傅范皆有之　吾見其不得已夫諸唐本無夫字傅范皆有之范注夫字阮籍同古本按此夫字乃用如乎字猶第六十七章久矣其細也夫之夫范於已字絕句以夫字屬下文天下神器爲句非也不得已三字義如第三十章果而不得已第三十一章不得已而用之之或强解作不可得之矣失於穿鑿　天下神器不可爲也衆本皆如此文子道德篇云天下大器也不可執也不可爲也按不可執句當是文子自爲演附之辭非老子本文蓋不可爲承上不得已而爲言之下文爲者敗之執者失之二句則申不可爲之義此處無取更著不可執句王弼注萬物以自然爲性故可因而不可爲也可通而不可執也物有常性而造爲之故必敗也物有往來而執之故必失矣皆釋下文二句之辭非其本亦有不可執句也淮南原道訓所引並同衆

本近人或謂當據文子補之似未然　凡物景龍敦煌作夫物范與開元作故物傅作凡物同第十六章凡物䵷䵷今從之或行或隨以下四句傅范皆如此范注噤字嚴遵同古本注引楚辭口噤閉而不言或彊或剉或培或隳嚴遵王弼傅奕阮籍同古本剉寸斷切折傷也培蒲枚切傅奕引字林云益也隳徒果切傅奕引字林云落也河上公歔噤作呴歔剉作羸歔培作載歔隳作隳今仍從古本按王弼注云凡此諸或言物事逆順反覆不施爲執割也諸本異同無多軒輊今悉從傅范噤開元亦作呴景福作煦敦煌作嘘今諸王本與釋文作歔或彊或剉諸唐本皆如今諸王本與釋文作或彊或羸或培或隳敦煌作或接或隳開元景福作或載或隳今諸王本與釋文作或挫或隳　此章全用傅本

以道佐人主。不以兵强於天下。其事好還。師之所處。荆棘生焉。大軍之後。必有凶年。故善者果而已矣。不敢以取强焉。果而勿驕。果而勿矜。果而勿伐。果而不得已。是謂果而勿强。物壯則老。謂之非道。非道早已。

右第三十章七十二字又存疑八字

以道佐人主　諸本多作以道佐人主者　惟景福無者字　不以兵强於天下　景福敦煌有於字　他本多無於字　群書治要與王真論兵要義述引此二句亦全如景福本　按王弼注云以道佐人主尚不可以兵强於天下　並可證上句無者字　下句當有於字　以兵强於天下　猶文子道德篇所謂恃其國家之大　矜其人民之衆　欲見賢於敵國者是也　諸本佚一於字　遂有誤解如去兵偃武之論者　失其旨矣

大軍之後必有凶年　景龍敦煌與道藏龍興碑本無此二句

他本皆有之漢書嚴助傳淮南王安上書云臣聞軍旅之後必有凶年又云此老子所謂師之所處荆棘生之者也按其詞意軍旅凶年當别屬古語非同出老子又王弼注止云賊害人民殘荒田畝故曰荆棘生焉亦似本無其語成古義疏嘗引之適與還字焉字偶合諸韻遂並衍入經文也今據景龍諸本刪以爲存疑　故善者果而已矣范與諸唐本無矣字廣明無故字傅本兼有之　不敢以取强焉傅與景福皆如此范與開元無焉字景龍敦煌與道藏龍興碑本並無敢字　果而勿驕果而勿矜四句景龍景福敦煌與道藏龍興碑本皆如此他本作果而勿矜果而勿伐果而勿驕果而不得已按説文段注矜字古从令入真韻考證良確古陽庚真韻相通謂此矜字句當在下蓋與上文生字强字下文强字爲韻也驕范與開元作憍古通

段字　是謂果而勿强傅與景龍開元敦煌無謂字他本並無是字范本兼有是謂二字義長　謂之非道非道早已景龍敦煌與成玄英疏皆如此道藏龍興碑本作謂之非道早已蓋誤闕非道二字蓋第五十五章同句未闕可互證傅作是謂非道非道早已范與開元河上作是謂不道不道早已　此章以道佐人主不以兵强於天下用景福本果而勿驕四句與謂之非道非道早已皆用景龍敦煌本是謂果而勿强用范本他如傅本大軍之後必有凶年二句别爲存疑

夫佳兵者。不祥之器。物或惡之。故有道者不處。是以君子居則貴左。用兵則貴右。兵者不祥之器。非君子之器。不得已而用之。恬惔爲上。故不美也。若美之。必樂之。樂之者。是樂殺人也。夫樂殺人者不可以得志於天下矣。故吉事尚左。凶事尚右。是以偏將軍處左

上將軍處右言居上勢則以喪禮處之殺人衆多則以悲哀泣之戰勝者則以喪禮處之

右第三十一章八十四字又存疑五十字　佳兵傅本作美兵疑涉下文諸美字竄誤他本皆作佳高郵王氏謂是古惟字盧文弨作佳兵不祥解臚舉老子諸用惟字句文皆與此不類以證是佳非惟辨之審矣然云佳者以爲嘉美而喜悅之也曰美曰樂即所謂佳則亦誤解兵義按釋文佳梏牙反善也河上云佳飾也李榮注精飾爲佳成玄英疏佳麗也並是確詁下文故不美也若美之諸美字皆修飾華美之義如論語惡衣服而致美乎黻冕是也老子之用美字類皆如此互詳第二十章六十二章八十一章曹植七啟稱步光之劍華藻繁縟飾以文犀雕以翠綠綴以驪龍之珠錯以荊山之玉蓋猶此之所謂佳兵也

樂字釋文音五教反乃好樂之樂非憂樂之樂所謂樂之者、言寶愛佳兵以爲玩好。不得傅會爲憙悦之意也。此章言兵皆謂鋤戟戈矛之器非謂戰陳殺伐之事用兵貴右之文亦引以明不祥之訓非尚論軍師行伍之列本旨在務絶樂殺之機以潛弭黷武之禍爲充寶愛佳兵之心將不免好以兵强於天下也杜漸防萌與不見可欲使心不亂同其要妙文子上仁篇緣飾老子語演爲務道德不重用兵之詞乃云兵者不祥之器不得已而用之殺傷人勝而勿美故曰死地荆棘生焉以悲哀泣之以喪禮居之變亂文義牽附私說陳論迂疏全非老子本旨河上僞注繆題此章曰偃武改併故不美也諸句作勝而不美云云與今衆本言事尚左以下諸衍文疑皆文子書有以啟之也後人不察古本原無勝字與老子書凡用美字義訓邊圍於偃武之說多生曲解譌文衍辭糅雜莫辨本旨盡晦矣　物或惡之。物指鬼神而言。詳第二十四章　非君子之寶今衆本皆作非君子之器文子微明篇引作寶字獨存古義可取河上注云非君子所貴重之器疑其本古亦作寶蓋謂非君子所宜寶玩非謂君子所不用乃與上下文義相合且不失與上文右字叶韻也　恬惔爲上景龍敦煌皆如此傅范開元廣明作恬淡釋文作恬澹注恬本或作栝梁武音膾澹徒暫反本亦作惔音同又音談字同河上本作恢梁武云苦回反簡文恬惔五云按今河上亦作恬惔諸本異同自古紛歧循其音義皆不可通今考二字乃銛銳之譌謂兵器但取銛銳無用華飾也夏竦古文韻恬字下引古老子作刮惔字下引古老子作鋏刮字从舌从刀不可釋爲恬說文刮栝杷也銛斷也今俗以刮爲刮削字篆皆从𠯑不从舌利銛也銛由屬銛字乃从舌則从舌从刀當爲銛之古文無疑淮南脩務訓服劒者期於銛利而不期於墨陽莫邪義蓋本此具銛字今本亦誤作恬北宋本藏本皆作銛並可爲互證銛字亦未可釋爲恬說文銳籀作𠝹古文顫銳字下引天台經幢亦作𠝹又金字下引古老子作厌則鋑即𠝹之反文並當釋作銳可隅反而知也古河上本作恢猶略存譌轉之迹後人以傳會恬字之誤再變爲恢爲淡爲澹則全迷舊形不可復辨矣用兵而言恬淡雖強爲之辭終不成理所謂甚難而實非也今錄如景龍諸本並訂當作銛銳又說文𠝹銳利也銛𠝹斷也二篆疑並從古文𠝹孳乳而出許氏專以𠝹繫於銳耳廣雅𠝹銳銛三字通釋爲利

故不美也若美之必樂之樂之者是樂殺人也五句傅范皆如此道藏御注葛愚彭耜林希逸三本

作故不美也若美必樂之樂之者是樂殺人也四句敦煌與道藏龍興碑本作故不美若美必樂之是樂殺人三句景龍作故不美若美之是樂殺人三句諸本雖互有省併皆無勝字開元石刻與道藏御注御疏全從河上乃作勝而不美而美之者是樂殺人三句郡齋讀書志錄玄宗老子疏六卷其校記異文舉故不美也諸句則全同傅范並無勝字實與疏義不合此猶開元石刻春登臺之偏從劉本不足爲據要可見當時流傳固如此居多獨河上有勝字而玄宗定本采之耳由來誤解多從此勝字起不可不辨　夫樂殺人者傅作夫樂人殺人者多一人字景龍作夫樂殺者少一人字今從范與開元義長　不可以得志於天下矣景龍敦煌得志作得意無矣字開元亦無矣字今從傅范　言居上勢則以喪禮處之景龍全無此二句開元

無居上勢則四字殺人衆多河上與諸王本作殺人之衆道藏宋槧劉四家注此章之末錄王弼注有疑此非老子之作也一句今諸王本皆佚之晁說之云弼知佳兵者不祥之器至於戰勝以喪禮處之非老子之言當本於此今考此章惟吉事尚左以下諸句乃重釋用兵則貴右之義誼與經文不類諸唐本於此數句復互有多少之差似悉爲古義疏竄衍蓋開古王弼本原無篇目則其注語所疑或亦止在此數句宜無由確證必指全章而言晁說似未盡可據茲從敦煌吉事尚左以下悉錄如范本别以爲存疑　此章寶字從文子恬惔字從景龍敦煌並訂當作銛鈍他皆用范本故吉事尚左以下五十字存疑

道常無名。樸雖小。天下莫能臣。王侯若能守。萬物將自賓。天地相合以降甘露。民莫之令。而自均焉。始制有名。名亦既有。天亦將知止。知止所以不殆。譬道之在天下。猶川谷之與江海也。

右第三十二章七十一字　道常無名名字與下臣賓諸字爲韻。或以第三十七章有無名之樸句讀此章亦以樸字爲句非也　天下莫能臣能字諸唐本皆作敢傅范與釋文作能釋文與諸王本句下又有也字今從傅范無也字　王侯若能守傅與景龍敦煌皆如此范作王侯若能守之諸王本作侯王若能守之他本皆無之字王侯皆作侯王釋文至梁武作王侯按侯守二字自諧句中韻與第四十二章王公以爲稱公稱字同當作王侯第三十九章侯王爲貞王貞二字諧韻則當作侯王也又守字亦叶上文小字宜無下之字　民莫之令而自均焉傅與廣明景福皆如此他本無焉字范與景龍開元永樂大典民作人按王弼注至天地相合則甘露不求而自降我守其真性無爲則民不令而自均也此人字當是唐人避諱所改道藏武英殿兩王本皆作民無焉字　夫亦將知止夫字景龍景福河上皆作天當是形誤他本皆作夫　知止所以不殆傅范與開元景福道藏王本皆如此景龍無所以二字武英殿王本所以作可以河上知止誤作知之　譬道之在天下猶川谷之與江海也傅范與王弼注中所引皆有也字他本無景龍敦煌省二之字武英殿王本與誤作於藏本不誤王弼解此句如川谷自歸江海之義趙秉文曰此章言道本無名及其始制有名爲日月星辰山川草木聖人用之制爲官長名雖不同同一道也譬水之在天下爲川爲谷爲江海爲水不同同一水也欲學者忘名還於無名之樸也故夫亦將知止止於道也按趙解義長

此章全用傅本

知人者智。自知者明。勝人者有力。自勝者强。知足者富。强行者有志。不失其所者久。死而不亡者壽。

右第三十三章三十八字　此章開元本河上本諸王本並同勝人强行二句景龍敦煌省去者字以就四言非是傅范每句下各有也字范注古本每句下有也字文意雍容世本並無也字至不失其所者久皆無也字則文意不足今依古本云云按此章純是韻語無也字義自曉暢范說不足據韓非喻老引自見之謂明自勝之謂强二句蓋即此章異文　此章悉如開元河上與諸王本

大道氾兮。其可左右。萬物恃之以生而不辭。功成而不名有。衣被萬物而不爲主。可名於小矣。萬物歸之而不知主。可名於大矣。是以聖人終不爲大。故能成其大。

右第三十四章六十二字　大道氾兮武英殿王本宋刊河上本道藏李道純李嘉謀本皆如此氾兮道藏王本河上本作汎兮傅作汎汎兮范作氾氾兮開元作汎景龍敦煌作氾皆省去兮字按王弼注云言道氾濫無所不適説文汎浮皃氾濫也廣雅汎汎氾氾浮也據王弼注義從説文字訓當作氾兮　萬物恃之以生以字河上與道藏武英殿兩王本作而傅范諸唐本與永樂大典皆作以　功成而不名有廣明如此與上下句文辭一致是也景龍開元作成功不名有傅作功成而不居范作功成不名有　衣被萬物傅范與敦煌皆如此他唐本與河上衣被作愛養范注王弼同古本衣被猶覆蓋也今道藏武英殿兩王本作衣養惟永樂大典作衣被釋文止出衣字注河上作愛也按成玄英疏云衣被者覆育也易繫辭釋康伯注衣被萬

物故曰顯諸仁日用而不知故曰藏諸用證當作衣被又此句下可名於小句上諸本多有常無欲三字敦煌與道藏龍興碑本李榮本張君相集注本皆無之成玄英疏亦不及常無欲之義按吳澄謂萬物歸之而不知主句下或疑脫常無名三字蓋據前有常無欲之文而云然今證以敦煌諸本則是他本前多常無欲三字非後少常無名三字也傅范作故常無欲又多一故字疑並是古義疏語竄衍今從敦煌諸本不錄　可名於小矣可名於大矣傅本與王弼注中所引皆如此兩於字范本作爲景龍開元敦煌皆如傅本作於景福前句作於後句作爲又范與景福如傅本有兩矣字他本無成玄英疏云似若微小以是贊義言不小也可名大耶言不可名大　萬物歸之而不知主傅范皆如此開元敦煌作萬物歸之不爲主河上作萬物歸

焉而不爲主按衣被萬物而不爲主就施衣被者而言故曰不
爲主萬物歸之而不知主就歸之者而言當云不知主也　是
以聖人終不爲大故能成其大景龍開元景福敦煌河上諸本
皆如此傅作是以聖人能成其大也以其終不自大故能成其
大范作是以聖人以其終不自爲大故能成其大按諸王本作
以其終不自爲大故能成其大無是以聖人之文傅范蓋竄合
王弼河上二本爲一又互有增減故文皆贅衍今從河上本第
六十三章王傅范諸本亦有此二句並如河上文疑爲竄誤重
出説詳後　此章大道氾兮據王弼注用武英殿本功成而不
名有用廣明本可名於小上無常無欲諸字從敦煌本是以聖
人終不爲大用河上本他如傅本

執大象。天下往。往而不害。安平泰。樂與餌。過客止。道之出言。淡兮其無味。視之不足見。聽之不足聞。用之不可既。
右第三十五章四十三字　執大象傅范作執大象者諸唐本
皆無者字按與天下往句叶韻當無者字　安平泰傅范開元
皆如此泰道藏王本作大他本多作太古隸互通本字當作泰
易序卦泰者通也古文作夳夏竦古文韻引古老子正有其文
夏氏亦釋爲今太字未確　道之出言開元作道之出口景龍
敦煌作道出言傅范作道之出言范云出言王弼同古本按今
諸王本亦作出口其注則作出言第二十二章王注引此文亦
作出言　淡兮其無味傅范景福皆如此開元兮作乎景龍省
作淡無味　視之不足見以下三句景龍敦煌省去之字不合
辭理　此章執大象從諸唐本他如傅范
將欲翕之。必固張之。將欲弱之。必固强之。將欲廢之。必固興之。將欲奪之。必固與之。是謂微明。柔之勝剛。弱之勝強。魚不可脫於淵。邦之利器。不可以示人。

右第三十六章五十九字　將欲翕之傳范景龍韓非皆如此范注翕斂也合也聚也王弼同古本按今王本作歙釋文作偷景福作噏義同　必固與之與當作舉叶下句必固舉之古舉與字通如禮運選賢與能大戴禮王言篇作選賢舉能是也疑此字本亦作與後人不識舉與互通又忽於老子變文叶韻之例乃循廢字億改故眾本相傳皆作興也夏竦古文韻引古老子有舉無興舉作𦦧與作𠔏　將欲奪之傳與開元河上諸王本皆如此范與韓非作將欲取之范注取一作奪非古也按翕弱張強廢奪舉與皆兩句相間成韻當作奪無疑范說不足據韓非亦偶誤或後人據戰國策改耳戰國策魏策引周書曰將

欲敗之必姑輔之將欲取之必姑與之呂覽行論篇引詩曰將欲毀之必重累之將欲踣之必高舉之互證此亦老子引用古語而釋其微明則老子之意蓋猶易繫辭所謂知微知彰知柔知剛者也此天地間消長盈虛自然之理論者或斥之以爲陰謀或又深諱之務辨其非陰謀皆妄生疑障明王純甫解謂將欲云者將然之辭必固云者已然之辭將欲如彼必已嘗如此據其已然而逆睹其將然雖若幽隱而實明白故曰是謂微明柔之勝剛弱之勝强正此理也其論微明之義是矣惟釋將欲必固之夫宜無煩曲辭顛倒理本自通也　柔之勝剛弱之勝强景龍無二之字開元河上作柔弱勝剛强一句傅范皆作柔之勝剛弱之勝强按此二句之字義亦猶則也古用之字或如則字詳第二章　魚不可脱於淵韓非淵上有深字莊子淮南

所引皆如眾本無深字又傅范脱作俛范注俛吐活切輕俛也傅奕云别本作脱消肉臞也韻略訓骨去肉也王云按韓非淮南與諸唐本皆作脱脱訓骨去肉正引伸爲凡離脱之義今經典相承通用無取作俛　邦之利器淮南詳邦作國諸唐本亦相承作國傅范如韓非作邦是也　此章用傅本惟脱不作俛並訂與字當作舉

道常無爲而無不爲。王侯若能守。萬物將自化。化而欲作。吾將鎮之以無名之樸。無名之樸。夫亦將不欲。不欲以靜。天下將自正。

右第三十七章四十九字　王侯若能守傅本如此范本下有之字他本王侯作侯王諸王本亦有之字互詳第三十二章夫亦將不欲傅范皆如此諸唐本省去夫字釋文有夫字不欲作無欲注簡文作不㳄諸唐本與河上皆作不欲唐玄宗注云

於此無名之樸亦將兼忘陸希聲李約並依此解是也諸王本作無欲義亦當若是王弼注云無欲競也未安　天下將自正傅范與諸唐本道藏河上本皆如此宋刊河上本與諸王本正作定爾雅釋天營室謂之定注定正也作宮室皆以營室中爲正按定字本以正義得互通說文引古文正作𤴓夏竦古文韻定字引汗簡又作𤴓形並近同書堯典以閏月定四時史記五帝紀作以閏月正四時齊語正卒伍漢書刑法志作定卒伍皆其例也　此章全用傅本

老子古本考上

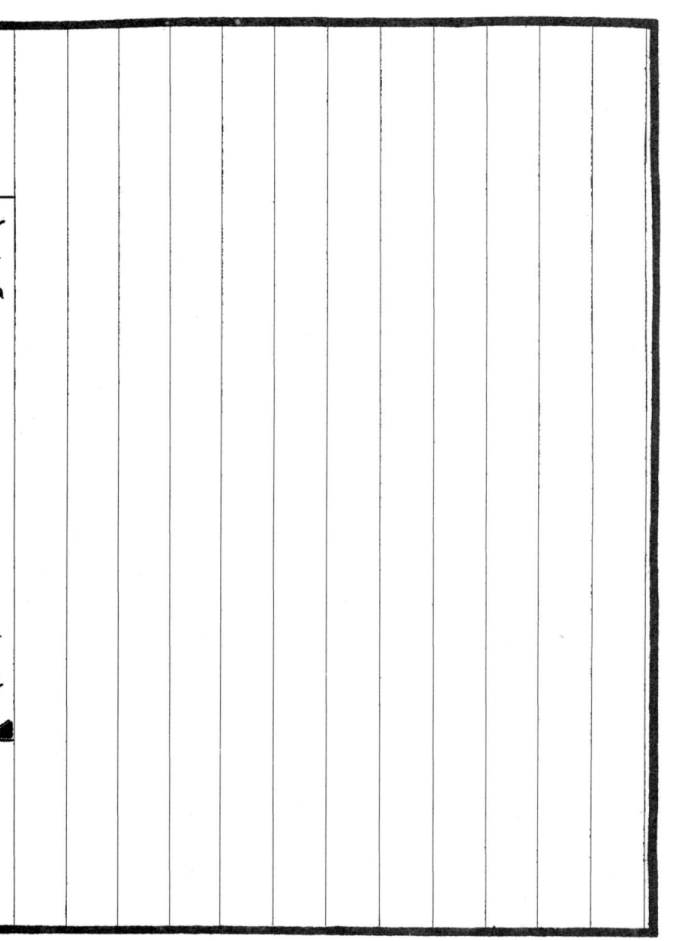

老子古本考（下）

老子古本考下

桐鄉勞健篤文

上德不德。是以有德。下德不失德、是以無德、上德無爲而無不爲也。下德爲之、而無以爲、上仁爲之而無以爲也。上義爲之而有以爲也。上禮爲之而莫之應。則攘臂而仍之。故失道而後失德。失德而後失仁。失仁而後失義。失義而後失禮。夫禮者。忠信之薄也。而亂之首乎。前識者。道之華也。而愚之首也。是以大丈夫處其厚。不處其薄。處其實。不處其華。故去彼取此。

右第三十八章一百二十三字又存疑十七字　下德不失德是以無德。韓非無此二句。他本皆有之　上德無爲而無不爲也。韓非所引如此。他本無也字。范注此句韓非王詡王弼郭雲傅奕同古本河上公作上德無爲而無以爲今從古本云云按今諸王本與諸唐本皆如河上本無不爲作無以爲　下德爲之而無以爲韓非無此句他本皆有之范注韓非王詡王弼郭雲傅奕同古本河上公作下德爲之而有以爲今從古本云云按今諸王本與諸唐本皆如河上本無以爲作有以爲韓非並無此句而范注韓非同蓋涉上句誤引之耳韓非解老篇皆直解老子本文喻老篇則引老以證事淮南道應訓之所仿也解老篇始於上德不德章皆老子下篇之文疑别有上篇已亡今獨傳此下篇具例固不盡舉全文惟釋此章首尾畢具異於他章之摘句爲解尋繹所論凡六節十三講自上德不德至去彼取此都千有餘言總無下德之文然則下德不失德是以無德與下德爲之而無以爲三句蓋皆古義疏語所竄衍經文本無非韓之闕略也莊子論道德仁義皆不言德有上下降至淮南

尚無其說文子乃以上德下德名篇然僅上德篇中有云天與而不取為上德地與而取之為下德並引下德不失德二句他亦無論下德之文其書本後人偽託多轉襲淮南語當出漢以後所作史記酷吏傳亦引下德不失德二句或自淮南之後太史公以前始竄為經文其下德為之而無以為句他書罕見稱引文子上仁篇中以上德上仁上義上禮四者並舉立論亦未及下德則增竄或又在後也河上公與諸唐本作下德為之而有以為雷同上義句傅范作下德為之而無以為亦雷同上仁句義皆牴牾桐城馬氏老子故以意改作下德無為而有以為使參互成文強若可通然於古無徵不足據也韓非所解第一節凡二講略云德者內也得者外也上德不德言神不淫於外也神不淫於外則身全身全之謂德德者得身也故曰上德不

德。是以有德。無爲者謂意無所制。故爲虚也。意常不忘虚。則制於虚。是不虚也。不以無爲爲有常。則虚。虚則德盛。德盛之謂上德。故曰上德無爲而無不爲也。第二節一講略云。仁者中心欣然、愛心之所不能已。非求其報。故曰上仁爲之而無以爲也。第三節一講略云。義者宜而爲之。故曰上義爲之而有以爲也。第四節凡四講略云、以中心之情見於外貌曰禮。君子爲禮以爲其身。是爲上禮。衆人爲禮以尊他人。時勸時衰。或相離貳。故曰上禮爲之而莫之應。聖人則自反而復恭敬。盡手足之禮不衰。故曰攘臂而仍之。德者道之功。仁者德之光。義者仁之事。禮者義之文。故曰失道而後失德。失德而後失仁。失仁而後失義。失義而後失禮。夫物之特飾而後行者。具質不美也。實厚者貌薄。父子之間其禮不明也。禮繁者心衰。如衆人之爲禮。人應則輕歡。不饜則責怨，能毋爭乎。故曰夫禮者忠信之薄也，而亂之首乎。第五節一講，略云、前識者先物行先理動，不緣物理而先妄爲億度也。詹何坐閨牛鳴，先知黑牛白角，皆心所察，不如使童子於門外視之而與同功。故曰前識者道之華也，而愚之首也。第六節凡四講，略云所謂大丈夫者謂其智大也。所謂處其厚不處其薄者，行情實而去禮貌也。所謂處其實不處其華者，必緣理不徑絕也。所謂去彼取此者，去禮貌徑絕而取緣理好情實也。故曰去彼取此。觀此六節十三講，字斟句比，固欲刻意融貫全旨，若經文果有下德之說，必無獨闕其義之理可知也。後來注家率因於下德諸語扞格纏繞，鮮能自暢厥辭。今證爲竄衍，則疑障盡除，無煩曲解矣。故此章全用韓非文以崇古義，別錄三句如范本屬之存疑 上仁爲之而無以爲也，上義爲之而有以爲也二句他本皆無也字今從韓非與上德句同惟下德句乃録范本存疑故仍其舊無也字　攘臂而仍之仍字范與釋文作扔釋文注又音仍引也因也蓋亦謂通作仍韓非與傅本諸唐本皆作仍詩常武仍執醜虜毛傳仍就也字亦以人爾雅釋詁仍因也攘亦攘之或體匡謬正俗引作攘説文攘推也公羊昭三十一年傳於是推而通之也注推猶因也攘仍雙聲互訓推引因就義並相通攘臂而仍之猶云推臂以就禮自以爲事之謂也或解如掠奪人之臂強引使相從於禮非其旨矣　失道而後失德四句他本皆無下失字作失道而後德云云韓非四句皆有下失字義長　夫禮者忠信之薄也而亂之首乎他本乎作也又無上也字讀如一句韓非上也下乎明作二句辭意從容又夫字諸唐本多作故景龍傅范作夫與

韓非同　前識者道之華也而愚之始也或並無下也字　處其實不處其華景龍開元處作居是以大丈夫故去彼取此二句韓非原文解稱所謂大丈夫者云云所謂去彼取此者云云截就文勢故略是以二字與故字今據衆本補　此章全用韓非兼錄下德不失德是以無德下德爲之而無以爲三句凡十七字如范本存疑又是以大丈夫故去彼取此二句據衆本補是以字故字

昔之得一者。天得一以清。地得一以寧。神得一以靈。谷得一以盈。萬物得一以生。侯王得一以爲天下貞。其致之一也。天無以清將恐裂。地無以寧將恐發。神無以靈將恐歇。谷無以盈將恐竭。萬物無以生將恐滅。侯王無以爲貞將恐蹶。故貴必以賤爲本。高必以下爲基。是以侯王自稱孤寡不轂。是其以賤爲本也。非歟。故致數與無與也。不欲琭琭若玉。落落若石。

右第三十九章一百三十九字　侯王得一以爲天下貞貞字景龍景福作正開元傅范與諸王本皆作貞范注貞正也一本作正後人避諱也按道藏御注御疏本原作正疏云本或作貞字貞即正也開元石刻乃改從貞范云後人避諱非也又此章凡侯王字傅范亦作王侯非也諸唐本諸王本河上本皆作侯王與貞字自諧句中韻互詳第三十二章　其致之一也敦煌無一字他唐本與諸王本並無一也二字傅范皆有之按王弼注云各以其一致此清寧靈盈生貞又天無以清句下注云用一以致清耳非用清以清守一則清不失用清則恐裂也證此句必當有一也二字陳景元注亦云開元御本無一也二字於義闕焉又嚴遵指歸無萬物得一以生並下文萬物無以生將

恐滅十四字陳景元五有之則文句備略之則義未闕於理亦
通按據王弼注當有此二句　侯王無以爲貞范作王侯無以
爲貞注云古本如此河上公爲貞下有而貴高三字按今河上
本與諸唐本止作侯王無以貴高傳本則作王侯無以爲貞而
貴高此而貴高三字蓋爲涉下文貴賤高下之義疏語竄入經
文者或疑其衍文誤去爲貞字遂作無以貴高皆非也當從范
本止作爲貞無貴高字　貴必以賤爲本高必以下爲基景福
與淮南道應訓皆如此他本無二必字戰國策齊策所引亦有
必字義長　侯王自稱孤寡不轂稱字景福作曰傅與他唐本
作謂范作稱戰國策亦作稱無自字按此亦王稱二字自諧句
中韻當作自稱不轂宋刊河上本作不轂注云轂不能如車轂
爲衆輻所輳據本注同而經文則改從他本作不穀按淮南王

衡訓是非輻湊而為之轂高注轂以喻王河上所注蓋亦古之
別解今仍從衆本作不轂　是其以賤為本也非歟傅范皆如
此是字景龍開元景福河上作此也字歟字敦煌作上與下也
他唐本與河上作上邪下乎　故致數輿無輿也敦煌與淮南
所引皆如此他本無也字兩輿字景龍景福與河上作車傅范
與釋文作譽開元上輿字形誤作與道藏御注御疏皆作輿無
輿數字釋文音色主反為數計之數范音朔為頻數之數釋文
云譽毀譽也范云推而極之數數稱美者無美也桐城馬氏則
據高延第說引莊子至樂篇有至樂無樂至譽無譽之句而直
用莊子文刪去數字解云至譽莫過侯王而以孤寡為稱是無
譽也此作譽字諸家注說並涉牽強河上作車無車注云致就
也言人就車數之為輻為輪為轂為衡為轝無有名為車者故

成爲車以喻侯王不以尊號自名故能成其貴云云傅會成辭穿鑿尤甚他本之作輿者注家並因襲河上偽注亦解輿如車趙秉文集解云諸說皆以輿訓車義有未安竊意輿衆也又輿臺皆賤者之稱上文言其致一也此言故致數衆也衆無衆猶言皆與人無與人之稱矣無與人亦無侯王之稱也趙氏訓輿爲衆可謂確論惟輿臺賤稱無侯王之稱諸說仍失之繳繞今按夏竦古文韻引古老子不見譽字而有轝字殆即出此句諸本作譽作車當並爲轝之譌轝即古輿字也義當訓衆多如輿人輿師輿誦輿謀之輿非舟輿之輿所謂輿無輿者即得一之義王弼注昔之得一句云昔始也一數之始而物之極也以知此句故致數之數亦猶物數之數當讀色句反謂窮極物數雖至衆多皆推始於一乃無所謂衆多如貴之本固無貴而同於

賤高之基固無高而同於下也淮南道應訓薄疑說衛嗣君以王術衛嗣君應之曰予所有者千乘也願以受教薄疑對曰烏獲舉千鈞又況一斤乎故老子曰大制無割故致數輿無輿也可見淮南亦詮無輿爲無多之義又兼引無割句則以明道之惟一無分衆寡也　不欲琭琭若玉落落若石琭琭敦煌作祿祿他本皆作琭琭落落釋文作珞珞他本皆作落落若字諸唐本作如傅范作若按琭琭猶言歷錄可數落落猶言錯落無分此二句亦申得一無輿之義謂不欲如玉之可數而欲如石之無分混而同之則與無輿乃復歸於一也　此章貴必以賤爲本高必以下爲基用景福本故致數輿無輿也用敦煌本侯王字從諸唐本他皆用范本

反者道之動。弱者道之用。天下之物生於有。有生於無。

右第四十章二十一字　天下之物開元敦煌傅范皆如此河上與諸王本作天下萬物王弼注亦云天下之物　此章開元敦煌傅范並同

上士聞道。勤而行之。中士聞道。若存若亡。下士聞道。大而笑之。不笑。不足以爲道。故建言有之曰。明道若昧。進道若退。夷道若纇。上德若谷。大白若黷。廣德若不足。建德若輸。質真若渝。大方無隅。大器晚成。大音希聲。大象無形。道隱無名。夫惟道。善貸且善成。

右第四十一章九十八字　勤而行之傅作而勤行之開元作勤而行無之字他本皆作勤而行之勤字范作懃注云古本作懃按今所見敦煌古寫經卷勤字每書作懃夏竦古文韻引古老子作懃此但可謂古字非古本異文也亦可爲范本出於古寫卷之一證　大而笑之諸唐本無而字傅范作而大笑之牟

子理惑論引作大而笑之蓋下士以道爲大而無用故從而笑之與第六十七章天下皆謂吾大似不肖之義相合牟子所引如此而又稱吾懼大笑故不爲談云云則與諸唐本去而字傳范而字在上者同爲失其旨矣高郵王氏德清俞氏皆有此句當作大而笑之之説今從之　不笑不足以爲道敦煌一本作不笑之他本皆無之字按笑道爲韻宜無之字　故建言有之曰敦煌故作是以他唐本無曰字景福並無故字今從傅范范注王弼孫登阮咸同古本河上公本無曰字按今諸王本亦無曰字　夷道若纇傅本此句在進道若退之前他本皆不然纇字景龍敦煌景福作類開元傅范皆如釋文作纇范注纇音耒絲節也河上公作類今從古本　大白若黷黷字諸唐本皆作辱敦煌此句在上德若谷之前廣德若不足敦煌作廣德若濡

建德若輸敦煌闕此句廣明輸作媮他唐本皆作偷今悉從范本范注輸音厚黑垢也古本如此河上公作厚輸傅奕云古本作輸引廣韻云輸愚也河上公作揄乃草字變車爲手傅奕云手字之誤動經數代況厚字少黑字乎傅奕當時必有所據王弼作偷董遇作揺今從古本云云按今河上亦作偷是又從手旁再變爲人旁矣又今傳本亦如廣明作建德若媮下句質真若渝乃作若輸疑是傳刻之譌　善貸且善成范本如此景龍誤奪下成字作善貸且善敦煌作善始且成開元與傅本作善貸且成按王弼注云貸之非惟供其乏而已一貸之則足以永終其德故曰善貸也成之不如機匠之裁無物而不濟其形故曰善成證當如范本范注嚴遵王弼同古本今諸王本與道藏嚴本皆無下善字必後人所刪矣　此章大而笑之用牟子理

慤論他皆用范本惟勤不作懃

道生一。一生二。二生三。三生萬物。萬物負陰而抱陽。沖氣以為和。人之所惡。惟孤寡不穀。而王公以為稱。故物或損之而益。或益之而損。人之所教。亦我之教人。強梁者不得其死。吾將以為學父。

右第四十二章七十四字　沖氣以為和沖字范作盅傅如諸唐本作沖此當作沖互詳第四章說文沖涌搖也段注涌上涌搖旁搖也搖沖氣以為和者謂陰陽相推盪而和合之也如易繫辭剛柔相摩八卦相盪剛柔相推而生變化是也莊子田子方篇至陰肅肅至陽赫赫肅肅出乎天赫赫發乎地兩者交通成和而物生焉義本於此注家或囿執虛無之說又習見道盅與大盈若盅之盅亦作沖遂並沖氣之沖同釋為盅虛之盅復牽連和字混言之而曰沖和之氣云云失其旨矣故盅沖字必

依說文分别全如傳本乃得之　王公以爲稱諸唐本河上本王本皆如此惟敦煌一本爲稱作自名傳作王侯以自稱也范作王侯以自謂也范注嚴遵同古本今道藏嚴本經文作王公以名稱論文作侯王以自名皆與范注不合按此作王公乃與稱字韻亦如第三十二章侯守字第三十九章王貞王稱字當從諸唐本　我蓋之而損開元敦煌無我字他本皆有之人之所教亦我之教人開元敦煌作人之所教亦我義教之范作人之所以教我而亦我之所以教人傳本如范無而字范注王弼嚴遵同古本河上公作人之所教亦我義教之按今河上本皆如諸王本作人之所教我亦教之道藏嚴遵本則如司馬本作人之所教亦我教之並與范注不合司馬注亦我教之稍言我亦教之證古本皆亦字在上廣弘明集孫盛老子疑問反

訊所引又作人之所教我亦以教人下句教人二字與傅范合王弼此節注文似有譌互不盡可讀其中有云亦如我之教人勿違之也又云不如我之教人不當爲强梁也據此與傅范本同馬注廣弘明集互校知古本下句當作亦我之教人傅范但增衍語詞未失舊文他本皆互有闕誤又考上句人字當作天猶第七十三章稱天之所惡亦與第七十四章王弼注語天之所疾作人之所疾同此形誤謂損之而益益之而損强梁不得其死皆天道所常昭示亦即我之所以教人故曰天之所教亦我之教人舊說多就譌文曲解義頗迂晦傅范本此句以我字亦似後人意爲增附今錄如諸唐本並訂人字形誤當作天學父敦煌與傅范皆如此他本全作教父范注音辯云古本作學父河上公作教父尚書惟斆學半古本並作學字則學宜音

學亦教也義同父始也今從古本云云按范說是也　此章王公以爲稱從諸唐本人之所教錄如諸唐本並訂人字當作天亦我之教人據王弼注與傅范本參訂他皆用傅本

天下之至柔。馳騁於天下之至堅。出於無有。入於無閒。吾是以知無爲之有益。不言之教。無爲之益。天下希及之。

右第四十三章四十三字　馳騁於天下之至堅范與淮南原道訓道應訓所引皆如此傅與諸唐本無於字敦煌並無騁字　出於無有入於無閒傅范與淮南原道訓所引皆如此景龍景福與淮南道應訓所引皆無出於二字他唐本並無下於字范注嚴遵同古本今道藏嚴本亦無出於二字　吾是以知無爲之有益范與淮南原道訓所引如此傅與淮南道應訓所引句下又有也字景龍敦煌省作是以知無爲有益　此章全用

范本

名與身孰親。身與貨孰多。得與亡孰病。是故甚愛必大費。多藏必厚亡。知足不辱。知止不殆。可以長久。

右第四十四章三十九字　是故甚愛必大費景福無是故二字他本皆有之　知足不辱句上景龍敦煌又有故字他本所無　此章開元傳范並同

大成若缺。其用不敝。大盈若盅。其用不窮。大直若詘。大辯若訥。大巧若拙。其用不屈。躁勝寒。靜勝熱。知清靜。以為天下正。

右第四十五章四十六字　其用不敝范與諸唐本敝皆作弊今從傳本作敝　大盈若盅開元諸唐本作大盈若沖敦煌作大滿若沖傳范作大滿若盅按當作大盈若盅互詳第四章　大直若詘諸唐本詘作屈傳范與韓詩外傳所引皆作詘范注

詘音屈枉曲也太史公司馬談同古本按依說文字義此當作詘互詳第五章　大辯若訥大巧若拙韓詩外傳與牟子理惑論所引如此他本皆大巧句在前又此下其用不屈一句惟韓詩外傳所引有之他本皆佚去今並據校補故三句全從韓詩外傳屈字音義如第五章　知清靜以為天下正傳范皆如此范云古本有知以二字景龍有以字無知字他唐本並無知以二字道藏嚴本作能清能靜為天下正揚子雲解嘲李善注引作知清知靜為天下正按靜正二字為韻諸唐本去知以二字併作一句非是莊子在宥篇云無視無聽抱神以靜形將自正必靜必清無勞汝形無搖汝精乃可以長生嚴本與李善所引作四言二句並疑為後人從莊子文摹擬增改今從傳范又此句靜字敦煌一本作淨靜字說詳第十五章　此章大直若詘

大辯若訥大巧若拙從韓詩外傳並據補其用不屈一句他如傳本惟盈字從開元諸本不作滿

天下有道。卻走馬以播。天下無道。戎馬生於郊。罪莫大於可欲。禍莫大於不知足。咎莫憯於欲得。故知足之足。常足矣。

右第四十六章四十五字　卻走馬以播傳本如此他本播皆作糞畢氏考異云古字通按播字番聲古音與糞字類同此句義當作播布種也解非釋云糞灌未安吳澄本從朱子糞下有車字云據張衡東京賦有車字是用老子全句後漢末車字未闕王弼注去衡未遠而已闕云云按薛綜注東京賦引老子文並無車字且稱河上公曰糞者糞田也今言糞車者言馬不用而車不敗云云是明謂車字乃張衡文也朱子則有在江西見所謂糞車者方曉此之說並不足據淮南覽冥訓故卻走馬以

糞而車軌不接於遠方之外文子精誠篇襲其文省去而字糞車二字遂偶若相銜疑並張衡賦中車字皆涉此誤用也惟播字與鄧字無由諧叶疑播下或奪一耬字如孟子今夫麰麥播種而耰之是也說文耬摩田器也徐鍇曰布種後以此器摩之使土開發處復合以覆種也蓋既播而耬農功之常今北地耕者固各有具器皆馭驢馬爲之也韓非解老喻老所引皆如衆本止作一糞字今且存此說以闕疑但從傳本作播　罪莫大於可欲衆本與韓非解老喻老所引並同惟諸王本無此句韓詩外傳引作罪莫大於多欲而無咎莫憯於欲得句蓋與王本互有省具一也咎莫憯於欲得范注憯音慘痛也古本如此敦煌作莫甚他唐本與諸王本作莫大韓非解老喻老所引皆如傳范作莫憯又欲得韓非解老誤作欲利喻老亦作欲得楼可欲

謂使人欲之不知足謂既有而務益之欲得謂欲其所未有三句義别　故知足之足常足矣傳范關元與韓詩外傳所引皆如此景龍無矣字敦煌並無故字韓非喻老作知足之爲足矣

此章全用傳本

不出於戶。可以知天下。不闚於牖。可以知天道。其出彌遠。其知彌尠。是以聖人不行而知。不見而明。不爲而成。

右第四十七章四十二字　不出於户不闚於牖韓非喻老呂覽君守所引皆有於字他本與淮南所引無於字又闚字范與韓非如此他本皆作窺范注古本作闚音窺按二字互通説文則專以闚爲闚頭窺爲窺視解云闚閃也閃闚頭門中也窺小視也今此二句不出謂身之不出不闚謂並頭亦不闚正合用闚字有二於字具義可見並當從韓非　可以知天下可以知

天道傳與韓非所引皆如此景福與淮南道應訓所引無可字他唐本並無可以二字呂覽與淮南主術訓二句皆引作而知又知天道知字范本諸唐本與道應訓皆作見疑是後人以上文闚爲窺視者所改　其出彌遠其知彌尠傅范皆如此范注尠字韓非王弼同古本按遠尠二字爲韻作尠是也今韓非與諸王本皆作少或爲傳刻所改景龍作近他唐本與呂覽淮南精神訓所引亦作少又遠字下韓非呂覽淮南皆有者字他本無　不見而明諸本明皆作名惟韓非引作明按見音現與第二十二章不自見故明義同當如韓非　此章不出於戶不闚於牖不見而明皆從韓非他皆從傅本

爲學者日益。爲道者日損。損之又損之。以至於無爲。無爲而無不爲。將欲取天下者。常以無事。及其有事。又不足以取天下矣。

右第四十八章四十八字　爲學者爲道者諸唐本皆無者字傅范與莊子知北遊所引有者字義長　損之又損之傅范景福莊子皆如此他唐本多如今本無下之字　而無不爲景龍敦煌無而字他唐本皆如莊子作而無不爲傅范作則無不爲范注則字陳點王弼同古本按今諸王本亦作而無不爲其注云有爲則有失故無爲乃無所不爲也傅范則字或本此古用而字亦或如則字說詳王氏經傳釋詞不必執作則　將欲取天下者常以無事及其有事又不足以取天下矣傅本如此第五十七章王弼注稱上章云其取天下者常以無事及其有事又不足以取天下也所引與傅本略同今諸王本此章皆如河上與諸唐本作取天下常以無事及其有事不足以取天下疑有刪減范本將欲取天下作將取於天下注稱古本如此按第

二十九章將欲取天下而爲之者將欲字衆本並同則此章宜亦作將欲王弼所引其取天下其字古與期通亦將欲之義也常以無事以下范如諸唐本今並從傅奕茂材解云若其有事豈足以取天下解及字如若字是也互詳第十三章 此章無爲而無不爲從開元諸唐本他皆用傅本

聖人無常心。以百姓心爲心。善者吾善之。不善者吾亦善之。得善矣。信者吾信之。不信者吾亦信之。得信矣。聖人之在天下歙歙焉。爲天下渾渾焉。百姓皆注其耳目。聖人皆咳之。

右第四十九章六十八字 聖人無常心景龍敦煌省去常字非也 以百姓心爲心范作以百姓之心爲心他本皆無之字得善矣得信矣范與開元得皆作德傅與景龍敦煌作得是也又諸唐本皆無二矣字當如傅范有矣字 聖人之在天下

歙歙焉傅范皆如此諸唐本無之字焉字歙歙景龍景福作怵怵開元敦煌作惵惵釋文亦作歙歙爲天下渾渾焉傅本如此渾渾范作渾心諸唐本無焉字作渾其心皆非也按此乃二偶句在天下歙歙焉承無常心句爲天下渾渾焉承以百姓心爲心句在助莊子在宥天下之在爲助不得已而爲之爲歙歙言不敢强爲王弼注云心無所主是也渾渾言不尚明察王弼注云意無所適莫是也渾渾王弼注中今亦作渾心渾心二字不成文理顯是渾渾之譌後人又加其字作渾其心並去二焉字遂使人誤讀二句如一句又讀爲字如因爲之爲全失其義矣

百姓皆注其耳目武英殿王本誤奪此句藏本有之他本並同

聖人皆咳之咳字景龍開元景福作孩敦煌作恔傅范與釋文作咳互詳第二十章　此章全用傅本

出生入死。生之徒十有三。死之徒十有三。而民之生。生而動動皆之死地。亦十有三。夫何故。以其生生之厚也。蓋聞善攝生者。陸行不遇兕虎。入軍不被甲兵。兕無所投其角。虎無所錯其爪。兵無所容其刃。夫何故也。以其無死地焉。

右第五十章八十八字　十有三敦煌十作什他本皆作十王弼注十有三猶云十分有三分其義至明敦煌之作什亦本此訓也韓非乃謂人生有四肢九竅合爲十三支離已甚范應元別演爲五行生死圖以傅會十三之數未脫方伎結習尤怪誕不經蘇轍則云老子言其九不言其一使人自得之亦屬迂論夫十之三猶三之一耳必欲拘於算數求之彌多困躓矣　而民之生諸唐本作人之生范與韓非作民之生皆無而字今從傅本有而字　生而動動皆之死地亦十有三傅與韓非所引

皆如此范作生而動之死地亦十有三注云韓非同古本據今傳韓非皆如傳本更有動皆二字疑爲范誤引或所見本不同莫由詳考景福作動皆之死地十有三景龍開元敦煌作動之死地十有三諸無上句生而動三字並無下亦字　夫何故傳與諸唐本皆如此范作夫何哉注云韓非與古本同今韓非並無此句恐是范誤引　入軍不被甲兵宋刊河上本被誤作避宋刊韓非作不備藏本河上韓非皆如衆本作不被　虎無所錯其爪錯字開元敦煌景福作措傳范與釋文作錯釋文音七路反古字通　夫何故也以其無死地焉傳本如此諸唐本無也字焉字范上句作夫何哉下句亦無焉字韓非引下句有焉字　此章全用傳本

道生之。德畜之。物形之。勢成之。是以萬物莫不尊道而貴德。道之尊。德之貴。夫莫之命。而常自然。故道。生之畜之長之育之亭之毒之。養之覆之。生而不有。爲而不恃。長而不宰。是謂玄德。

右第五十一章七十一字　是以萬物莫不尊道而貴德傅范皆如此敦煌省莫不二字景福省而字開元萬物作聖人　道之尊德之貴敦煌省二之字他本皆有之字　夫莫之命河上本諸王本皆如此景福作夫莫大之命傅范開元敦煌作夫莫之爵道藏宋槧刻四家注本亦作夫莫之爵按王明皇王弼二本命並作爵蓋王雱注亦如河上作命也今諸王本皆以命並作爵四字誤作弼注經文則全作夫莫之命林希逸曰義王莫之命猶曰莫之爲而爲命或作爵非也故具本作命李嘉謀吳澄林志堅鄧錡危大有諸家並作命他本多作爵按命字古入真韻與然字通叶作命近是李榮注自然尊貴非由爵命成玄

英疏無關爵命故常自然或古本原作夫莫之爵命傅本至尊
一字而異耳今從河上本且關其疑又道藏諸本之或作知非
也　故道生之畜之開元本如此敦煌誤奪畜之二字傅與河
上本諸王本作道生之德畜之誤同首二句衍德字范作道生
之蓄之注云蓄積也古本如此按說文畜田畜也又古文从田
从茲茲益也蓄積也从艸畜聲二字義本相近經典通用畜字
如易小畜大畜釋文並云本又作蓄是也今仍從衆本作畜
亭之毒之景龍開元敦煌景福作成之熟之傅范與諸王本皆
如釋文作亭之毒之范注王弼李奇同古本傅奕引史記云亭
凝結也廣雅云毒安也按亭毒與成熟聲韻皆相近或古有互
訓之義亭毒猶成熟也今從傅范　養之覆之傅范養作蓋他
本皆作養按生亭為韻長養為韻當作養亦猶蓋藏之義如大

戴禮曾子事父母篇見之行若不中道則養之注養猶隱之是也　此章夫莫之命從河上本故道生之畜之養之覆之從開元本他皆如范本

天下有始。以爲天下母。既得其母。以知其子。既知其子。復守其母。沒身不殆。塞其兌。閉其門。終身不勤。開其兌。濟其事。終身不救。見小曰明。守柔曰強。用其光。復歸其明。無遺身殃。是謂襲常。

右第五十二章七十二字　以爲天下母傅本作可以爲天下母他本皆無可字　既得其母景龍景福作既知其母范本皆作得　以知其子景龍作又知其子他本皆作以　復守其母景福作復知其母他本皆作守　塞其兌開其兌景福兌皆作銳釋文兌徒外反簡文云言也河上本作銳銳自言也今傳諸河上本則悉如他本亦作兌注云目也按釋文所引古河上本

作銳當為說之形誤簡文亦借兑為說故並訓作言非也陳景元趙秉文諸家或釋作悦亦非淮南道應訓則塞民於兑注兑耳目鼻口也老子曰塞其兑是也證古訓當如此易說卦傳兑為口乃從卦象上闡取義疑古語開張如口通謂之兑故易以名卦並得兼訓耳目鼻口也今傳河上注單訓為目義不完備說文闅字段注古段闅為穴又引塞其兑句云兑即闅之省瑞安孫氏則云兑當讀為隧塞其兑謂塞其道經曰穴曰隧皆合開張如口之象其字宜有相通之理然依淮南注訓與易卦取象本義自明無煩旁求曲證指名段借轉涉紛歧王弼注兑事欲之所由生門事欲之所由從也蓋耳目鼻口感於物而有所受故曰生動作云為應於心而有所施故曰從兑謂受之途門謂施之徑無所感受自無所應施故塞其兑乃所以閉其門上

下句相呼應與挫銳解紛和光同塵文例正同王弼注下句開其兑云不閉其原指兑爲原即明此義也景福銳字乃承古河上之誤道藏龍興碑本閉其兑作閉其門則涉上句門字之誤今並從作兑　守柔曰强敦煌作用柔曰强他本皆作守　是謂襲常傅范開元敦煌皆如此諸王本襲作習通假字也　此章悉如范本

使我介然有知。行於大道。惟施是畏。大道甚夷。而民好徑。朝甚除。田甚蕪。倉甚虚。服文采。帶利劍。厭飲食。資貨有餘。是謂盜夸。盜夸非道也哉。

右第五十三章五十六字　使我介然有知河上云介大也玄宗釋云耿介陸希聲諸家釋云微然按荀子脩身篇善在身介然必以自好也楊注介然堅固貌此亦當如楊解謂知之確信

之堅故無惑於便巧虛張而歸就平實行於大道也　惟貌施是畏諸本並作惟施是畏無貌字今據韓非補韓非解老云所謂貌施也者邪道也證當有貌字國語晉語夫貌情之華也廣雅釋詁貌巧也又見也設布張爲施也貌施猶云巧爲張設行於大道惟貌施是畏即處其實不處其華之義下文民好徑大朝甚除服文采云云皆貌施也故韓云邪道乃道理之道非道路之道高郵王氏讀施爲迆謂懼其入於邪道則緣徑字傷就道路之喻相詮未能融會全文王弼注云唯施爲之是畏已佚去貌字後人相承直解如不爲之義與上下文更不相貫　大道甚徒徒字范注古本如此說文云行平易也按他本皆作夷此句義正如說文行平易之訓當從范本廣雅徒徒行也　而民好徑大敦煌作其民好徑開元石刻作民甚好徑范與道藏

御注、御疏作「民甚好徑」，傅、與他唐本、河上本、諸王本作「而民好徑」，諸本並無「大」字。上作「好徑」，與上下句韻絕不諧叶，顯有奪誤，今亦據韓非補。韓非解老云：「所謂徑大也者，佳麗也；佳麗也者，邪道之分也。」廣雅釋詁：「佳，大也。」「麗，施也。」韓意蓋釋大字，如今大之大切，貌絕句。然與上文「大道甚夷」義不貫。按此大字當通作泰，釋如汏。說文：「泰，滑也。」隸或省變為汏，考詳段注。左氏宣四年傳「伯棼射王，汏輈」，注：「汏，過也。」周禮秋官野廬氏「禁野之横行徑踰者」，注：「徑踰，射邪趨疾，越隄渠也。」第三十八章韓非解「處其實不處其華」云：「必緣理不徑絕也。」張衡應閒云：「捷徑邪至，我不忍以投步。」「徑汏」之為言，猶「徑踰」「徑絕」，以喻趨就便巧，即捷徑邪至之義也。「知」「畏」「德」「大」四句韻，「道」字或亦是韻，屈賦天問以「飽」字叶「繼」字，固有其例也。　服文采　傅、范與韓非皆如此，開元作「彩」，廣明作綠他本多作綵陳景元注引傅奕云采乃是古文繡字資貨有餘數煌本道藏龍興碑本與韓非所引皆如此開元資貨作財貨傅范作貨財　是謂盜夸盜夸非道也哉傅本如此范與開元河上諸王本道藏龍興碑本不重盜夸二字敦煌與釋文亦重二字道藏宋槧刻四家注本録王弼注曰凡物不以其道得之則皆邪也邪則盜也誇而不以其道得之盜誇也貴而不以其道得之竊位也故舉非道以明非道則皆盜誇也據注義當重盜夸二字今王本誤奪又注文誇而不以其道得之句下今本皆佚去盜誇也貴而不以其道得之十一字夸字敦煌作誇龍興作跨他本皆作夸韓非則作竽畢氏考異引詩君子攸芋毛傳芋大也訂韓非竽字當作芋義同於夸然韓非解云竽為五聲之長竽唱則諸樂皆和以喻盜竽如謂盜媒蓋别

成一義當以闕疑龍興跨字當是誇之形誤按傅毅舞賦夸容乃理李善注夸猶美也盖夸之夸疑猶是也義與貌施相近王弼注義亦似非王弼夸不合加言旁藏本殿本注夭並作夸是也　此章惟貌施是畏而民好徑大據韓非補貌字大字大道甚夷從范本資貨有餘從敦煌本他如傅本

善建者不拔。善抱者不脫。子孫以其祭祀。世世不輟。脩之身。其德乃真。脩之家。其德乃有餘。脩之鄉。其德乃長。脩之邦。其德乃豐。脩之天下。其德乃普。故以身觀身。以家觀家。以鄉觀鄉。以邦觀邦。以天下觀天下。吾奚以知天下之然哉。以此。

右第五十四章九十一字　善建者不拔善抱者不脫敦煌與韓非無二者字他本皆有之脫范作挩蓋從說文字也他本皆如經典通用作脫　子孫以其祭祀世世不輟韓非所引如此

諸本皆無其字與世世二字或並無以字按此言子孫用善建善抱之道祭祀乃得世世不輟王注亦云子孫傳此道以祭祀則不輟也當如韓非義長　脩之身諸句傅范與景龍開元敦煌韓非皆作脩之景福作脩脩於今河上本諸王本作脩之於其德乃真以下諸乃字敦煌皆作能古通段字也開元獨其德能有餘一句作能他句皆作乃　其德乃有餘景龍景福韓非作其德有餘無乃字傅范作其德乃餘無有字敦煌開元作其德能有餘五字是也他本皆删使就四字句耳古稱有餘多連有字亦如稱無有之連有字也能當並作乃　脩之邦以邦觀邦諸邦字諸唐本皆如今本作國乃承漢人避諱所為不叶韻傅范並如韓非所引作邦是也　其德乃普傅獨從説文字作溥他本皆如今經典通用作普　觀音官陳景元注引易觀我

生觀民也相詮是也　吾奚以知天下之然哉傅范皆如此解非哉作也諸唐本奚作何或省哉字　此章子孫以其祭祀世世不輟周解非其德乃有餘從敦煌開元惟乃不作能他皆如傅本惟普不作溥

含德之厚，比於赤子。毒蟲不螫。猛獸不據。攫鳥不搏。骨弱筋柔而握固。未知牝牡之合而朘作。精之至也。終日號而不嗄。和之至也。知和曰常。知常曰明。益生曰祥。心使氣曰強。物壯則老。謂之非道。非道早已。

右第五十五章七十九字　含德之厚傅范句下有者字今從諸唐本無者字比於赤子范作比於赤子也注傅奕與古本同按道藏傅本作比之於赤子也又多一之字今從諸唐本並無之字也字　毒蟲不螫猛獸不據攫鳥不搏三句景龍開元敦

煌景福諸唐本皆如此范作毒蟲虺蛇不螫猛獸攫鳥不搏二句注傳更與古本同今傳本作蜂蠆不螫猛獸不據攫鳥不搏三句亦與范注不合諸王本作蜂蠆虺蛇不螫猛獸不據攫鳥不搏按蜂蠆虺蛇顯是毒蟲之義疏必非經文猛獸攫鳥不云兕虎鷹鸇可以陽反今從諸唐本　未知牝牡之合而朘作傅范皆如此朘字敦煌景福作峻王弼作全注云作長也無物以損其身故能全長也此自是弼之别解敢具本獨作全元和來民以爲全乃朘借爲卯德清俞氏又謂全乃全之誤全者陰之本字皆未必然釋文云河上作峻本一作朘説文子和反又子壘反玉赤子陰也據此知古本説文原有朘篆今本大徐以入新附非也玉篇朘子雷切亦作峻聲類又作屡　經日號而不嗄宋刊河上本作不啞諸唐本皆如釋文作不嗄釋文注一邉

反氣逆也范與道藏河上本作而嗌不嗄傅作而嗌不敷黄茂材云嗌字是後人據莊子文所増按莊子庚桑楚篇嗌不嗄嗄字釋文注本又作嚘正是傅本敷字黄説不爽今從諸唐本作而不嗄嗄字當如玉篇音義讀所訝切聲破也作字乍聲嗄字夏聲古音夏與乍同部作嗄二字亦是韻也　精之至也和之至也景龍開元敦煌省去也字他本皆有也字淮南俶務訓心意不精注精專也按此精字義亦當如是第十章云專氣致柔能如嬰兒乎純一之謂也河上解作精氣注家多承其說似未然　益生曰祥李道純作益生不祥非也古稱祆祥災祥凡諸變異本統謂之祥非如今義專以吉善爲祥也道藏宋黨刻四家注本録王弼注云生不可益益之則妖也今諸王本妖皆誤作夭失其義此諸句曰字河上與成玄英多解作日字亦非

心使氣曰强　傅作心使氣則彊　他本與淮南所引皆作曰强
謂之非道　非道早已　敦煌與道藏龍興碑本皆如此　范與開元
作是謂不道　不道早已　傅作謂之不道　不道早已　今從敦煌互
詳第三十章　又道藏河上本物壯則老三句誤屬下章知者不
言上　宋刊本不誤　此章含德之厚比於赤子二句毒蟲不螫
三句與終日號而不嗄句皆從諸唐本　謂之非道二句從敦煌
本　他如范本

知者不言。言者不知。塞其兑。閉其門。挫其鋭。解其紛。和其光。同其塵。是謂玄同。故不可得而親。亦不可得而疏。不可得而利。亦不可得而害。不可得而貴。亦不可得而賤。故為天下貴。

右第五十六章六十九字　知者不言言者不知　傅范二句下
各有也字　他本所無　解其紛紛字詳第四章　故不可得而

親傳范無故字諸唐本皆有之又以下五句景福皆無而字非也　亦不可得而疏開元此句與下不可害不可賤句皆無亦字非也景龍景福傳范皆有之　此章知者不言二句從諸唐本無也字故不可得而親從諸唐本有故字他如傳范

以正治國。以奇用兵。以無事取天下。吾奚以知天下其然哉。以此夫。天下多忌諱。而民彌貧。民多利器。國家滋昏。民多智慧。奇物滋起。法令滋章。盜賊多有。故聖人云。我無為而民自化。我好靜而民自正。我無事而民自富。我無欲而民自樸。

右第五十七章九十一字　以正治國正字傳奕開元作政他本皆作正按正政互訓古通此與奇對自當作正蓋猶經與權也尹文子作政而直謂以名法治國非老子本旨河上亦作正諸本作政者並當釋如正也　吾奚以知天下其然哉以此夫

傳范皆如此河上作吾何以知其然哉以此道藏御注作吾何以知天下其然哉以此御疏作吾何以知天下之然哉以此開元石刻與諸唐本作吾何以知其然以此諸本並無夫字按此夫字亦如第二十九章用如乎字范本以屬下天下多忌諱為句非是　天下多忌諱而民彌貧河上注忌諱者防禁也當推其義蓋積澤梁之禁關市之征諸為賦斂之謂也期於求富反以致貧與下文民多利器國家滋昏期於圖強反以助亂民多智慧奇物滋起期於導正反以邪法令滋章盜賊多有期於止暴反以啟奸列舉四事皆適得其反以喻有為之無益也

民多利器國家滋昏范本國家上有而字他本所無　民多智慧奇物滋起傳范作民多智慧而邪事滋起文子道原篇引作民多智能奇物滋起道藏龍興碑本作人多知巧奇物滋起趙

志堅本作民多智巧奇物滋起諸唐本皆作人多伎巧奇物滋起按王弼注云民多智慧則巧偽生巧偽生則邪事起也古謂事曰物邪曰奇王注邪事蓋釋奇物之義第七十四章若使民常畏死而為奇者吾得執而殺之王注詭異亂羣謂之奇義猶邪也傅范邪事二字恐是從王注竄改惟上句智慧二字他本作伎巧者非舊注多誤以奇物為奇器而解如奇伎淫巧之意與上下文皆以適得其反取喻義不相貫伎巧二字恐亦是舊由注語竄改諸作智能智巧者稍為近是也今上句從傅范下句從諸唐本又范於二句下注王弼同古本今諸王本亦作人多伎巧奇物滋起　法令滋章盜賊多有傅本開元本諸王本與淮南子史記漢書所引皆如此范本盜賊上多而字景龍景福河上與六朝寫本法令作法物按天生烝民有物有則法

物稍法令也河上僞注乃釋法物爲珍好之物云云繆甚羅氏校錄敦煌諸寫本出於六朝者僅一卷自此章起至八十一章止於寫本中爲最古其間異文頗多可取此法物句文同河上義無所長今仍從他本作法令　我無事我好靜二句開元前後倒置又敦煌唐寫本與道藏河上本表多我無情而民自清一句義皆無取他本並不然　此章奇物滋起從諸唐本他皆從傳本惟正不作政

其政閔閔。其民偆偆。其政察察。其民缺缺。禍兮福之所倚。福兮禍之所伏。孰知其極。其無正邪。正復爲奇。善復爲祅。人之迷也其日固已久矣。是以聖人方而不割。廉而不劌。直而不肆。光而不燿。

右第五十八章七十四字　閔閔諸唐本作悶悶淮南引作惛惛傅范作閔閔道藏嚴遵指歸論文有閔閔縵縵之句字亦作

閱互詳第二十章　偆偆開元作淳淳景龍敦煌景福作醇醇淮南引作純純道藏龍興碑本作蠢蠢傅范與嚴遵作偆偆范注偆舊音春玉篇偆尺尹切厚也富也按春秋繁露陽尊陰卑篇云春之為言猶偆偆也偆偆者喜樂之貌也其民偆偆義當如此與閱字叶韻宜讀平聲蠢偆字通玉篇云蠢或作偆　禍兮福之所倚二句傅與韓非所引皆如此景龍無兮字范與景福無之字　其無正邪范與開元皆如此無正猶無定正定義互通詳第三十七章邪字疑詞傅誤作衺道藏宋刻四家注校云明皇王弼二本正下有邪字按今諸王本亦如他本無邪字蓋後人所刪　善復為祅祅字今本皆作妖敦煌景福作訞開元从古隸體作祅范从篆體作䄏范注古本如此與祅同左氏云地反物為䄏說文云巧也按祅訞妖三字皆可通作祅祥

之義說文以示之祅正引地反物為祅作解以女之媄乃丟巧也范注有誤此字以从示為正漢隸通變劉寬碑作妖曹全碑作訞　人之迷也其日固已久矣諸唐本皆無也已矣三字上句范如開元人作民無也字下句傳無已字韓非引作人之迷也其日故以久矣故以即固已之通假字今上句從傳下句從范合於韓非　廉而不劌劌字河上作害開元與建德周氏藏敦煌唐寫本殘卷作穢韓非亦作穢並解如清廉而不穢濁之義非是傅范與他本皆如釋文作劌按禮聘義君子比德於玉廉而不劌荀子不苟篇君子寬而不僈廉而不劌此古語也荀子楊倞注云廉棱也說文云劌利傷也但有廉隅不至於刃傷也解廉劌字義甚確此言方而不割諸句不字並當解如不至於乃得之　此章禍兮福之所倚福兮禍之所伏人之迷也從傳

本他皆如范本

治人事天莫若嗇。夫惟嗇。是以早服。早服謂之重積德。重積德則無不克。無不克。則莫知其極。莫知其極。可以有國。有國之母。可以長久。深其根。固其柢。長生久視之道也。

右第五十九章六十五字　莫若嗇若字開元作如他本皆作若嗇字道藏龍興碑本趙志堅本與李榮注成玄英疏皆作式別成一解義未確今不取嗇者收歛聚積之義說文嗇愛濇也从來从亩來者亩而臧之故田夫謂之嗇夫王弼注乃直以農夫解此章嗇字失之支離　是以早服敦煌與傅范皆如此他唐本是以作是謂服字釋文作復他本皆作服范注服字古本如此河上公蘇子由韓非俱作服字注王弼孫登及世本作早復如易復卦不遠復之義象曰不遠之復以脩身也亦通然承

上文事天處來服字相貫云云按今諸王本亦作服服字古音扶逼反與職德韻叶道藏龍興碑本趙志堅本作伏亦與服通早服猶云早從事此句重在早字服字但取叶韻嗇斂取積不早從事則無功早服之謂重積德德者得也猶孟子所謂集義所生者也不早服則義襲而取之者矣孟子養氣之說皆與此章大旨相似韓非亦解服字爲服從道理作服是也　可以有國范與韓非所引句上有則字傳與諸唐本皆無此則字按下文可以長久句衆本皆無則字韓范此句則字疑衍既曰可以不煩更言則也　深其根固其柢長生久視之道也韓非所引如此解云木有蔓根有直根柢也者木之所以建生也蔓根者木之所以持生也柢固則生長根深則視久他本皆作是謂深根固柢長生久視之道一句無其字也字又河上與諸唐本柢

作蔕他本或作蒂皆非也並當從韓非義長　此章深其根固其柢長生久視之道也從韓非他如傳本

治大國者。若亨小鮮。以道莅天下。其鬼不神。非其鬼不神。其神不傷人。非其神不傷人。聖人亦不傷人。夫兩不相傷。故德交歸焉。

右第六十章四十九字　治大國者范與韓非有者字他本無者字以道莅天下他本有者字范與韓非無者字嚴遵亦如韓范按者下二字叶韻韓范諸本是也　若亨小鮮亨字六朝寫本周氏殘卷開元石刻作享傳與韓非皆如今本作烹釋文亦作烹注普庚反不當加火范與景龍敦煌唐寫一本作亨正合釋文注義詩匪風毛傳亨魚煩則碎治民煩則散引用此義字亦作亨六朝寫本與唐本作享者疑皆傳自古隸亨享互通義仍是烹非饗詳見第二十章又鮮字敦煌唐寫本道藏龍興碑

本作腥範作鮮注云鮮總括魚之屬也傅奕孫登同古本按今傅本與韓非淮南所引皆如他本作鮮范氏注義不足據具鮮字並似形誤　不傷人范與開元韓非作不傷民傅與六朝寫本他唐本皆作不傷人　聖人亦不傷人亦字衆本與韓非所解並同按成玄英疏云諸本皆作亦字張偉師及陸先生本作之字二字相似寫者誤作亦今用之字爲是言非此鬼之不傷物但爲聖人以道蒞天下能制伏邪惡故鬼不復傷害於人力在聖治故云聖人之不傷人也成氏所舉二本今皆不傳附錄存疑　夫兩不相傷范與韓非無夫字傅與諸唐本皆有之成玄英疏謂兩爲鬼與人　故德交歸焉傅與開元本諸王本皆如此范與韓非故作則景龍與敦煌唐寫本作故得交歸　此章治大國者以道蒞天下與亨字皆從范本他如傅本

大國下流。天下之交。天下之牝。牝常以靜勝其牡。以其靜爲下。故大國以下小國。則取小國。小國以下大國。則聚大國。故或下以取。或下而聚。大國不過欲兼畜人。小國不過欲入事人。各得其所欲。大者宜爲下。

右第六十一章八十字　大國下流景福本道藏司馬本皆如此傳范作大國者天下之下流諸王本與他本皆作大國者下流按王弼注江海居大而處下則百川流之大國居大而處下則天下流之故曰大國下流也證王本原亦無者字今本者字當爲後人據别本所增傳范之文並疑從他注語增竄非古也

天下之交范作天下之所交也傳與諸唐本皆作天下之交敦煌唐寫本與道藏龍興碑本交作郊皆無所字也字天下之牝范作天下之牝道藏御注御疏與陸希聲杜光庭諸本作天

下之交牝開元石刻與道藏李約本重如上句作天下之交無牝字敦煌唐寫本道藏龍興碑本亦重上句作天下之郊傅與諸王本河上本道藏司馬光蘇轍吳澄諸本皆作天下之牝按此二句承下流而言謂既為天下之交又為天下之牝也王弼注天下之交天下之所歸會者也天下之牝靜而不求物自歸之也范本牡字顯是牝字之形誤道藏御注御疏諸本作天下之交牝疑涉上句重衍交字開元石刻兩句皆作天下之交蓋又據俞本交牝二字去牝字也敦煌諸本郊字如謂二國相交之境義猶交也下句重作郊亦非范本所字也字並疑從注語增竄今從傅本與諸王本作天下之交天下之牝　牝常以靜勝其牡以其靜為下六朝寫本如此諸唐本皆無二其字傅范上句亦無其字下句作以其靜故為下也又多故字也字按勝

當讀平聲如勝任之勝不作勝負之勝兩以字義皆如用字不作因字解王弼注以其靜故能爲下也雌常以靜故能勝雄也以其靜復能爲下故物歸之也云云其義可見若作以其靜故爲下則以字有似作因字解若並去其字則辭意不足六朝寫本理最長又靜字敦煌一本作彰即靜之古文説詳第十五章

大國以下小國則取小國小國以下大國則聚大國聚字諸本多誤同上句亦作取開元本敦煌唐寫本周氏殘卷與道藏龍興碑本趙志堅本皆作聚是也聚者猶言附保即下章不善人所保之義諸作取者當是叚之譌説文叚積也徐鍇曰古之人以聚物之聚爲叚按此字自漢以來相承用爲最字如蔡湛頌碑三載勳叚即其例是必傳寫者不識叚字本義乃妄去冖作取注家多因而曲爲之説實不可通也傳本兩取字下皆有

於字他本所無疑是後增　故或以下取或下而聚聚字諸本或作取同前敦煌此上句以字亦作而景龍景福六朝寫本下句而字作如古通傳本無故字今從開元　大國不過欲兼畜人敦煌一本句上有夫字他本所無　各得其所欲大者宜為下景福與六朝寫本如此景龍上有此兩者三字傳與開元敦煌作兩者各得其所欲故大者宜為下范本如傳而大者作大國者又衍一國字按王弼注云小國脩下自全而已不能令天下歸之大國脩下則天下歸之故曰各得其所欲則大者宜為下也蓋各得所欲猶言如欲各得所欲宜謂引之也多兩者二字與故字語意轉不分明此二句欲字下字與靜勝牡靜為下二句牡字下字並當是韻說文牡字土聲段氏以為當作从土或士聲河閒苗氏以為當作从土省聲元和朱氏以為當作从

歸省聲蓋皆泥於古韻分隔而生疑義似並不然又以屈賦天問館繼合叶例證則靜勝牡與天下牝亦是韻可見之脂魚尤侯古嘗互通固不盡如考訂家所論界畫之嚴也　此章大國下流據王弼注用景福本天下之交天下之牝如傳本牝常以靜勝其牡以其靜爲下用六朝寫本則聚大國而聚大國用闕兩本各得其所欲大者宜爲下據王弼注用六朝寫本景福本他如衆本

道者萬物之奧。善人之寶。不善人之所保。美言可以市尊。美行可以加人。人之不善。何棄之有。故立天子。置三公。雖有拱璧以先駟馬。不如坐進此道。古之所以貴此道者。何也。不曰。求以得之。有罪以免邪。故爲天下貴。

右第六十二章八十三字　道者萬物之奧傳本下有也字他

本所無　善人之寶范作善人之所寶他本皆無所字　不善人之所保景龍敦煌作不善人所不保非也他本皆作不善人之所保　美言可以市尊美行可以加人淮南道應訓人間訓兩引之皆如此今衆本皆奪去美行之美字注家亦皆誤從市字絶句截尊字屬下句爲尊行以對美言蓋自王弼已然范本作美言可以於市尊行可以加於人注五於市上疑脱一字傳本如范而尊行又作尊言皆展轉傳譌按二句以尊人爲韻必當如淮南無疑美言美行謂脩美其言行猶矜飾之意非如嘉言懿行之所謂美互詳第二十章三十一章八十一章諸美字市尊謂博人稱戴加人謂居人之上蓋五不善人苟能脩美其言行以自附於道亦可得市尊而加人如五霸假之所爲皆是也　何棄之有何字敦煌作奚他本皆作何　雖有拱璧拱字

范本作珙注云古本作珙大璧也一作拱春秋傳與我其拱璧司馬溫公曰璧大如拱亦通按他本皆作拱字通　坐進此道傳作進此道也他本皆作坐進此道按道字與上文有字馬字韻　古之所以貴此道者何也傳本如此范與開元諸本無也字六朝寫本並無何也二字按此句蓋與故為天下貴句合韻宜從傳本　不曰曰字玄宗承河上僞注誤作日字解之義不可通　求以得之六朝寫本如此傳范與景龍開元敦煌皆無之字景福如今本作以求得六朝本義長　有罪以免邪景龍敦煌省去邪字他本皆有之　此章美言可以市尊美行可以加人用淮南何也從傳本求以得之從六朝本他如開元本

為無為。事無事。味無味。大小。多少。報怨以德。天下之難事必作於易。天下之大事必作於細。圖難於其易也。為大於其細也。是以聖人蚤從事焉。夫輕諾必寡信。多易必多難。是以聖人猶難之。故終無難。

右第六十三章七十七字　大小多少報怨以德舊讀大小多少句報怨以德句注家皆釋報怨以德四字如論語以德報怨之義實與上下文不能相屬陸希聲李嘉謀兩家則釋報怨二字義如恩怨寵才質四子古道集解引文子符言篇施厚報美怨大患深察往知來諸語以相詮其意蓋亦猶陸李所喻陸云無私恩故無私怨有私恩故有私怨李云既無恩怨報施之別又無大小多少之異其於天下之故豈有心於爲之哉兩家皆以報怨與大小多少同詮如相對之辭是也又陸云聖人以德德之李云吾所爲所施惟德而已皆釋德爲道德豈如他注則猶未能自貫其義按老子書德得字每通用此德字當釋如得

稍前章求以得之得乃承上文爲無爲諸句而言謂得之於其無也漢書伍被傳聽者聽於無聲明者見於未形故聖人萬舉而萬全蓋即此義今中訂兩家之説據以改別句讀庶幾融通無礙辭旨俱暢德字與上文味字是古音合韻　天下之難事天下之大事二句韓非引在前他本二句皆在圖難爲大之後以辭理求之當如韓非在前諸唐本無二之字韓非傅范六朝本皆有之唐寫一本並省去下句天下二字　圖難於其易也爲大於其細也韓非與續漢書五行志注載馬融爲日蝕上書所引皆如此傅范開元河上皆無兩也字景龍敦煌並無二其字傅范二於字上又有乎字按此二句當有也字以與下句是以聖人蚤從事焉辭氣相屬　是以聖人蚤從事焉據韓非喻老所引校訂如此道藏龍興碑本趙志堅本無此句他本亦無

此句而别有是以聖人終不為大故能成其大二句如第三十四章河上本之文似與此章義並不屬王弼此節注止論故終無難之義亦不及終不為大之説疑緣是以聖人四字偶同以致竄誤重出韓非喻老於詮圖難為大之次引扁鵲謂蔡桓公疾在腠理今在骨髓之事而詮云故曰聖人蚤從事焉其為老子此節佚文無疑或初闕如龍興碑諸本後人復妄補二句乃如今本亦未可知韓非所引原無是以二字當如第三十八章是以大丈夫句例補之　輕諾必寡信多易必多難傅范輕諾多易下有者字諸唐本與河上皆無之　是以聖人猶難之開元猶作由古通　故終無難傅與諸王本下有矣字范與諸唐本六朝寫本皆無之　吳澄本粹合為無為與其安易持兩章作一章以大小多少報怨以德句與是以聖人終不為大故能

成其大句相屬移置故終無難之様以下章其安易持至千里之行始於足下句移置此章輕諾寡信之前又改乙下章民之從事至則無敗事於爲者敗之之前殆亦疑報怨以德聖人不爲大諸句皆與上下文義似若不貫求之未得其故遂以己意悉變其次不足據也　此章天下之大事至聖人猶從事焉五句皆據韓非校訂輕諾多易二句從開元河上他如范本

其安易持。其未兆易謀。其脆易判。其微易散。爲之於其未有。治之於其未亂。合抱之木。生於豪末。九成之臺。起於累土。千里之行。始於足下。爲者敗之。執者失之。聖人無爲故無敗。無執故無失。民之從事。常於幾成而敗之。慎終如始。則無敗事。是以聖人欲不欲。不貴難得之貨。學不學。復歸衆人之所過。以輔萬物之自然。而不敢爲也。

右第六十四章一百二十七字　其脆易判判字諸唐本與六朝寫本皆如河上作破不叶於韻釋文作泮乃借如氷泮字亦與判義相通今從傅范作判范注判分也王弼司馬公同古本按今諸王本皆如釋文作泮　為之於其未有治之於其未亂六朝寫本與孫盛論三國志孫策傳評所引皆如此傅范於作手或為于之形誤他本無二其字　九成之臺成字諸本或作重或作層今從傅范與六朝寫本作成　千里之行始於足下敦煌一本與道藏龍興碑本趙志堅本嚴遵本成玄英疏皆作百仞之高起於足下設喻當同上句今不取　聖人無為故無敗無執故無失景福與六朝寫唐寫三敦煌本皆如此傅范與開元上有是以二字敦煌一本無執上更重出聖人二字　民之從事常於幾成而敗之幾字上傅范有其字他本所無　則

無敗事傳本下有矣字他本所無　復歸衆人之所過韓非所引如此他本皆無歸字敦煌一本與道藏龍興碑本趙志堅本復字作備傳本復上有以字按復歸二字連用前已屢見此亦當如韓非有歸字謂反衆人所爲太過者使歸於自然也　以輔萬物之自然而不敢爲也傅范皆如此景龍敦煌也作焉他本並無也焉字韓非作恃萬物之自然而不敢爲也焦竑云既曰自然矣而又輔之非自然也當作恃按以輔萬物之自然而不敢爲正是老子宗旨所在不敢爲者不敢違其自然而强爲也輔之者順其自然而爲之即爲無爲之義蓋欲行所無事非無所事事也古恃與持通輔與扶通荀子解蔽篇鮑叔甯戚隰朋仁知且不蔽故能持管仲注持扶翼也然則恃猶輔也焦說不足據　此章爲之於其未有二句用六朝本聖人無爲故無

敗從景福與六朝本常於幾成而敗之從河上與諸王本復歸
衆人之所過從韓非他如范本

古之善爲道者。非以明民。將以愚之。民之難治。以其知之。故以知治國。國之賊。不以知治國。國之德。知此兩者亦楷式。常知楷式。是謂玄德。玄德深矣遠矣。與物反矣。乃復至於大順。

右第六十五章六十九字　將以愚之敦煌唐寫本作將以愚民道藏龍興碑本作將以娱之張君相集注本作特欲愚之傅范與他本皆作將以愚之　以其知之道藏嚴遵本如此龍興碑本無之字釋者誤以下句故字屬此句作以其知故范作以其知多也傅作以其多知也景龍敦煌作以其智多今本皆作以其多智按此與上文將以愚之句兩之字爲韻當如嚴本第三章云常使民無知無欲第四十九章云百姓皆注其耳目聖

人皆咳之並同此旨　故以知治國不以知治國傅范皆如此他本知皆作智或並無故字按第十章云愛民治國能無以知乎證此亦當作知即明民之謂也河上僞注誤解作以智慧之人治國意林引此因亦誤衍作以智慧治國不以智慧治國非也　國之德敦煌一唐寫本與道藏龍興碑本趙志堅本李榮注成玄英疏皆如此他本並作國之福按諸家解此德字亦如道德之德非也當通作得謂以知治國國斯賊焉不以知治國國斯得焉句中兩之字義亦猶則也之則字詳第二章諸本或作福者疑即誤會字義所改傅作國之賊也國之福也他本皆無也字　知此兩者亦稽式常知稽式是謂玄德六朝寫本與諸唐本皆如此諸王本稽式作楷式釋文河上作楷式按稽楷同聲相段本字當作稽稽式義猶楷式也嚴遵亦作楷式傅

作常知此兩者亦稽式也能知稽式是謂玄德范本如傳無常

字能知稽式作知此稽式注云稽考也同也如尚書稽古之稽

傳變云稽式今古之所同式也今據六朝諸本二句全從河上

深矣遠矣與物反矣傳范與河上本諸王本皆如此景龍敦

煌畫首三矣字六朝寫本作深矣遠以下誤奪　乃復至於大

順傳范皆如此六朝寫本與宋刊河上本無復字開元與道藏

河上本諸王本作然後乃至大順疑復字形誤作後或去之或

改作然後云云也傳范義長范注此句古本　此章以其知之

用嚴遵本國之德用敦煌唐寫本如此兩者亦楷式常知楷式

從六朝寫本他如范本

江海所以能為百谷王者。以其善下之，故能為百谷王。是以聖人

欲上民。必以其言下之。欲先民。必以其身後之。是以聖人處上而

民不重。處前而民不害。是以天下樂推而不厭。以其不爭也。故天下莫能與之爭。

右第六十六章八十一字　江海所以能爲百谷王者景龍省者字他本皆有之　以其善下之傳作以其善下之也他本皆無也字　欲上民景龍開元敦煌諸本此民字作人以下諸民字或作民或作人又互異今從傳范河上全作民　必以其言下之必以其身後之必以其三字開元敦煌作以其河上與他唐本作必以互有一字今從傳范　處上而民不重處前而民不害諸唐本與河上皆如此傳作處之上而民不重處之前而民不害也范作處之上而民弗重處之前而民弗害　以其不爭也六朝寫本如此唐寫本作非以其不爭傳作不以其不爭范作不以其爭開元作以其不爭按唐寫本作非以其不爭下

句當有邪字或歟字乃合文理今下句衆本既皆無邪歟字則上句不合有非字傳本作兩不字義亦如上有非字范本蓋從兩不字誤去下不字更不可通宜從六朝本　此章處上而民不重處前而民不害從諸唐本以其不爭也從六朝寫本他如范本

天下皆謂吾大。似不肖。夫惟大故似不肖。若肖。久矣其細也夫。我有三寶。持而寶之。一曰慈。二曰儉。三曰不敢爲天下先。夫慈故能勇。儉故能廣。不敢爲天下先。故能爲成事長。今舍其慈。且勇舍其儉。且廣舍其後。且先。是謂入死門。夫慈。以陳則正。以守則固。天將救之。以慈衛之。

右第六十七章一百又六字　天下皆謂吾大似不肖傳范皆如此范注傳奕與西晉本同古本按今本吾大多作我道大道

字蓋出後增河上景龍開元景福敦煌六朝寫本唐寫本皆作我大全無道字也景龍並無似字又敦煌一本與道藏龍興碑本作天下皆以我大似不笑下文諸肖字二本全作笑笑字無義當即肖之誤　故似不肖景龍敦煌無似字他本皆有之久矣其細也夫傅范皆如此景福無也字敦煌一本無夫字又一本作救其小龍興作久其小景龍作久其細他本多如傅范　我有三寶傅本此我字亦作吾范與他本皆作我按古用吾我字蓋因辭之緩切而異汎言我曰吾傍言我以異於人則曰我以吾字長言之聲轉即爲我也此句正合用我傅作吾疑爲取同上文皆謂吾大所改　持而寶之傅范與景龍敦煌六朝寫本唐寫本河上本皆如此敦煌又一本作寶而持之開元作保而持之今諸王本作持而保之按寶保二字古文近同互通

二寶字爲韻寶字宜在下　不敢爲天下先敦煌一本無敢字
他本皆有之　能爲成事長韓非所引如此范作能爲成器長
敦煌一本作能爲民成器長傅與他唐本河上本諸王本作能
成器長李約作能成其長按當從韓非疑昔人嘗引樸散爲器
聖人用爲官長之文爲此句義疏初謂竄經文如范本後人因
其費解故或加民字或去爲字或改其字以曲爲詮說展轉增
損去真彌遠戰國策西周策或謂周足曰公言是而行交善於
秦是公之成事也又齊策公孫閈謂鄒忌曰公何不爲王謀伐
魏勝則是君之謀也君可以有功二者操術取義略同互證以
如成事猶云計謀蓋古語如此純校未得其解改乙公之成事
作公之事成非也能爲成事長猶云能爲謀主也能勇能廣能
爲謀主其義一貫凡爲謀主者當先機行事而曰不敢爲先與

慈乃勇儉乃廣皆所謂正言若反也　舍其慈且勇三句傅范與開元敦煌皆有其字他唐本或省其字非也　是謂入死門傅范皆如此范注云古本按門字與上句舍其後且先叶韻他本此句止作死矣二字　以陳則正景龍開元景福與敦煌一本皆如河上作以戰則勝六朝寫本與敦煌又一本作以陳則勝傅范與道藏龍興碑本宋彙刻四家注本皆作以陳則正范注陳音陣軍師行伍也列也古本如此按今諸王本亦作以戰則勝然釋文出以陳二字又王弼注相憋而不避於難故勝也藏本與宋彙刻四家注所錄皆作故正也知古王弼本原亦作以陳則正正猶定也古字互通詳第三十七章吴子圖國篇云武侯問曰願聞陳必定守必固戰必勝之道此兵家常語老子本旨在不戰而勝故止云以陳則正以守則固耳　天將救之

景福與敦煌一本皆如道藏河上本作天將救之以善宋刊河上本與他本皆無以善二字按爾雅釋詁衛嘉也乃借衛作䙌此二句正謂天之將救之以具慈䙌之也以善二字疑即衛字旁注古疏語以明非護衛之義或誤闌入經文耳　此章能爲成事長用韓非他皆用范本

古之善爲士者不武。善戰者不怒。善勝敵者不與。善用人者爲之下。是謂不爭之德。是謂用人之力。是謂配天。古之極也。

右第六十八章四十六字　古之善爲士者不武善戰者不怒傅范與景龍敦煌唐寫本皆有古之二字河上與諸王本無此二字敦煌唐寫本善戰以下三句皆無者字傅本不武下又獨有也字按此章首句亦老子引古義以發端其下乃老子推闡之詞與第二十七章善行善言句同例傅本敦煌本皆小變其

天或以此然古之二字已可顯别范本無也字於二句下注傳奕同古本則今傳本也字並未足據今從范本　善勝敵者不與宋刊河上本與諸王本敦煌唐寫一本皆如此傳范與景龍開元六朝寫本唐寫又一本不與作不爭道藏河上本作不與爭按當作不與叶武怒下諸字爲韻高郵王氏云漢書高帝紀吾知與之矣與猶敵也又云史記燕世家曰龐煖易與耳白起傳曰廉頗易與淮陰傳曰吾平生知韓信爲人易與耳易與皆謂易敵也此句不與義亦如是蓋猶不相交對之謂也　善用人者爲之下景龍景福與敦煌一本省之字非也　是謂配天古之極也傳范景福六朝寫本唐寫本道藏河上本皆如此開元與宋刊河上本諸王本無也字　此章善勝敵者不與從宋刊河上本他皆如范本

用兵有言。曰吾不敢為主而為客。不敢進寸而退尺。是謂行無行。攘無臂。執無兵。仍無敵。禍莫大於輕敵。輕敵則幾亡吾寶。故抗兵相如。則哀者勝矣。

右第六十九章五十七字　用兵有言曰傅本如此范本用兵下有者字諸唐本並無曰字傅本義長　吾不敢為主敦煌一本敢作能他本皆作敢道藏龍興碑本敢下有求字他本皆無之　執無兵仍無敵傅與敦煌兩唐寫本道藏龍興碑本嚴遵本皆如此他本二句多互倒作仍無敵執無兵按上文臂字辟聲古音與敵字為韻又兵字與行字為韻證無敵句當在後王弼注中引行無行四句亦如此仍字范與釋文作扔他本皆作仍詩常武仍執醜虜字亦从人互詳第三十八章　禍莫大於輕敵輕敵則幾亡吾寶范本如此輕敵傅作無敵敦煌一本作

侮敵又一本與六朝寫本作詮敵按淮南詮言訓注詮就也蓋與仍字近同詮敵謂往就其敵先發為主也諸王本作輕敵而注云無敵於天下義未安疑傳本無字本此開元河上皆如范本作輕敵輕謂輕舉先發義同詮敵非輕侮之謂也下文抗兵相如則哀者勝矣輕則不哀哀字義詳後則幾亡吾寶傳與敦煌唐寫本皆如范本他本無則字亡作喪王弼注中亦云故曰幾亡吾寶按亡字兼通作忘不專訓失夏竦古文韻引古老子有[illegible]字釋為忘疑亦是此句亡字　抗兵相如敦煌唐寫本如此范與開元河上諸王本皆譌作相加王弼注抗舉也加當也按戰國策夫宋之不足如梁也高注如當也證王注加字同是如之形誤禮記曾子問如爵弁而用布又如有兄弟釋文並云如本作加蓋二字自古常互譌傳與敦煌又一本作相若道藏

宋彙刻四家注本錄王弼注亦作若當也又李榮成玄英皆作相若李注兩邊舉衆名曰抗兵多少均齊故云相若成疏直用王弼文如若字義無别據加字形誤所由當作如今注家多循講文解成相交之義失其旨矣

則哀者勝矣諸唐本無則字景龍敦煌並無矣字傅范皆有之舉兵能相當而後哀者勝非云凡交兵皆哀者勝當有則字矣字文義乃足王弼注哀者必相惜而不趣利避害故必勝後人相承多誤解哀字如哀傷之義大失其旨且與上文不貫故德清俞氏疑哀爲襄之誤襄爲讓之叚字而解云讓者勝以求合於上文按漢書游俠傳萬章曰吾以布衣見哀於石君高郵王氏釋云哀者愛也引呂氏春秋報更篇人主胡可以不務哀士淮南説林訓各哀其所生高注並曰哀愛也爲證又引樂記肆直而慈愛者鄭注愛或爲哀

以明哀愛二字相通此句哀者勝正合釋哀如愛謂嗇愛矜重而不輕舉先發則勝正與上文相應也河上注云哀者慈仁士卒不遠於死其義猶愛也王弼注慈以陳則正句云相慫而不避於難故正也與此句注大同小異則王弼本意當亦以哀爲慈愛而非哀傷惟與河上同解如仁愛之愛義未盡合韓子百姓皆以王爲愛也趙注愛嗇也百姓皆謂王嗇愛其財老子書中諸言愛者亦多如嗇愛之義如第十三章愛以身爲天下第四十四章甚愛必大費第七十二章自愛而不自貴皆是也　此章禍莫大於輕敵輕敵則幾亡吾寶從范本抗兵相如用敦煌本他皆用傳本

吾言甚易知。甚易行。而人莫之能知。莫之能行。言有宗。事有君。夫惟無知。是以不吾知也。如我者希。則我貴矣。是以聖人被褐而懷玉。

右第七十章五十一字　而人莫之能知莫之能行傅范皆如此諸唐本與河上本諸王本作天下莫能知莫能行王弼注中所引亦互莫之能知莫之能行　事有君諸唐本王本河上本與淮南所引皆如此文子精誠篇作事有本微明篇亦作事有君傅范作事有主范互主字從古本按君猶主也本也如第二十六章靜爲躁君是也古讀宗字音近於尊左傳晉大夫伯宗穀梁作伯尊釋名釋宫室宗尊也易同人于門同人于宗門宗爲韻論語因不失其親亦可宗也親宗爲韻知此君字亦叶宗字也王弼注宗萬物之宗也君萬物之主也李榮注宗本也君主也范所據蓋誤以注文改經非古也　夫惟無知是以不吾知也傅范與淮南所引皆如此他本無也字吾作我敦煌一本

與文子微明篇所引亦作吾道藏嚴本作唯無我知是以不吾知　知我者希則我貴矣傅范與六朝寫本唐寫本皆如此景福作明我者貴開元作則我者貴玄宗注云法則我不言之教者至貴河上與諸王本雖同作則我者貴而注皆如希知爲貴之義漢書揚雄解難用此語亦云老聃有遺言貴知我者希道藏嚴遵司馬光陳景元諸本並作則我貴矣此矣字蓋與下句玉字合韻　被褐而懷玉被字范作披他本皆作被被覆也披散也當作被又傅范與敦煌一本皆有而字他本皆無而字此衣錦尚絅之義蓋以喻知者不言故人希知而可貴也　此章事有君從諸唐本他如傅本

知不知。尚矣。不知知。病矣。夫惟病病。是以不病。聖人之不病。以其病病。是以不吾病。

右第七十一章三十二字　知不知尚矣不知知病矣傅范皆如此諸唐本與河上作知不知上不知知病無矣字上尚古字通淮南引作知而不知尚矣不知而知病也呂覽别類篇引一句作知不知上矣按知不知謂雖知而不以知也不知知謂不知而使知之如莊子曰鑿一竅而混沌死之喻故曰病也嚴遵指歸所論亦用愚民諸義或釋不知知如强不知以爲知似未然　夫惟病病以下五句傅范皆如此河上第三句作聖人不病第五句作是以不病少之字吾字開元如河上而第一句作夫惟病又少一病字六朝寫本亦如河上而第二句作是以病又少一不字景龍敦煌全無第一第二兩句止作是以聖人不病以其病是以不病三句敦煌又一本獨無第二句作夫惟病聖人不病以其病病是以不病四句韓非喻老止引後三句作

聖人之不病也以其不病是以無病也按此諸本繁簡互異皆有省併今悉從傅范義長夫惟病病是以不病二句蓋取疾病爲喻潛夫論思賢篇引之詮云養壽之士先病服藥是也以下聖人之不病諸云病者皆指不知而使知之病言之不吾病謂不爲聖人病也范注此句古本　此章傅本范本並同

民不畏威。則大威至矣。無狎其所居。無厭其所生。夫惟無狎。是以無厭。是以聖人自知而不自見。自愛而不自貴。故去彼取此。

古第七十二章四十八字　則大威至矣六朝寫本威作畏他本皆作威焦竑曰威畏古通用人不畏其所當畏則大可畏者至矣是也上句民不畏威六朝本亦作威　無狎其所居諸唐本六朝寫本狎作狹傅范與釋文皆作狎按古以狹爲狎習字不爲闕狹故玉篇云狹同狎今爲闕狹河上作狹而注云急狹

非也無狎其所居蓋承上文戒人不可懷安之義舊說或云無狹小其所自處如教人自廣之義或云無以所居為狹隘如戒人知足之辭皆失其旨　夫惟無狎是以無厭傅范作夫惟無厭是以無厭諸唐本與河上王弼皆作夫惟不厭是以不厭河上解云不厭精神之人洗心無欲則精神居之不厭王弼解上句曰不自厭下句曰莫之厭皆涉牽強吳澄本據盧陵劉氏說作夫惟不狎是以不厭上句作狎是也按劉辰翁盧陵人與吳澄同時有點校道德經見焦竑老子翼采摭書目今罕傳本疑吳氏所據即是辰翁其為此說必有所考惜吳氏未詳著之也此二句明是承上無狎所居無厭所生而言蓋古本當作夫惟無狎是以無厭初譌兩句皆作無厭如傅范本或以其難通又改無作不而曲為之說遂如今本相承莫辨矣今據傅范本兼

采吳本校訂如此舊說多解猒字如厭惡之厭非也當讀如第五十三章厭飲食之厭謂貪饜也無狎謂知畏無厭謂不貪能知畏乃能不貪故曰夫惟無狎是以無厭也　自知而不自見自愛而不自貴傅范皆如此諸唐本無而字范注古本有而字

此章夫惟無狎狎字用吳澄本他皆用傅范本

勇於敢則殺。勇於不敢則活。常知此兩者。或利或害。天之所惡孰知其故。天之道。不爭而善勝。不言而善應。不召而自來。坦然而善謀。天網恢恢。疏而不失。

右第七十三章五十九字　常知此兩者　六朝寫本唐寫本皆如此景龍開元景福無常字傅范並無常知二字　天之所惡孰知其故句下河上開元傅范諸本多衍是以聖人猶難之一句如第六十三章文景龍敦煌與道藏龍興碑本嚴遵指歸經

文論文皆無之疑昔人嘗引作義疏後乃竄入經文實與上下句全不諧叶其爲衍詞曉然易辨道藏宋槧刻四家注於此止列明皇河上王雱三家無王弼注今諸王本乃全有此句經注審其注則勦河上語冒爲之顯出無知妄加蓋并經文皆非固有也李榮注成玄英疏皆不見此語陸希聲本經文雖有之注義亦無其說他本流傳俱從譌衍今據景龍諸本不錄此句

坦然而善謀六朝寫本如此坦然兩唐寫本作不言傳記作默然關元與諸王本作繟然釋文云梁王尚鍾會孫登張嗣作坦河上作墠墠寬也按論語鄭注坦蕩蕩寬廣貌墠訓寬是陸作坦繟字蓋又從墠字傳寫演變故今河上本亦作繟廣雅繟緩也詞固可通然與下文恢恢義不相應作不言則涉上句不言善應之誤默然又似從不言改作皆非也　天網恢恢疏而不

失景龍失作漏他本皆作失按此二句似别是釋坦然善謀之
古義疏今眾本皆有之識以闕疑　此章常如此兩者坦然而
善謀從六朝寫本孰知其故下無聖人猶難之句從景龍本他
如傅范諸本

民常不畏死。如之何其以死懼之。若使民常畏死。而為奇者。吾得
執而殺之。孰敢矣。常有司殺者。夫代司殺者。是代大匠斲。夫代大
匠斲者。希不傷其手矣。

右第七十四章五十九字　民常不畏死如之何其以死懼之
傅范皆如此范注古本按諸唐本河上本王本無常字如之何
其作奈何　若使民常畏死傅與河上皆如此范本常作而開
元民作人景龍敦煌無民字又敦煌畏死作不畏死　吾得執
而殺之范與開元河上皆如此景龍敦煌得執作執得傅無執

字　孰敢矣六朝寫本如此傳作孰敢也他本皆無矣也字
常有司殺者六朝寫本景福河上皆如此傳范開元作常有司
殺者殺下多殺字夫代司殺者六朝寫本諸唐本與河上皆如
此范無夫字作代司殺者殺傳作而代司殺者殺皆多下殺字
河上注司殺者謂天居高臨下司察人之過天網恢恢疏而不
失者是王弼注不仁者人之所疾也故曰常有司殺也按王注
人字當爲天字之譌語出前章天之所惡蘇轍呂惠卿李嘉謀
吴澄諸家解司殺者皆謂指天而言是也或誤以有司二字相
屬解如人司刑憲非其旨矣當從六朝諸本兩句皆無下殺字
是代大匠斲傳范與敦煌唐寫本皆如此六朝寫本是作謂
開元河上作是謂　夫代大匠斲者傳范河上與淮南所引皆
如此諸唐本六朝寫本無者字　希不傷其手矣六朝寫本如

此唐寫本與淮南所引無矣字范與開元作希有不傷其手矣傳作希不自傷其手矣　此章若使民常畏死從傅本孰敢矣常有司殺者夫代司殺者希不傷其手矣皆從六朝寫本他皆從范本

民之飢者。以其上食稅之多也。是以飢。民之難治者。以其上之有為也。是以難治。民之輕死者。以其上求生生之厚也。是以輕死。夫惟無以生為者。是賢於貴生也。

右第七十五章六十二字　民之飢者以其上食稅之多也三民字句下者也字傳范皆如此諸唐本河上本王本無者也字後漢書郎顗傳引老子曰人之飢也以其上食稅之多也上下作兩也字按古用也字或如者字用者字亦或如也字考詳王氏經傳釋詞是傳范與後漢書所引猶相合也道藏宋槧刻四

家注本彭耜本與焦竑老子翼皆上句無者字下句有也字或爲誤疑上者下也文法非古而妄之嚴遵首句作人之飢也他句皆無者也字又三民字諸唐本或作民或作人或作百姓互相參差河上與諸王本皆如傅范全作民　以其上求生生之厚也傅本如此范與景龍敦煌皆無上求二字開元河上作以其求生之厚互有省略按此章生字義皆如生聚之生舊說或解如生死生命之生非也求生生之厚即求爲富庶之義蘇轍注上以利欲先民民亦爭厚其生故雖死而求利不厭貴生之極必至於輕死得其旨矣　夫惟無以生爲者開元河上皆如此無以生爲傅作無以生爲貴多一貴字敦煌一本作無以生爲生多一生字范作無以爲生誤倒淮南道應訓精神訓兩見皆如開元作無以生爲按無以生爲者謂不以生聚爲務也

是賢於貴生也傅范景福皆如此他唐本無也字淮南也作焉
宋槧刻四家注録此章王弼注未有疑此非老子之所作一
句今諸王本注皆無此句　此章夫惟無以生爲者從開元他
皆用傅本

人之生也柔弱。其死也堅强。萬物草木之生也柔脆。其死也枯槁。故曰。堅强者死之徒。柔弱者生之徒。是以兵强則不勝。木强則兵。故强大取下。柔弱處上。

右第七十六章五十九字　人之生也景龍作人生之也　其
死也堅强范作剛强　萬物草木之生也范與河上皆如此傅
無萬物二字景龍敦煌之生作生之開元無之字　故曰堅强
者死之徒柔弱者生之徒六朝寫本如此他本皆無曰字范與
敦煌堅强作剛强他本與列子淮南皆作堅强傅本死之徒生

之徒二句下有也字他本所無按此亦老子稱古語六朝本有曰字是也　兵强則不勝傳本兵强下有者字他本所無木强則兵武英殿王本如此道藏王本與他本全作木强則共惟畢氏考異亦作兵謂道藏傳奕本兵字誤共按呂覽修樂篇若冰之於炎日反以自兵高誘注兵災也木强則兵兵字義亦當如是木之摧折與自焚皆可謂之兵也王弼注兵强則不勝云物之所惡也木强則兵云物所加也物指鬼神而言詳第二十四章物所加猶言鬼神降之而為災也他本共字並屬形誤河上注云枝弱共生其上或云伐而共之或云人共伐之或云木至拱把則見伐皆就共字曲解黄茂材嘗辨其不通謂二句當從列子黄帝篇所引作兵强則滅木强則折然古音上字叶平聲下夫柔弱處上正與勝兵二字為韻列子以滅折為韻與處上

句不相叶自是别傳異文未可據改也今從殿本又玉篇火部有弃字士偕切火種也苗氏說文聲讀表據以補此篆訂从廾聲疑此兵字與呂覽兵字並當作弃他本兵字亦是弃之譌附識待證　故强大取下范本如此注云古本令他本取皆作處敦煌作居强大諸本多作堅强六朝寫本開元本亦作强大又開元無故字他本皆有之按釋名取趣也古字通取讀如趣謂物理之自然强大者皆趣就於下柔弱者乃得安處於上也范本義長　此章故曰與堅强字用六朝寫本不强則兵用武英殿王本他皆用范本

天之道。其猶張弓者歟。高者抑之。下者舉之。有餘者損之。不足者與之。天之道。損有餘而補不足也。人之道則不然。損不足以奉有餘。孰能損有餘以奉天下。惟有道者。是以聖人爲而不恃。功成而不處。其不欲見賢邪。

右第七十七章八十三字　其猶張弓者歟傅范皆如此諸王本無者字景龍敦煌並無者歟二字開元景福六朝寫本皆如河上作其猶張弓乎傅范義長　有餘者損之不足者與之開元河上皆如此六朝寫本景福本無二者字傅范本諸王本與作補疑後人據下文補不足所改道藏龍興碑司馬光陳象古陳景元諸本皆作與　損有餘而補不足也范本如此傅與河上無也字開元景福敦煌諸本並無而字　損不足以奉有餘傅范河上皆如此開元景福唐寫本無以字六朝寫本以作而　損有餘以奉天下范本如此六朝寫本廣明本作以有餘以奉天下開元景福作以有餘奉天下河上作有餘以奉天下蓋六朝本初譌損作以他本則疑而以字衍文或去上以字或去

下以字也傳作損有餘而奉不足於天下者則又為後來所增竄矣　惟有道者景龍作惟具有道者傳作具惟道者乎他本皆如范本作惟有道者者字與上句天下下字叶韻　功成而不處范與河上皆如此六朝寫本唐寫本功成作成功景福開元敦煌無而字傳處作居　其不欲見賢邪傳范皆如此六朝寫本邪作也諸唐本無邪也字景龍作斯不見賢唐寫本作其欲退賢　此章不足者與之從開元本他皆用范本

天下莫柔弱於水。而攻堅強者莫之能先。其無以易之也。柔之勝剛也。弱之勝強也。天下莫不知。而莫之能行。故聖人言云。能受國之垢。是謂社稷主。能受國之不祥。是謂天下王。正言若反。

右第七十八章七十二字　天下莫柔弱於水傳與諸王本皆如此范作天下莫不柔弱於水開元諸唐本與河上作天下柔

弱莫過於水淮南原道訓用此語稱天下之物莫柔弱於水
而攻堅強者莫之能先傅本如此范本堅作剛景龍敦煌無者
字開元河上與諸王本先作勝范與景龍敦煌如傅亦作先六
朝寫本此句上又有言水柔弱四字爲他本所無　其無以易
之也范本如此傅作以其無以易之也景福作以其無能易之
開元與諸王本作其無以易之六朝寫本作無易之按此句諸
本互異易字之解亦各自爲義王弼注無物可以易之謂更易
也玄宗注葛變而常一謂變易也河上注攻堅強者無以易於
水謂容易也六朝本作言水柔弱而攻堅強者莫之能勝無易
之三句則爲毋輕視其柔弱之意謂慢易也景福作以其無能
易之亦可解爲因其無能而人輕視之明李宏甫云其無以輕
易柔弱爲也正解如六朝本闇合於古矣今取諸本互勘解如

優易與上文相貫義長不宜作兩以字　柔之勝剛也弱之勝
強也淮南所引如此傅范無也字開元敦煌作故柔勝剛弱勝
強河上兩句互倒作弱之勝強柔之勝剛六朝寫本景龍本皆
如河上而無之字又景龍如開元有故字景福作弱之勝強柔
之能剛　天下莫不知而莫之能行傅范與淮南所引皆如此
他本皆無而字之字景龍敦煌作天下莫能知莫能行　故聖
人言云六朝寫本景福本皆如此傅作故聖人之言云景龍河
上作故聖人云開元與范本作是以聖人言　能受國之垢四
句淮南所引如此眾本皆無二能字受國之不祥范與諸唐本
無之字傅本亦有之字社稷主天下王范作社稷之主天下之
王也他本皆無此二之字與也字　正言若反傅本下有也字
他本所無按反音翻與言字自諸由中韻並通叶祥王字如柳

詩告之話言叶順德之行也吳澄截此句以屬下章爲起語謂

與怨善叶韻非也　此章天下莫柔弱於水而攻堅强者莫之

能先從傅本其無以易之也從范本故聖人言云從六朝本正

言若反如衆本他皆用淮南

和大怨必有餘怨。安可以爲善。是以聖人執左契而不責於人。故

有德司契。無德司徹。天道無親。常與善人。

右第七十九章四十一字　故有德司契今河上本諸王本無

故字傅范景龍開元敦煌皆有故字　執左契河上注云合符

信王弼注云防怨之所由生也易訟卦象傳君子以作事謀始

王弼注云聽訟吾猶人也必也使無訟乎無訟在於謀始謀始

在於作制契之不明訟之所以生也物有其分職不相濫爭何

由興訟之所以起契之過也故有德司契而不責於人其取義

可與此互參又商子定分篇云以左券與吏之問法令者主法令之吏謹藏其右券木柙以室藏之此云左契猶商子所謂左券以明法令者是也宋人多據禮記執右契之文謂右契主取左契主與而曲爲解説皆迂疏無當於義按曲禮獻粟者執右契鄭注正云右爲尊孔疏亦止以先書釋右爲尊之義商子左券右券如今稱副本正本史明是尊右爲正史記田敬仲世家公常執左券以責於秦韓平原君傳操右券以責事是古無以左右别取與之義也玄宗注云左契者心也心爲陽藏與前境契合故謂之左契云云尤穿鑿矣司徹河上云司人所失王弼注司人之過也義同按方言班徹列也北燕曰班東齊曰徹廣雅列班布也徹治也徹徹古字通詩公劉徹田爲糧毛傳徹治也蓋司徹猶比治故曰司人過失也或解徹爲通如蘇轍云欲

人人而通之則勞而無功呂惠卿云以通物為事皆循天生義未明本旨有德司契謂雖有法令藏而不用使民自無爭怨也無德司徹乃按法行比而責治之欲以和怨終不免餘怨則不如聽天道之自與善人也　此章傳本范本諸唐本並同

小國寡民。使民有什伯之器而不用也。使民重死而不遠徙。雖有舟輿。無所乘之。雖有甲兵。無所陳之。使民復結繩而用之。至治之極。民各甘其食。美其服。安其俗。樂其業。鄰國相望。雞狗之聲相聞。民至老死。不相往來。

右第八十章八十三字　使民有什伯之器而不用也傳范皆如此敦煌無也字開元與諸王本並無民字也字六朝寫本作使有阡陌人之器而不用王弼注云言使民雖有什伯之器而無所用之當何患不足也徐鍇說文繫傳佰字下云老子曰有

什伯之器每什伯共用器謂兵革之屬河上本作使有什伯人之器而不用多一人字如六朝本義猶是也僞注乃於伯字絶句而謂什伯為使民各有部曲不相犯人之器為農人之器不用為不奪人良時繆甚六朝寫本阡陌為什伯之形誤漢書陳項列傳躡足行伍之閒而免起阡陌之中高郵王氏云阡陌本作什伯什伯誤作什佰又誤作阡陌此與同出一轍可爲互證依說文本字當作什伯經典相承作什伯今衆本並同　使民重死而不遠徙六朝寫本景龍開元民皆作人又六朝本無而字　雖有舟輿雖有甲兵六朝寫本無雖字作具舟輿有甲兵至治之極諸唐本與河上無此句傅范與史記所引皆有之按此句以上諸言使民云云者皆謂假使其然也此句以下則皆想擬其當然者也　民各甘其食美其服傅范與史記所引

皆如此河上與諸唐本皆無民各二字按甘其食美其服云云
者皆謂其民易於知足自以為甘美也當有民各二字其義乃
顯　安其俗樂其業傅范與史記所引皆如此諸唐本與河上
作安其居樂其俗莊子作樂其俗安其居范云傅奕注俗字引
鄭玄之說謂土地所生習也業字引賈逵云業猶次也按俗業
皆謂所居止明不遠徙也業字與食服字合韻古音通變鷃冠
子泰鴻篇亦業德極息字同叶　雞狗之聲范本六朝寫本唐
寫本景龍景福廣明與史記所引皆如此莊子作雞狗之音開
元作雞犬之音傅與諸王本作雞犬之聲又史記引鄰國雞狗
兩句在民各甘其食句前　民至老死不相往來開元諸唐本
皆如此六朝寫本無老字唐寫本如傅范民上有使字傅范老
死下又如莊子有而字莊子無使字史記無民字按此句與民

各甘其食云云皆述想當然之辭宜無使字　此章民至老死

不相往來從開元諸唐本他皆從范本

信言不美。美言不信。善言不辯。辯言不善。知者不博。博者不知。聖

人無積。既以爲人。己愈有。既以與人。己愈多。天之道。利而不害。聖

人之道。爲而不爭。

右第八十一章五十七字　善言不辯辯言不善傅范皆如此

范注云古本今他本皆作善者不辯辯者不善按言字義長德

清俞氏反疑上文當作信者不美美者不信非也　知者不博

敦煌一唐寫本知作智他本皆作知按此二句與第五十六章

知者不言言者不知詞義近同當作知　聖人無積傅范與戰

國策魏策所引皆如此他本無積多作不積按莊子天道篇云

天道運而无所積故萬物成帝道運而无所積故天下歸聖道

運而无所積故海内服是無積之義也　既以為人開元景福道藏强思齊本成玄英疏與莊子田子方所引皆重如下句作既以與人傳范與他本並作既以為人戰國策引作盡以為人按既猶盡也作為作與義亦兩通王弼注既以為人已愈有云物所尊也既以與人已愈多云物所歸也今據其義並從傅范

此章傳本范本並同

老子古本考下

考訂老子本文

攷訂老子本文

老子

道可道非常道名可名非常名無名天地之
始有名萬物之母故常無欲以觀其妙常有
欲以觀其徼此兩者同出而異名同謂之玄
玄之又玄衆妙之門
天下皆知美之為美斯惡已天下皆知善之
為善斯不善已故有無之相生難易之相成
長短之相形高下之相傾音聲之相和前後

之相隨是以聖人處無為之事行不言之教

萬物作焉而不為始生而不有為而不恃功

成而不處夫惟不處是以不去

不尚賢使民不爭不貴難得之貨使民不為

盜不見可欲使民心不亂是以聖人之治也

虛其心實其腹弱其志強其骨常使民無知

無欲使夫知者不敢為也為無為則無不治

矣

道盅而用之又不盈淵兮似萬物之宗挫其
銳解其紛和其光同其塵湛兮似常存吾不
知其誰之子象帝之先
天地不仁以萬物為芻狗聖人不仁以百姓
為芻狗天地之閒其猶橐籥乎虛而不屈動
而愈出多言數窮不如守中
谷神不死是謂玄牝玄牝之門是謂天地之根
綿綿若存用之不勤

天長地久天地所以能長且久者以其不自
生故能長生〔闕一字〕是以聖人後其身而身先
外其身而身存非以其無私邪故能成其私
上善若水水善利萬物又不爭居〔處〕衆人之所」
惡故幾於道居善地心善淵與善仁言善信
政善治事善能動善時夫惟不爭故無尤
持而盈之不如其已揣〔闕一字〕而銳〔闕一字〕之不
可長保金玉滿室莫之能守富貴而驕自遺

其咎功成名遂身退天之道
載營魄袌一能無離乎專氣致柔能如嬰兒
乎滌除玄覽能無疵乎愛民治國能無以爲
乎天門開闔能爲雌乎明白四達能無以知
乎生之畜之生而不有爲而不恃長而不宰
是謂玄德
三十輻共一轂當其無有車之用挻埴以爲
器當其無有器之用鑿戶牖以爲室當其無

有室之用故有之以為利無之以為用
五色令人目盲五音令人耳聾五味令人口
爽馳騁田獵令人心發狂難得之貨令人行
妨是以聖人為腹不為目故去彼取此
寵辱若驚貴大患若身何謂寵辱若驚寵為
下〔上辱為〕得之若驚失之若驚是謂寵辱若驚何謂
貴大患若身吾所以有大患者為吾有身及
吾無身吾有何患故貴以身為天下者則可

以託天下矣愛以身為天下者則可以寄天
下矣
視之不見名曰幾〔夷〕聽之不聞名曰希搏
之不得名曰微此三者不可致詰故混而為
一其上不皦其下不昧繩繩兮不可名復歸
於無物是謂無狀之狀無物之象是謂忽怳
迎之不見其首隨之不見其後執古之道以
御今之有能知古始是謂道紀

古之善為道者微妙玄通深不可識夫惟不
可識故強為之容豫兮若冬涉川猶兮若畏
四鄰儼兮其若客渙兮若冰之將釋敦兮其
若樸曠兮其若谷渾兮其若濁孰能濁以靜
之而徐清孰能安以久動之而徐生保此
道者不欲盈夫惟不盈是以能敝而不新成
致虛極守靜篤萬物並作吾以觀其復凡物
[illegible][illegible]各歸其根歸根曰靜靜曰復命復命曰

常知常曰明不知常妄作凶知常容容乃公
公乃王(全)王(全)乃天天乃道道乃久殁(沒)身不殆
太上下知有之其次親之譽之其次畏之侮
之故信不足焉有不信猶兮其貴言哉功成
事遂百姓皆曰我自然
大道廢焉(焉)有仁義智慧出焉(焉)有大偽六親不
和(焉)有孝慈國家昏(焉)亂有貞(忠)臣
絕聖棄智(智)民利百倍絕仁棄義民復孝慈絕

巧棄利盜賊無有此三者以為文不足也故
令有所屬見素抱樸少私寡欲
絕學無憂唯之與阿相去幾何美之與惡相
去何若人之所畏不可不畏荒兮其未央哉
衆人熙熙如享太牢如春登臺我獨怕兮其
未兆如嬰兒之未孩儽儽乘乘兮其若不足
似無所歸衆人皆有餘而我獨若遺我獨愚
人之心也哉沌沌兮俗人皆昭昭我獨若昏昏

俗人皆察察我獨若閔閔忽（曰作）兮其若海

飄（曰作飂）兮似無所止衆人皆有以我獨頑且

鄙我獨欲異於人而貴食母

孔德之容惟道是從道之爲物惟恍惟忽（恍）

兮忽（忽）兮其中有物（物忽）兮恍（恍）兮其中有象（象）窈兮

冥兮其中有精其精甚真其中有信自今（作）

（古作）及古其名不去以閲衆（讀如終下同）甫吾奚

以知衆（終作）甫之然哉以此

曲則全枉則直[正]窪則盈敝則新少則得多則
惑是以聖人襃[抱]一為天下式不自見故明不
自是故彰不自伐故有功不自矜故長夫惟
不爭故天下莫能與之爭古之所謂曲則全
者豈虛言[也]哉誠全而歸之

希言自然故飄風不崇朝驟雨不崇日孰為
此者天地也天地尚不能久而況於人乎故
從事於道者同於道從事於得者同於得從

事於失者同於失同於道者道亦得之同於
得者得亦得之同於失者失亦得之信不足
焉有不信

企者不立跨者不行自見者不明自是者不
彰自伐者無功自矜者不長其於道也曰餘
食贅行物或惡之故有道者不處也

有物混成先天地生寂兮寞兮獨立而不改
周行而不殆可以為天地母吾不知其名故

强字之曰道强爲之名曰大大曰逝逝曰遠
遠曰反故道大天大地大人亦大域中有四
大而人居其一焉人法地地法天天法道道
法自然
重爲輕根静爲躁君是以君子終日行不離
輜重雖有榮觀宴處超然如之何萬乘之主
而以身輕天下輕則失臣躁則失君
善行無轍迹善言無瑕讁善數者不用籌策

善閉者無關楗而不可開善結者無繩約而不可解是以聖人常善救人故人無棄人常善救物故物無棄物是謂襲明故善人不善人之師不善人善人之資不貴其師不愛其資雖智大迷是謂要妙

知其雄守其雌爲天下谿爲天下谿常德不離復歸於嬰兒知其白守其黑爲天下式爲天下式常德不忒復歸於無極知其榮守其

辱為天下谷為天下谷常德乃足復歸於樸樸散則為器聖人用之則為官長故大制無割

將欲取天下而為之者吾見其不得已夫天下神器不可為也為者敗之執者失之凡物或行或隨或喋或吹或强或剉或培或墮是以聖人去甚去奢去泰

以道佐人主者不以兵强於天下其事好還

師之所處荆棘生焉「大軍之後必有凶年」故
善者果而已矣不敢以取强焉果而勿驕果而
勿矜果而勿伐果而不得已是謂果而勿强
物壯則老是謂之非道非道早已
夫佳兵者不祥之器物或惡之故有道者不
處是以君子居則貴左用兵則貴右兵者不
祥之器非君子之寶器不得已而用之恬惔「銛鋭疑當
作銛鋭」爲上故不美也若美之必樂之樂之者

是樂殺人也夫樂殺人者不可以得志於天下矣故吉事尚左凶事尚右是以偏將軍處左「上將軍處右言居上勢則以喪禮處之殺人」衆多則以悲哀泣之戰勝者則以喪禮處之「」

故吉事尚左以下五十字存疑

道常無名樸雖小天下莫能臣也王侯若能守之萬物將自賓天地相合以降甘露民莫之令而自均焉始制有名名亦既有夫亦將

知止知止所以不殆譬道之在天下猶川谷
之與江海也
知人者智也自知者明也勝人者有力也自
勝者強也知足者富也強行者有志也不失
其所者久也死而不亡者壽也
大道氾兮其可左右萬物恃之以生而不辭
功成而不名有衣被萬物而不為主故常無欲
可名於小矣萬物歸之而不知主可名於大

矣是以聖人~~能成其大也以其終不自大~~〔終不為大〕故
能成其大
執大象天下往往而不害安平泰〔泰〕樂與餌過
客止道之出言淡兮其無味視之不足見聽
之不足聞之〔用〕不可既
將欲翕之必固張之將欲弱之必固強之將
欲廢之必固興〔舉〕之將欲取〔奪〕之必固與之是謂
微明柔之勝剛弱之勝強魚不可脫於淵淵

邦之利器不可以示人
道常無爲而無不爲王侯若能守之萬物將
自化化而欲作吾將鎮之以無名之樸無名
之樸夫亦將不欲不欲以靜天下將自正
上德不德是以有德下德不失德是以無德上
德無爲而無不爲也下德爲之而無以爲上仁
爲之而無以爲也上義爲之而有以爲也上
禮爲之而莫之應則攘臂而仍之故失道而

後失〔本無此三字下同〕德失德而後失仁失仁而後失義失義而後失禮夫禮者忠信之薄也而亂之首乎前識者道之華也而愚之首也是以大丈夫處其厚不處其薄處其實不處其華故去彼取此

〔下德不失德是以無德下德爲之而無以爲十七字存疑〕

昔之得一者天得一以清地得一以寧神得一以靈谷得一以盈萬物得一以生侯王得一以爲天下貞其致之一也天無以清將恐

裂地無以寧將恐發神無以靈將恐歇谷無
以盈將恐竭萬物無以生將恐滅侯無以
爲貞將恐蹶故貴必以賤爲本高必以下爲
基是以侯王自稱孤寡不轂是其以賤爲本
也非歟故致數輿無輿也不欲琭琭若玉落
落若石
反者道之動弱者道之用天下之物生於有
有生於無

上士聞道勤而行之中士聞道若存若亡下
士聞道而大笑之不笑不足以爲道故建言
有之曰明道若昧進道若退夷道若纇上德
若谷大白若辱廣德若不足建德若偷質真
若渝大方無隅大器晚成大音希聲大象無
形道隱無名夫惟道善貸且善成
道生一一生二二生三三生萬物萬物負陰
而抱陽沖氣以爲和人之所惡惟孤寡不穀

而王侯以自稱也故物或損之而益或益之

而損人之所以教我亦我以教之強

梁者不得其死吾將以為學父

天下之至柔馳騁於天下之至堅出於無有

入於無閒吾是以知無為之有益不言之教

無為之益天下希及之

名與身孰親身與貨孰多得與亡孰病是故

甚愛必大費多藏必厚亡知足不辱知止不

殆可以長久

大成若缺其用不敝大盈若盅其用不窮大

直若詘大巧若拙(大辯若訥)其辯若訥(其用不屈)趮勝寒靜勝熱

知清靜以為天下正

天下有道卻走馬以糞(播)天下無道戎馬生於

郊罪莫大於可欲禍莫大於不知足咎莫憯

於欲得故知足之足常足矣

不出(於)戶可以知天下不闚(於)牖可以見(知)天道其

出彌遠其知彌尟是以聖人不行而知不見
而明不爲而成

爲學者日益爲道者日損損之又損之以至
於無爲無爲而無不爲將欲取天下者常以
無事及其有事又不足以取天下矣

聖人無常心以百姓心爲心善者吾善之
不善者吾亦善之得善矣信者吾信之不信
者吾亦信之得信矣聖人之在天下歙歙焉

爲天下渾渾焉百姓皆注其耳目聖人皆咳之

出生入死生之徒十有三死之徒十有三而民之生生而動動皆之死地亦十有三夫何故以其生生之厚也蓋聞善攝生者陸行不遇兕虎入軍不被甲兵兕無所投其角虎無所錯其爪兵無所容其刃夫何故也以其無死地焉

道生之德畜之物形之勢成之是以萬物莫不尊道而貴德道之尊德之貴夫莫之爵（命）而常自然故道生之畜之長之育之亭之毒之蓋（養）之覆之生而不有為而不恃長而不宰是謂玄德

天下有始以為天下母既得其母以知其子既知其子復守其母殁（沒）身不殆塞其兌閉其門終身不勤開其兌濟其事終身不救見小

曰明守柔曰強用其光復歸其明無遺身殃

是謂襲常

使我介然有知行於大道惟施是畏大道甚

徒民甚好徑朝甚除田甚蕪倉甚虛服文采

帶利劍厭飲食資貨有餘是謂盜竽非道也

哉

善建者不拔善襃者不脫子孫以其祭祀世

世不輟脩之於身其德乃真脩之於家其德

乃有餘脩之於鄉其德乃長脩之於邦其德乃豐脩之於天下其德乃普故以身觀身以家觀家以鄉觀鄉以邦觀邦以天下觀天下吾奚以知天下之然哉以此

含德之厚比於赤子毒蟲不螫猛獸不據攫鳥不搏骨弱筋柔而握固未知牝牡之合而朘作精之至也終日號而不嗄和之至也知和曰常知常曰明益生曰祥心使氣曰強物

壯則老是謂之非道非道早已

知者不言也言者不知也塞其兌閉其門挫其銳解其紛和其光同其塵是謂玄同故不可得而親亦不可得而疏不可得而利亦不可得而害不可得而貴亦不可得而賤故為天下貴

以正治國以奇用兵以無事取天下吾奚以知天下其然哉以此夫（絶句）天下多忌諱而民彌

貧民多利器而國家滋昏民多智慧而民事（奇物）
滋起法令滋章而盜賊多有故聖人云我無
為而民自化我好靜而民自正我無事而民
自富我無欲而民自樸

其政閔閔其民偆偆其政䀢䀢（察察）其民缺缺禍
兮福之所倚福兮禍之所伏孰知其極其無
正邪正復為奇善復為祅人之迷也其日固
已久矣是以聖人方而不割廉而不劌直而

不肆光而不燿

治人事天莫若嗇夫惟嗇是以早服早服謂之重積德重積德則無不克無不克則莫知其極莫知其極可以有國有國之母可以長久是謂深根固柢長生久視之道也

治大國若亨小鮮以道莅天下其鬼不神非其鬼不神其神不傷人非其神不傷人聖人亦不傷人夫兩不相傷故德交歸焉

大國者天下之下流天下之交天下之牝牝
常以靜勝其牡以其靜故爲下也故大國以下
小國則取於小國小國以下大國則聚於大
國故或下以取或下而聚大國不過欲兼畜人
小國不過欲入事人兩者各得其所欲故大
者宜爲下

道者萬物之奧善人之寶不善人之所保美
言可以市尊美行可以加人人之不善何棄

之有故立天子置三公雖有拱璧以先駟馬

不如坐進此道古之所以貴此道者何（何也）不曰

求以得（之）有罪以免邪故爲天下貴

爲無爲事無事味無味大小多少報怨以德

圖難於其易爲大於其細天下之難事必作

於易天下之大事必作於細（圖難於其易也爲大於其細也）是以聖人終不

爲大（蚤從事焉）故能成其大夫輕諾必寡信多易必

必多難是以聖人猶難之故終無難

其安易持其未兆易謀其脆易判其微易散爲之於其未有治之於其未亂合抱之木生於豪末九成之臺起於累土千里之行始於足下爲者敗之執者失之是以聖人無爲故無敗無執故無失民之從事常於幾成而敗之慎終如始則無敗事是以聖人欲不欲不貴難得之貨學不學復歸衆人之所過以輔萬物之自然而不敢爲也

古之善為道者非以明民將以愚之民之難
治以其多知也故以智治國國之賊也不以
智治國國之福也知此兩者亦楷式也能知
楷式是謂玄德玄德深矣遠矣與物反矣
乃復至於大順
江海所以能為百谷王者以其善下之故能
為百谷王是以聖人欲上民必以其言下之
欲先民必以其身後之是以聖人處之上而

民弗（不）重處之前而民弗（不）害是以天下樂推而
不厭以其不爭（也）故天下莫能與之爭
天下皆謂吾大似不肖夫惟大故似不肖若
肖久矣其細也夫我有三寶持而寶之一曰
慈二曰儉三曰不敢爲天下先夫慈故能勇
儉故能廣不敢爲天下先故能爲成事長今
舍其慈且勇舍其儉且廣舍其後且先是謂
入死門夫慈以陳則正以守則固天將救之

以慈衛之

古之善為士者不武也善戰者不怒善勝敵者不與善用人者為之下是謂不爭之德是謂用人之力是謂配天古之極也

用兵有言曰吾不敢為主而為客不敢進寸而退尺是謂行無行攘無臂執無兵仍無敵禍莫大於輕敵輕敵則幾亡吾寶故抗兵相如則哀者勝矣

吾言甚易知甚易行而人莫之能知莫之能
行言有宗事有君夫惟無知是以不吾知也
知我者希則我貴矣是以聖人被褐而懷玉」
知不知尚矣不知知病矣夫惟病病是
以不病聖人之不病以其病病是以不病」
民不畏威則大威至矣無狎其所居無厭其
所生夫惟無狎是以無厭是以聖人自知而
不自見自愛而不自貴故去彼取此

勇於敢則殺勇於不敢則活常知此兩者或
利或害天之所惡孰知其故
其天之道不爭而善勝不言而善應不召而
自來繟[坦]然而善謀天網恢恢踈而不失
民常不畏死如之何其以死懼之若使民常[畏]
畏死而為奇者吾得執而殺之孰敢矣常有
司殺者殺夫代司殺者殺是謂代大匠斲夫
代大匠斲者希[有]不傷其手矣

民之飢[者]以其上食稅之多也是以飢民之難

治[者]以其上之有為也是以難治民之輕死[者]以

其[上求]生生之厚也是以輕死夫惟無以生為者

是賢於貴生也

人之生也柔弱其死也堅強萬物草木之生

也柔脆其死也枯槁故曰堅強者死之徒柔

弱者生之徒是以兵強則不勝木強則兵故

強大取下柔弱處上

天之道其猶張弓者歟高者抑之下者舉之
有餘者損之不足者與之天之道損有餘而
補不足也人之道則不然損不足以奉有餘
孰能損有餘以奉天下惟有道者是以聖人
為而不恃功成而不處其不欲見賢邪
天下莫柔弱於水而攻堅強者莫之能先其
無以易之也柔之勝剛也弱之勝強也天下
莫不知而莫之能行故聖人言云能受國之

垢是謂社稷主能受國之不祥是謂天下王

正言若反也

天下莫柔弱於水以下三句據諸古本校疑當作天下莫不言水柔弱而攻堅强者莫之能勝以其無能易之也

和大怨必有餘怨安可以爲善是以聖人執

左契而不責於人故有德司契無德司徹天

道無親常與善人

小國寡民使民有什伯之器而不用也使民重

死而不遠徙雖有舟輿無所乘之雖有甲兵

無所陳之使民復結繩而用之至治之極民

各甘其食，美其服，安其俗，樂其業。鄰國
相望，雞狗之聲相聞，民至老死不相往來。
信言不美，美言不信。善言不辯，辯言不善。知
者不博，博者不知。聖人無積，既以為人己愈
有，既以與人己愈多。天之道，利而不害；聖人
之道，為而不爭。

右勞訂老子本文

共五千四百

存疑 六十七字

桐鄉勞健篤文寫校錄

辛巳七月寫定老子文凡五千四百二十
九字 桐鄉 勞 健 篤文□□

老子道德經古本

老子道德經古本集註　上下

前玉隆萬壽宮掌教　南岳壽寧觀長講果山范應元集註直解

老子道德經古本上

道經古本篇上

道可道章第一　唐太史令傅奕校定

道可道非常道名可名非常名无名天地之始有名万物之母故常无欲以觀其妙古本并河上公、王弼、李若愚、張君由相常无上並有故字常有欲以觀其徼此兩者同出而異名同謂之玄玄之又玄衆妙之門

右第一章五十九言

天下皆知章第二

六句有之字景福廣明同

而不爲始敦煌同　今手本仍作不辭

不處敦煌同

天下皆知美之爲美斯惡已天下皆知善之爲善斯不善已〔古本：故〕有无之相生難易之相〔六句之字〕成長短之相形高下之相傾音聲之相和前後之相隨是以聖人處无爲之事行不言之教万物作焉而不爲始〔古本王弼楊孚同〕生而不有爲而不恃功成而不處夫唯不處是以不去

傅奕云古本皆是處字

右第二章九十三言

不尚賢章第三

不尚賢使民不爭不貴難得之貨使民不為

盜不見可欲使民心不亂（音辯云古本皆有民字）是以

聖人之治也虛其心實其腹弱其志強（彊）其骨（敦煌同傅作彊）

常使民无知无欲使夫知者不敢為也為无

為則无不為矣（无不為傅奕孫登同古本河上公作无不治亦通今存古本）

右第三章六十八言

道沖章第四

道沖（盅）而用之又不盈（滿）淵兮似万物之宗挫其

（又不盈又字敦煌同景龍作久狄巽云敦煌作又是久之訛）

銳解其紛和其光同其塵湛兮似或存吾不

知其誰之子象帝之先

天地不仁章第五　右第四章四十二言

天地不仁以萬物爲芻狗聖人不仁以百姓

爲芻狗天地之間其猶橐籥乎虛而不屈（詘）動

而愈出　音辯云愈羊朱切傅奕引廣雅云益也漢史有氏俞病困　多言數

屈釋文作掘

俞景龍同　釋文作愈注羊主反又羊朱反

窮不如守中　右第五章四十五言

谷神不死章第六

谷神不死是謂玄牝玄牝之門是謂天地（之）根　谷神三字傅奕云幽而通也

綿綿若存用之不勤

天長地久章第七　右第六章二十六言

天長地久天地所以能長且久者以其不自

生故能長生是以聖人後其身而身先外其

身而身存非（△不）以其无私邪故能成其私　右第七章四十九言

上善若水章第八

上善若水水善利万物而不爭居衆人之所

惡故幾於道（矣）古本（釋文一本道下有矣字）居善地心善淵與善仁（△人）言善

釋文一本作居

景龍碑無人
同傅

棁 釋文同傅但注音銳 棁字音蔥奪反又徒活反 目上作銳 是習俗作銳也
釋文本或作室
今王本作堂

能如嬰兒 如字景福同

无以知 知字敦煌一本同

信政善治事善能動善時夫唯不爭故无尤（矣）

持而盈之章第九　右第八章五十二言

持而盈之不如其已揣（敪 音端 量也）而銳（棁 士活切 解也）之不可長保金

玉滿室（室字嚴遵楊孚 王弼同古本）莫之能守富貴而驕

自遺其咎功成名遂身退天之道

載營魄章第十　右第九章四十一言

載營魄（䰤）抱（袌）一能无離乎專炁致柔能如嬰兒

乎滌除玄覽能无疵乎愛民治國能无以知

爲雌作無雌
今王本無以字據釋文
開闔下出以知乎三字
似釋文所據王本明白
達句下作无以知與景龍
御注英倫諸唐本同

无以爲爲字敦煌一本同

諸唐本皆譽氏句作
無爲明白句作無知
爲雌今河上公王本皆
作無雌

埏 釋文同
埏道藏傅本此頁
正是補版作埏恐
非傅之舊故不校
入

乎王弼孫登同古本天門開闔能爲雌乎河上公并蘇注皆作爲雌一本或作无雌恐非經義明白四達能无以爲乎古本生之畜之生而不有爲而不恃長而不宰是謂玄德

右第十章七十二言

三十輻章第十一

三十輻共一轂當其无有車之用埏埴以爲器當其无有器之用鑿戶牖以爲室當其无有室之用古本故有之以爲利无之以爲用

右第十一章四十九言

五色章第十二

五色令人目盲五音令人耳聾五味令人口爽馳騁田獵令人心發狂難得之貨令人行妨是以聖人爲腹不爲目故去彼取此

右第十二章四十九言

寵辱章第十三

寵辱若驚貴大患若身何謂寵辱寵爲下得之若驚失之若驚是謂寵辱若驚何謂貴大患若身吾所以有大患者爲吾有身苟吾无

（若、驚）

釋文同傅有若驚二字

苟字傅奕亦同

身。苟字應吉父同馬公同古本吾有何患乎故。貴。以。身。為。天。

下。者四句則可以託天下矣愛以身為天下者則

上句託下句寄景龍敦煌同

可以寄天下矣古本一本作故貴以身為天下若可寄天下愛以身為天下若可託天下按莊子在宥篇故君子不得已而臨蒞天下莫若无為无為也而後安其性命之情故貴以身於為天下則可以託天下愛以身於為天下則可以寄天下大意與古本同

右第十三章八十八言

視。之不見章第十四

視之不見名。曰。幾。微

幾字孫登王弼同古本傅奕云幾者幽而无象也

道藏傅本幾不作幾范引傅云幾者云云是傅奕作幾也今王本同釋文作幾不作幾釋文注顧云平也鍾會云微也平也無作幾之說

聽之不聞名曰希摶之不得名曰微此三者

不可致詰故混而爲一其上不皦其下不昧

繩繩兮不可名復歸於无物是謂无狀之狀

无物之象是謂芴芒

古本｜音辯云芴音忽
芒虛往切於无非无曰
芴於有非有曰芒淮南子揚雄傳奕同古本
莊子至樂篇曰天无爲以之清地无爲以之
寧故兩无爲相合万物皆化芒乎芴乎而无
從出乎芴乎芒乎而无有象乎万物職職皆
從无爲殖芒字在莊子
注中音荒又呼晃反

迎之不見其首隨之

不見其後執古之道以御今之有能知古始

渾釋文作混

今王本請仍作靜

是謂道紀

古之善爲士章第十五　右第十四章一百言

古之善爲士者，微妙玄通，深不可測。夫惟不可測，故強爲之容。古本豫兮若冬涉川，猶兮若畏四鄰，古本下皆有兮字儼兮其若容，一古本作客，非也。渙兮若冰之將釋，敦兮其若朴，曠兮其若谷，渾兮其若濁。孰能濁以請之而徐清，一請一作寧靜然請訓安，按下文義相貫，而字王弼同古本孰能安以久動之而

偂釋文作蔽

釋文載凡物二字注本作夫与此正文注文均合

吾歸其根吾下無復字畢龍同

靜曰復命不作是謂復命畢龍御注與傅同

徐生保此道者不欲盈夫惟不盈故能敝不新成

右第十五章九十八言

致虛極章第十六

致虛極守靜篤万物並作吾以觀其復凡物䒹䒹各歸其根

傅奕云古本如此䒹字玉篇音云又音運物數亂也一本作夫物芸芸莊子在宥篇曰万物芸芸各復其根芸字成玄英疏云衆多也玉篇與韻略訓芸字皆云香草也今從古本

各歸其根歸根曰靜靜曰復命復命曰常知常曰明不知常妄作凶知常

殁身殁字御注同

釋文次侮二字是其本亦作其次侮之也

畏之侮之景龍御注同

信不足焉有不信焉景福有上焉無下焉與傅奕同猶字御注英倫同

今河上本誤脱有不信焉四字

容容乃公公乃王王乃天天乃道道乃久殁（沒）身不殆

太上章第十七

右第十六章六十七言

太上下知有之其次親之譽之（其次）其次畏之侮（其次）之故信不足焉有不信焉焉字河上公同古本猶兮其貴言哉功成事遂百姓皆曰我自然兮哉曰三字嚴遵同古本

大道廢章第十八

右第十七章四十七言

四焉字廣明同
知惠 惠字景龍廣明景福同 釋文作知慧

貞臣 諸唐本皆作忠臣 此云避諱作忠非 今王本亦作忠臣

道藏傳本棄不作弃 或与无万无等字同 是傳寫所从字體之異 並不校入

大道廢焉有仁義焉下 音辯云四句 知惠出焉有大偽焉六親不和有孝慈焉國家昏亂有貞臣焉 貞字嚴遵王弼同古本 世本多作忠蓋避諱也

絕聖弃知章第十九 右第十八章二十八言

絕聖弃知民利百倍 古本 絕仁弃義民復孝慈 絕巧弃利盜賊无有 此三者以為文不足也 古本 王弼同 故令有所屬見素抱朴少私寡欲 右第十九章四十七言

絕學无憂章第二十

釋文作若享

怕景福並偏同 釋文作廓

咳景福同

今王本作儽儽兮若无所歸

按釋文无皆字今王本亦无皆字並无若昏二字

絶學无憂唯之與阿相去幾何善之與惡相去何若人之所畏不可不畏荒兮其未央哉衆人熙熙如享太牢如登春臺我獨怕兮其未兆如嬰兒之未咳咳何來切張玄靜與古本同集韻通作孩儽儽兮其若不足似无所歸此句王弼同古本河上公作乘乘兮若无所歸嚴遵作若无所之衆人皆有餘而我獨若遺我獨愚人之心也哉沌沌兮音辯云沌音囤不分良世本作純純又省獨字今從古本俗人皆昭昭我獨若昏王弼同古本世本无

釋文悶悶如字

皆字
俗人皆察察我獨若閔閔古本與傅奕本
作閔閔莫昆切
有訓作昏昧不分別者河上公及諸
家並作悶悶音同又省皆字若字澹兮若
海飄兮似無所止澹音辯云音談水深皃河
上公作忽飄字梁帝簡文
同古本王
衆人皆有以我獨頑似鄙我獨異
鄉作飂
於人而貴求食於母

孔德之容章第二十一

右第二十章一百三十七言

孔德之容唯道是從道之為物惟芒惟芴芴
兮芒兮中有象兮芒兮芴兮中有物兮王弼司馬

今王本亦作其中有象其中有物

釋文亦作窈冥

今王本亦作以自古及今

之然哉御注同然字不作狀景龍景福並同

敝釋文作蔽

枉則正景龍同

今王本亦作枉則直

公同古本別本作其中有象其中有物作幽兮冥兮中有精兮其

精甚真其中有信楊字同古本一本作窈兮冥兮其中有精自今

及古其名不去以閱衆甫吾奚以知衆甫之

然哉以此甫今及古嚴遵王弼同古本一作古本作自古及今奚字古本

右第二十一章七十一言

曲則全章第二十二

曲則全枉則正正字王弼同古本一作直窪則盈敝則新

少則得多則惑是以聖人抱一為天下式不

自見故明不自是故彰不自伐故有功不自

矜故長夫惟不爭故天下莫能與之爭古之所謂曲則全者豈虛言哉誠全而歸之

希言自然章第二十三

右第二十二章七十八言

希言自然故飄風不崇朝暴雨不崇日孰為此者天地天地尚不能久而況於人乎故從事於道者道者同於道德者同於德失者同於失同於道者道亦得之同於德者德亦得之同於失者失亦得之信不足有不信

企釋文同傳

右第二十三章九十二言

跂者不立章第二十四

跂（企）者不立跨者不行自見者不明自是者不彰自伐者无功自矜者不長其於（在）道也曰餘食贅行物或惡之故有道者不處（也）

右第二十四章四十八言

有物混成章第二十五

有物混成先天地生宋（寂）兮寞兮獨立而不改周行而不殆可以為天（下）地母 宋古寂字寞字王弼與古本同河上公作寥韻略云寂寞无聲也寂寥空也按莊子天下篇亦有寂漠无形天地字古

本加此一作天下母宜從古本

吾不知其名故強（彊）字之曰

王弼同古本河上公本大

今王本上句已上無強字

道強（彊）為之名曰大

上由無強字今從古本

曰逝逝曰遠遠曰反（逐）故道大天大地大人亦大

道藏傅本人亦作王

域中有四大而人（王）居（處）其一焉（尊）

人字傅奕同古本河上公

王本作人

法地地法天天法道道法自然

右第二十五章八十七言

重為輕根章第二十六

君子二字景龍御注英倫同

重為輕根靜（靖）為躁君是以君子終日行不離其輜重雖有榮觀一作館宴處超然

宴安也王弼同古本河上

如之何畢龍作如何

公作燕如之何万乘之主而以身輕天下古本輕則失本躁則失君本字嚴遵王弼同古本河上公作輕則失臣與前文不相貫宜從古本

善行章第二十七

右第二十六章四十九言

徹釋文同傅

五句者字景福廣明同

善行者无轍（徹）迹善言者无瑕謫古本五句者字司馬公注同古本善數者无籌策數上聲王弼嚴遵同古本河上公作善計善閉者无關楗（鍵）（而不可開）善結者无繩約（而不可解）楗拒門木或從金傍非也橫曰關豎曰楗傅奕云古字作闗

楗釋文同

是以聖人常善救人故人

无弃人常善救物故物无弃物是謂襲明枯

（嚴遵同）故善人（者）不善人之師不善人（者）善人之資

不貴其師不愛其資雖知大迷是（此）謂要妙

右第二十七章九十七言

知其雄章第二十八

知其雄守其雌爲天下谿爲天下谿常德不

離復歸於嬰兒知其白守其黑爲天下式爲

天下式常德不忒復歸於无極知其榮守其

辱爲天下谷爲天下谷常德乃足復歸於朴（樸）

朴：景龍、景福同

元劉景龍敦煌同

朴散則為器聖人用之則為官長故大制无

割。无割嚴遵王弼同古本河上公與世本作不割

將欲章第二十九 古第二十八章八十五言

將欲取天下而為之者吾見其不得已夫天

下神器不可為也為者敗之執者失之夫字阮籍

同古本故物或行或隨或嘆或吹或彊或剉或

培或隳是以聖人去甚去奢去泰音辯云故一作凡嘆

字嚴遵同古本注引楚辭口嘆閉而不言或

彊或剉或培或隳嚴遵王弼傅奕阮籍同古

嘆釋文作歔

釋文出贏挫隳三字今王本作或強或贏或挫或隳

本剉寸卧切折傷也培蒲枚切傳奕引字林云益也墮徒果切傳奕引字林云落也河上公改隳作噅改剉作羸改培作載改墮作隳今從古本

右第二十九章六十言

以道佐人主章第三十

以道佐人主者不以兵強(彊)天下其事好還師之所處荊棘生焉大軍之後必有凶年故善者果而已(矣)不敢以取強(彊焉)一本強字下有焉字果而勿矜果而勿伐果而勿憍(驕)果而不得已是謂果而勿彊物壯則老是謂不道(非)不道(非)早已

憍矜也舊本亦

故善者果而已景龍御注敦煌景福同

憍御注同

與驕通一本
卞白无謂字

夫佳兵章第三十一　右第三十章七十九言

夫佳兵者不祥之器物或惡之故有道者不處是以君子居則貴左用兵則貴右兵者不祥之器非君子之器不得已而用之河上公本无是以字恬淡為上故不美也若美之必樂之樂之者是樂殺人也夫樂殺人者不可以得志於天下矣故吉事尚左凶事尚右是以偏將軍

故不美景龍敦煌同
若美之景龍同必樂之敦煌同
是樂殺人也景福同
不可以上無則字景龍御注敦煌同
故吉事尚左故字景龍敦煌同
偏將軍上是以字景龍敦煌同

處左景龍敦煌同

處左上將軍處右言居上勢則以喪禮處之

殺人衆多景龍御注景福英倫敦煌同

殺人衆多則以悲哀泣之戰勝者則以喪禮

處之

道常无名章第三十二

右第三十一章一百三十五言

王侯景龍敦煌同 釋文作侯王注梁武作王侯

道常无名樸雖小天下莫能臣王侯若能守

人莫之令景龍御注同

之萬物將自賓天地相合以降甘露人（民）莫之

令而自均始（焉）制有名名亦既有夫亦將知止

所以不殆御注景福英倫同

知止所以不殆譬道之在天下猶川谷之與

之與江海御注景福英倫同

江海也夫亦將知止焉（誕王弼同古本）

知人者知章第三十三

右第三十二章七十一言

知人者知也（△智）自知者明也古本每句下有也字文意雖容世本並无也字至不失其所者久若无也字則文意不足今依古本勝人者有力也自勝者強（△彊）也知足者富也強（△彊）行者有志也不失其所者久也死而不亡者壽也

右第三十三章四十六言

大道汜汜兮章第三十四

釋文作汜注本又作汎

恃之以生景龍御注英倫同

大道汜（△汎）汜（△汎）兮其可左右万物恃之以生而不

衣被敦煌同

今王本作衣養 出衣字注河上作愛養釋文 上云撰王本原作衣養

小矣大矣無字景福同

辭功成不名有衣被万物而不爲主 衣被王弼馬誕

同 古本 稱[illegible]盡也 故常无欲可名爲小矣万物歸

万物歸之之字御注英倫敦煌同

今王本亦作歸焉而不爲主

之而不知主可名爲大矣 王弼司馬公同

古本 是以聖人以其終不自爲大故能成其大

嚴遵王弼 古本同

執大象章第三十五 右第三十四章七十三言

秦御注同

出言景龍敦煌同

今王本仍作出口

執大象者天下往往而不害安平泰樂與餌

過客止道之出言淡兮其无味視之不足見

翕景龍同

釋文作偏 金王本作歙

釋文本亦作脫

聽之不足聞用之不可既 出言王弼同古本

傅奕亦同

右第三十五章四十四言

將欲翕之章第三十六

將欲翕之必固張之將欲弱之必固强之將彊欲廢之必固興之將欲取之必固與之是謂奪微明柔之勝剛弱之勝强 翕歙也合也聚也王弼同古本取一也

魚不可挩於淵邦之利器不可以示 作奪非古也 挩吐活切輕挩也傅奕云別本作脫消肉人臞也韻略訓骨去肉也邦一作國今依古本

右第三十六章五十九言

道○常无爲章第三十七

道常无爲而无不爲王侯若能守之○万物將自化化而欲作吾將鎮之以无名之樸无名之樸夫亦將不欲不欲以靜天下將自正

將不欲景龍御注景福英倫同

將自正景龍御注景福同

右第三十七章四十九言　篇上終

釋文出吾將鎮之以無名之樸夫亦將無欲十四字似所據本不疊出无名之樸四字無欲無字下注簡文作不欲字下注同上本作吾將鎮之得上者邪老子所作也

老子道德經古本下

德經古本篇下

上德不德章第三十八

唐太史令傅奕校定

上德不德，是以有德；下德不失德，是以无德。

上德无爲而不无爲。此句韓非王詡王弼郭雲傅奕同古本，河上公作上德无爲而无以爲，今從古本。

下德爲之而无以爲。韓非王詡王弼郭雲傅奕同古本，河上公作下德爲之而有以爲，今從古本。

上仁爲之而无以爲，上義爲之而有以爲，上禮爲之而莫之應，則攘臂而扔之。之應一作知應。扔，王弼與古本同，世本扔。仍

（音辯云：引也，就也，推也。音認，又音仍。玉篇：扔字人烝切，因也。）

韓非并无下德兩句，今王本同日上。

釋文扔

作仍今從古本故失道而後德失德而後仁失仁而後義失義而後禮夫禮者忠信之薄而亂之首也前識者道之華而愚之始也是以大丈夫處其厚不處其薄處其實不處其華故去彼取此韓非嚴遵同古本一本下兩句處作居

古第三十八章百三十一言

昔之得一章第三十九

昔之得一者天得一以清地得一以寧神得一以靈谷得一以盈万物得一以生王侯得

景龍景福均作爲天下正此蓋後人避諱非

一以爲天下貞貞正也王弼郭雲同古本一本貞作正亦後人避諱也河上公本作侯王其致之一也天无以清將恐裂地无以寧將恐發神无以靈將恐歇谷无以盈將恐竭万物无以生將恐滅王侯无以爲貞將[而貴高]恐蹷古本如此河上公爲貞下有而貴高三[謂]字故貴以賤爲本高以下爲基是以王侯自稱孤寡不穀是其以賤爲本也非歟王弼同古本河上公作此非以賤爲本邪非乎今從古本也歟字今王本同河上作邪乎故致數譽无譽不欲琭琭若玉落落若石數音

翔馨稱美也王弼同古本河上公作翫車无

車陳碧虛云依古本作馨 若字河上公作

如今從

古本

反者道之動章第四十

右第三十九章一百三十九言

反者道之動弱者道之用天下之物生於有

有生於无（旁注：无）

天下之物御注敦煌同

右第四十章二十一言

上士聞道章第四十一

上士聞道懃而行之（旁注：而勤；古本作懃）中士聞道若存若亡下

士聞道而大笑之不笑不足以爲道 古本有而字

傅本作而勤行之 與下文而大笑之句法一貫 甚善

建言有音敦煌同
今王本仍無曰字

傅本進道夷道二句上下互倒

纇釋文同

范引傅奕云三則傅奕本當同范本今道藏傅本上句作媮下句作輸恐是手民之誤

廣韻輸作媮今河上亦作偷

今王弼河上無下善字

故建言有之曰王弼孫登阮咸同古本河上公本无曰字明道若昧進道若退夷道若纇纇古本音未絲節也上德若谷河上公作類今從古本大白若䵶廣德若不足建德若輸質真若渝䵶音辱黑垢也古本如此河上公作辱輸傅奕云古本作輸引廣韻云輸愚也河上公作揄乃草字變車為手傅奕云手字之誤動經數代況辱字少黑字手傅奕當時必有所據王弼作偷董遇作摇今從古本大方无隅大器晚成大音希聲大象无形道隱无名夫惟道善貸且善成嚴遵王弼同古本河上公作善貸且成今從古本

右第四十一章九十七言

今王本亦作人之所教我亦教之

學父敦煌同

道生一章第四十二

道生一一生二二生三三生万物万物負陰而抱(褱)陽盅(沖)氣以為和古本作盅器虛也河上公作沖虛也和也今從古本人之所惡惟孤寡不穀而王侯以自謂(稱)也嚴遵同古本河上公作王公以為稱今從古本而故物或損之而益我益之而損人之所以教我而亦我之所以教人強梁者不得其死吾將以為學父王弼嚴遵同古本河上公作人之所教亦我義教之(今從古本)[illegible]也音辯云古本作學父河上公

作斆父榣尚書惟斆學半古本並作學字則學宜音斆亦教也義同今並從古本（右第四十二章四十九言）

天下之至柔章第四十三

天下之至柔馳騁於天下之至堅淮南子有於字與古本同出於无有入於无閒傅奕嚴遵同古本河上公本少出於二字吾是以知无爲之有益（也）不言之教无爲之益天下希（稀）及之（矣）

（右第四十三章四十四言）

名與身孰親章第四十四

名與身孰親身與貨孰多得與亡孰病是故

甚愛必大費多藏必厚亡知足不辱知止不
殆可以長久

右第四十四章三十九言

大成若缺章第四十五

大成若缺其用不弊（敝）大滿若盅其用不窮大

大滿若盅王、弼同，古、本、郭、雲、誤

直若詘大巧若拙大辯若訥

音、庛、枉、曲、也、太、史、公、司、馬、談、同、古、本

躁勝寒靜（靖）勝熱知清靜（靖）以爲天下正

古本有知

右第四十五章四十二言（二人字）

天下有道章第四十六

釋文作弊

大滿　敦煌同

今王本作大滿若沖其用不窮

詘　釋文作屈

景龍有以字

天下有道郤走馬以糞天下无道戎馬生於郊罪莫大於可欲禍莫大於不知足咎莫憯於欲得

釋文禍莫大句注河上本有此句上有罪莫大於可欲一句　蓋釋文本無上句

欲得　韓非作欲利

憯古惜音慘痛也

古本如此

故知足之足常足矣

右第四十六章四十五言

不出戶章第四十七

不出戶可以知天下不闚牖可以見天道奕傳

釋文同傳

知天道韓非同傳又戶牖上各有於字

韓非與古本有可以字

其出彌遠其知彌尠

古本作闚音窺

尠字韓非王

是以聖人不行而知不見而名不爲而成

鮮同古本

按韓非仍作其智彌少

尠傳亦同

右第四十七章四十言

爲學日益章第四十八

爲學者日益，爲道者日損（傅奕、嚴遵與古本有者字），損之又損以（之）至於无爲，无爲則无不爲（司馬溫公與古本有兩之字、則字。陳謐、王弼同古本），將（欲）取於天下者（古本如此），常以无事，及其有事，不足以取天下（又）（矣）。

聖人无常心章第四十九（古第四十八章，四十八言）

聖人常无心，以百姓之心爲心（古本有之字）。善者吾善之，不善者吾亦善之，德（得）善矣。信者吾信

又損之　景福同

則字今王本亦作而

之不信者吾亦信之德信矣聖人之在天下歙歙焉為天下渾心焉嚴遵、王弼同古本百姓皆注其耳目聖人皆咳之咳何來切小兒笑皃舊釋文並作咳

右第四十九章六十八言

傅本在天下歙歙焉為天下渾渾焉作偶句甚善今王本作渾其心焉

出生入死章第五十

出生入死生之徒十有三死之徒十有三民之生生而動之死地亦十有三韓非、嚴遵同古本夫何哉以其生生之厚也夫何哉韓非與古本同蓋聞善攝生者陸行不遇兕虎入軍不被甲兵兕无

按韓非作民之生生而動動皆之死地同傅不同范范注明云韓非同古本疑范本正文誤脫動皆二字

生生之厚也景龍同

夫何哉句今不見韓非解老

所投其角虎无所錯其爪兵无所容其刃夫

何哉以其无死地（故也）（焉）

道生之章第五十一　古第五十一章八十八言

道生之德畜之物形之勢成之是以万物莫

不尊道而貴德道之尊德之貴夫莫之爵而

常自然故道生之（德畜）畜之長之育之亭之毒之

蓋之覆之　畜積也覆盖古本如此亭毒王弼李奇同古本傅奕引史記云亭凝結也廣雅云毒安也

生而不有爲而不恃長而不宰

莫之爵　御注敦煌同

是謂玄德

天下有始章第五十二　右第五十一章七十二言

天下有始以為天下母既得其母以知其子
既知其子復守其母殁身不殆塞其兑閉其
門終身不勤開其兑濟其事終身不救見小
曰明守柔曰強用其光復歸其明无遺身殃
是謂襲常　右第五十二章七十三言

使我介然章第五十三

襲　御注敦煌同

使我介然有知行於大道唯施是畏大道甚

徲民甚好徑

徲古本如此說文徲行平易也

文云行平易也

朝甚除田甚蕪倉甚虛服文采帶利劒猒飲

食貨財有餘是謂盜夸非道也哉

古本如此

采一作綵

夸古本如此

夸與夸同奢也

夸張自大也

垂直坐湛盜夸二字釋

見同傳

右第五十三章五十四言

善建者不拔章第五十四

善建者不拔善抱者不挩子孫祭祀不輟

一挩

作脫

脩之身其德乃真脩之家其德乃餘脩之

鄉其德乃長脩之邦其德乃豐脩之天下其德乃普（溥）故以身觀身以家觀家以鄉觀鄉以邦觀邦以天下觀天下吾奚以知天下之然哉以此

邦字韓非與古本同一作國

奚字韓非與古本同

右第五十四章 與古本同 八十六言

含德之厚章第五十五

含德之厚者比（之）於赤子也 傅奕與古本同 毒蟲（蜂）虺（蠆）蛇不螫猛獸（不據）攫鳥不摶 傅奕與古本同 骨弱筋柔而握固未知牝牡之合而朘作精之至也終日號

釋文出蜂蠆虺蛇四字或全是正文或全是注毒蟲二字或上兩字注毒蟲二字不可知

范云傅奕與古本同而道藏傅本如此知范所據本與藏傅異

釋文作而全作注全如字河上作峻本一作朘

釋文出不嗄二字注一邁四反氣逆也又於介反而郭不嗄當作噫

而嗌不嗄（歖於油切氣逆也）和之至也朘傳奕與古本同今諸本多作峻玉篇朘字注亦作峻屡條三字通用並子雷切赤子陰也

知和曰常知常曰明益生曰祥心使氣曰（則）强（殭）物壯則老是謂（之）不道

不道早已

右第五十五章八十三言

知者不言章第五十六

知者不言也言者不知也塞其兑閉其門挫

其鋭解其紛和其光同其塵是謂玄同

不可得而親亦不可得而踈「王本」亦字河上公司馬公同古本不可得而利亦

亦字景龍景福同

不可得而害不可得而貴亦不可得而賤故爲天下貴

古第五十六章七十言

以正治國章第五十七

以正(△政)治國以奇用兵以无事取天下正字傅奕陳碧虚並云古本作政然政者正也義通吾奚以知天下其然哉以此夫天下多忌諱而民彌(△彌)貧民多利器而國家滋昏古本有而字民多智(△知)惠(△慧)而衺事滋起王弼同古本衺與邪同法令滋章而盜賊多有章明也司馬還與古本同

令王本作人多伎巧奇物滋起

故聖人云我无爲而民自化我好静(靖)而民自

(朴景龍敦煌景福同)正我无事而民自富我无欲而民自朴(樸)

其政閔閔章第五十八(古第五十七章九十二言)

其政閔閔其民偆偆其政詧詧其民缺缺閔音

門注具上篇　偆舊音春傳奕同古本玉篇

偆尺尹切厚也富也

(韓非同傳奕有之字)禍兮福所倚(之)福兮禍所伏(之)孰知其極其无正

邪(衺)正復爲奇善復爲祥民(人)之迷(也)其日固已久

矣　祥古本加此與䄏同右民云

地反物爲祥說文云巧也

是以聖人方

說文从示之祥亦云地反物此誤引从女之妖說文注也

燿釋文作燿

而不割，廉而不劌，直而不肆，光而不燿。耀

治。右第五十八章七十三言

治人事天章第五十九

是以早服以字敦煌同

治人事天莫若嗇。夫唯嗇，是以早服。若字河上公同古本服字古本如此河上公蘇子由韓非本俱作服字注王弼孫登及世本作早復如易復卦不遠復之義象曰不遠之復以修身如亦通

釋文早復

早服謂之重積德，然承上文事天處來服字相貫重積德則无不克，无不克則莫知其極，莫知

今日上无則字

其極則可以有國。則字河上公韓非同古本有國之母可以長久，是謂深根固柢，柢字傅奕長生久視之道。

引古本云柢本也又引郭璞云柢謂根柢也河上公作蒂非經義夫柢亦是根根非解云木有蔓根根有柢根柢根者木之所以建生也蔓根者木之所以持生也柢固則長生根深則久視

道藏傅本仍作烹鮮釋文同

烹下注不當加火

不傷民御注同

治大國章第六十

右第五十九章六十四言

治大國者若亨小鮮

鮮總括魚之屬也傅奕孫登同古本

以道莅天下其鬼不神非其鬼不神其神不傷民非其神不傷民聖人亦不傷民兩不相傷則德交歸焉

古本如此

右第六十章四十九言

大國者天下之下流章第六十一

大國者，天下之下流，天下之所交也。古本如此。天下之牲〔牝〕，牝常以靜〔靖〕勝牡，以其靜〔靖〕，故為下也。牲字嚴遵、古本同。故大國以下小國，則取〔於〕小國；小國以下大國，則取〔於〕大國。故或下以取，或下而取。大國不過欲兼畜人，小國不過欲入事人。兩者各得其所欲，故大國者宜為下。

右第六十一章八十九言

以其靜其字敦煌六朝寫本同

道者万物之奧章第六十二

道者万物之奥（也）善人之所寶不善人之所保

美言可以於市尊行（言）可以加於人 古本如此於市字上

疑脱一字人之不善何弃之有故立天子置三公

雖有珙（拱）璧以先駟馬不如坐進此道（也） 古本作珙大璧

也璧說文云瑞玉也一作拱春秋傳與我其拱璧司馬溫公曰璧大如拱亦通

釋文作拱

古之所以貴此道者何（也）不曰求以得有罪以

求以得景龍御注敦煌同六朝寫得下有之字

免邪故為天下貴

右第六十二章八十五言

道。无為章第六十三

之難事之者敦煌六
朝寫同

爲无爲事无事味无味大小多少報怨以德
圖難乎於其易爲大乎於其細天下之難事
必作於易天下之大事必作於細是以聖人
終不爲大故能成其大古本有乎字夫輕諾者必
寡信多易者必多難是以聖人猶難之故終
无難矣者字猶字古本
右第六十三章八十五言
其安易持章第六十四
其安易持其未兆易謀其脆易判其微易散

易判今王本同釋文作泮
其未有其字敦煌六朝寫同
九成敦煌六朝寫同

判分也王弼同 爲之乎其未有治之乎其未
易公同古本
亂古本懷 合抱之木生於豪末九成之臺起於累
土千里之行始於足下爲者敗之執者失之
豪字成字古本 是以聖人无爲故无敗无執故无失
民之從事常於其幾成而敗之慎終如始則
无敗事矣古本其字古本有 是以聖人欲不欲不貴難得
之貨學不學以復衆人之所過以輔万物之自
然而不敢爲也

右第六十四章一百三十一言

古之善爲道章第六十五

古之善爲道者，非以明民，將以愚之。民之難治，以其知多也。故以知治國，國之賊；不以知治國，國之福。知此兩者，亦稽式也。知此稽式，是謂玄德。

傅奕、王弼同古本。稽古兮反，兮也。同也，如尚書稽古之稽。傅奕云：稽式今古之所同式也。

玄德深矣遠矣，與物反矣，乃復至於大順。

古本。

傅本：常知此兩者，能知稽式。

至於大順，於字敦煌、六朝寫同。

右第六十五章，七十四言。

江海爲百谷王章第六十六

其言其身御注敦煌同

江海所以能爲百谷王者以其善下之故能爲百谷王是以聖人欲上民必以其言下之欲先民必以其身後之是以聖人處之上而民弗重處之前而民弗害是以天下樂推而不猒不以其爭故天下莫能與之爭

右第六十六章八十五言

天下皆謂章第六十七

天下皆謂吾大似不肖夫唯大故似不肖若肖久矣其細也夫我有三寶

持而寶之景龍敦煌六朝寫唐寫同

舍下其字御注敦煌同

以陳敦煌六朝寫唐寫同　釋文亦同

古之二字景龍敦煌同

持而寶之韓非王弼傅奕同古本一曰慈二曰儉三曰不敢爲天下先夫慈故能勇儉故能廣不敢爲天下先故能爲成器長今舍（捨）其慈且勇舍（捨）其儉且廣舍（捨）其後且先是謂入死門古本夫慈以陳則正以守則固天將救之以慈衛之陳音陣軍師行伍之列也古本

右第六十七章一百五言

古之善爲士者不武章第六十八

古之善爲士者不武也善戰者不怒傅奕同古本善

善勝敵者不爭爭字景龍御注敦煌六朝寫唐寫同

古之極也也字景福敦煌六朝寫唐寫同

勝敵者不爭善用人者爲之下是謂不爭之德是謂用人之力是謂配天古之極也

右第六十八章四十七言

用兵者有言章第六十九

釋文作扔

傳本執無兵在仍無敵句前

幾亡吾寶敦煌同

傳本相加作相若

用兵者有言曰吾不敢爲主而爲客不敢進寸而退尺是謂行无行攘无臂扔无敵執无兵古本禍莫大於輕敵輕敵則幾亡吾寶故抗兵相加則哀者勝矣古本

右第六十九章五十七言

吾言甚易知章第七十

不吾知吾字敦煌同
被釋文簡傅
則我貴矣敦煌六朝寫唐寫同

吾言甚易知，甚易行，而人莫之能知，莫之能行。古本傅奕同
言有宗，事有主。夫唯無知，是以不吾知也。主字一作君，今從古本
知我者希，則我貴矣。是以聖人披褐而懷玉。
右第七十章五十一言

知不知章第七十一

知不知，尚矣；不知知，病矣。古本尚庶幾也一作上，今從古本
夫唯病病，是以不病。聖人之不病，以其病病，是以不吾病也。古本
右第七十一章三十二言

民不威畏章第七十二

大威至矣景福敦煌同

民不畏威則大威至矣无狎其所居无猒其所生夫惟无猒是以无猒古本是以聖人自知而不自見自愛而不自貴故去彼取此古本有而字

右第七十二章四十八言

勇於敢章第七十三

勇於敢則殺勇於不敢則活此兩者或利或害天之所惡孰知其故是以聖人猶難之天

之道不爭而善勝不言而善應不召而自來默然而善謀天網恢恢疏而不失默字傅奕同古本河上公并開元御注本作繟王弼梁王尚孫登張嗣作坦今依古本

今王本同釋文作繟不作坦

右第七十三章六十四言

民不畏死章第七十四

民常不畏死如之何其以死懼之古本若使民常畏死而為奇者吾得執而殺之孰敢常有司殺者殺代司殺者殺是代大匠斲夫代大匠斲者希有不傷其手矣古本

右第七十四章六十一言

民之飢章第七十五

民之飢者，以其上食税之多也，是以飢。民之難治者，以其上之有爲也，是以難治。古本"民之"

輕死者，以其生生之厚也，是以輕死。古本"夫惟"

生生之厚，景龍、敦煌同。

無以爲生者，是賢於貴生也。古本

無以爲生，敦煌一作"無以生爲"，生与傅本相近。貴生也，"也"字景福同。

古本第七十五章，六十三言

人之生章第七十六

河、王"剛彊"，"剛"字敦煌同。

人之生也柔弱，其死也剛彊。剛，一本作堅。今經古本 而

物草木之生也柔脆，其死也枯槁。故剛彊者

死之徒柔弱者生之徒是以兵強則不勝木
強則共故強大取下柔弱處上古本

右第七十六章五十九言

天之道章第七十七

天之道其猶張弓者歟高者抑之下者舉之
有餘者損之不足者補之天之道損有餘而
補不足也古本人之道則不然損不足以奉有
餘孰能損有餘以奉天下唯有道者古本是以
聖人為而不恃功成而不處其不欲見賢邪

右第七十七章八十七言

釋文同傳无不字

莫之能先先字景龍敦煌同

聖人言 御注同

王作主 疑是道藏傳刻之誤

天下莫不柔弱於水章第七十八

天下莫不柔弱於水而攻剛強者莫之能先其无以易之也柔之勝剛弱之勝強天下莫不知而莫之能行是以聖人言受國之垢是謂社稷之主受國不祥是謂天下之王也正言若反

右第七十八章七十三言

和大怨章第七十九

和大怨必有餘怨安可以為善是以聖人執

左契而不責於人故有德司契无德司徹天
道无親常與善人
右第七十九章四十一言
小國寡民章第八十
小國寡民使民有什伯之器而不用也使
民重死而不遠徙雖有舟輿无所乘之雖有
甲兵无所陳之使民復結繩而用之至治之
極民各甘其食美其服安其俗樂其業鄰國
相望雞狗之聲相聞使民至老死而不相往

雞狗景龍景福廣明敦煌六朝寫唐寫同
使民至老死使字敦煌同

傳奕注俗字引鄭玄云謂土地所生習也業以字引賈逵云世業猶

次也 原題王業事之為當題

来 古本

信言不美章第八十一　右第八十章八十五言

信言不美美言不信善言不辯辯言不善 古本

知者不愽愽者不知聖人无積既以為人己愈

俞有既以與人己俞多 古本。俞注具第五章

天之道利而不害聖人之道為而不爭

右第八十一章五十七言

釋文河傳作愈 音與

德經古本篇下

寫定開元石本道德經

易州開元御注道德經石刻蘇靈芝所書也石製如經幢書凡八面高一丈有餘面廣尺二強各作十一行行百又二字字方寸注文四字當正文一第八面書至此段一行止六十字末行（空其下段）書開元廿六年歲次戊寅十月乙丑朔八日壬申奉勅建下段題名字五行曰正議大夫使持節易州諸軍事守易州刺史兼高陽軍使賞紫金魚袋上柱國田仁琬奉

勑立朝散大夫守易州别駕上柱國周憲太
中大夫行長史兼高陽軍副使上柱國鄭景
宣朝議大夫試司馬杜欽賢空四行又題名
兩行曰道士梁虚心曰檢校上座儞昇仙上
端大書太上玄元皇帝道德經大唐開元神
武皇帝注十八字分臣三面面兩行各三字
餘面勒玄宗勑文三十行行七字嘉慶甲戌
翁方綱題名云蘇靈芝書道德經不著名氏

故著録家皆未之及又學正趙煊題記云咸豐癸丑江夏程友三刺是州捐俸建爲碑亭同治末趙烈文知易州又記云同治十二年六月大風發亭亭石柱仆擲三丈外冬復樹之其二年夏重建碑亭云老子傳世少善本此皇帝勑建自製御注又出名手書校讐所當審慎固亦不免仍有訛脫然唐本真面得見於今者猶宜推此爲最惜咸同以前舊拓今

並不易數覯近拓則本文泐損已至四百餘
字羅君叔言作道德經攷異徵引唐石本四六
朝殘寫本一唐殘寫本十典贍宏富多可取
證節觀其錄校此本諸從闕略蓋知所據亦
非舊拓今就宣統末年拓本迻寫本文一通
並詳攷羅書所徵引及今習見稱爲善本者
補其闕佚訂其譌誤以成完篇凡石刻與他
本顯異而義有可去取者亦附著所見於校

訛宋以後傳刻諸本語助字皆多於唐本據羅書錄六朝殘卷亦不似唐本之簡是徵爲唐本省略也唐本復有出入大較以景龍字爲少景福字爲多其間異同得失既難求折衷則取其無害於義斯可已茲率依原本不盡校錄也己卯十月桐鄉勞健識

余既寫成此稿又得涵芬樓影印道藏檢之有玄宗御注四卷御疏十卷又四卷闕

爲杜光庭廣義稱本誤題爲御疏者杜氏
廣聖義通正本別爲四十八卷以四本互校
文字皆有出入不能盡同然石刻諸所脫
誤顯有可取正於諸本者校余所補訂亦十
九相合令專錄御注本與石刻異文分章
附入校記以相參證
佚本不備録也〔庶幾近是矣〕又識

寫定開元石刻道德經

桐鄉勞健校録

老子道經卷上

道可道非常道名可名非常名無名天地始有名萬物母常無欲觀其妙常有欲觀其徼此兩者同出而異名同謂之玄玄之又玄衆妙之門

右第一章五十四字

本天地萬物下各有之字觀上各

有以
字

天下皆知美之為美斯惡已皆知善之為善
斯不善已故有無相生難易相成長短相形
高下相傾音聲相和前後相隨是以聖人處
無為之事行不言之教萬物作而不辭生而
不有為而不恃功成不居夫唯不居是以不
去

右第二章八十六字
藏本御
有無相生六

白相字上㘴有之字功成不居

解下有而字田是號有無而惟

不尚賢使民不爭不貴難得之貨使民不盜不見可欲使心不亂是以聖人治虛其心實其腹弱其志強其骨常使人無知無欲使夫知者不敢爲爲無爲則無不治

右第三章六十三字

使人無知無欲　人他本皆作民羅氏攷異云此避諱作人　按石刻他民字皆同淵虎字正缺末筆不盡改作人　其人民二字與他本互異者甚多　間有他本作人而此作民者　疑唐時避民字下筆習改作人　此

故作不避乃兼有忘改與誤改之失

耳此人字當從他本作民爲是

藏本不盜作不爲盜聖人治作聖人

之治使人無知無欲人作民使夫知者且

不敢爲下有也

字無不治下有矣字

道沖而用之或不盈淵似萬物宗挫其銳解

其忿和其光同其塵湛常存吾不知誰子象

帝之先

右第四章三十七字

解其忿　忿他本皆作紛景龍敦煌二本

亦同石刻作忿第五十六章同自同

字石刻今渺損不可辨景龍景福並作忿

按此章河上注云紛結根也當忿道無爲以解釋紛拂云及義釋如紛紜之紛釋文引河上作芬令河上亦作紛如第五十六章注云紛結恨不休當念道無爲以挫止之則明是釋作忿其正文今亦仍作紛或古河上本前作芬後作忿唐本相傳從後兩俱作忿也王肅本前作紛後作分前注云紛解而不勞後注云除爭原也義亦似釋如忿按紛與分古相通假荀子儒效篇分分乎其有終始也淮南繆稱訓禍之生也分分皆是假分作紛疑古者本兩俱作分後人各依所解如字旁而有紛芬忿之歧王本後之作分猶存其正焉此字義當作紛作忿者非藏本或不爲作或似不爲下有兮字宋上有之字忿作紛湛常存作湛兮似或存誰子作其誰之子

天地不仁以萬物爲芻狗聖人不仁以百姓爲芻狗天地之閒其猶橐籥虚而不屈動而愈出多言數窮不如守中

右第五章四十四字

藏本籥下有乎字

谷神不死是謂玄牝玄牝門天地根緜緜若存用之不勤

右第六章二十二字

天地上有是謂字

藏本門上有之字

天長地久天地所以能長久者以其不自生

故能長生是以聖人後其身而身先外其身
而身存非以其無私邪故能成其私
右第七章原四十七字增訂一字今得四
十八字
非以其無私邪 原無邪字景福本同無
邪字景龍本并無非字廣明本有邪字今
河上本王本皆有邪字樓有 上非字即宜
有下邪字今從廣明本增訂
李本無私下有邪字與增訂同
上善若水水善利萬物又不爭處衆人之所
惡故幾於道居善地心善淵與善仁言善信

政善治事善能動善時夫唯不爭故無尤

右第八章原存四十九字補佚一字得五十字

上善若水石刻今佚水字

藏本又不爭作而不爭

持而盈之不如其已揣而鋭之不可長保金玉滿堂莫之能守富貴而憍自遺其咎功成名遂身退天之道

右第九章四十一字

藏本憍作驕

載營魄抱一能無離專氣致柔能嬰兒滌除

玄覽能無疵愛民治國能無為天門開闔能為雌明白四達能無知生之畜之生而不有為而不恃長而不宰是謂玄德

右第十章原存六十一字補佚二字得六十三字

能無疵石刻今佚無疵二字

開成石本前六句下各有乎字嬰兒上有加字

三十輻共一轂當其無有車之用埏埴以為器當其無有器之用鑿戶牖以為室當其無

有室之用故有之以為利無之以為用

右第十一章原存四十四字補佚五字得四十九字

一轂當其無五字石刻今佚

藏本挻誤作埏

五色令人目盲五音令人耳聾五味令人口爽馳騁田獵令人心發狂難得之貨令人行妨是以聖人為腹不為目故去彼取此

右第十二章原存三十九字補佚十字得四十九字

令人耳聾五味令人口爽十字石刻今佚

本田獵作畋獵

寵辱若驚貴大患若身何謂寵辱寵爲下得之若驚失之若驚是謂寵辱若驚何謂貴大患若身吾所以有大患者爲吾有身及吾無身吾有何患故貴以身爲天下者可寄天下愛以身爲天下若可託天下

右第十三章原存七十字補佚九字得七十九字爲下得三字下若可託天下六字石刻今佚

視之不見名曰夷聽之不聞名曰希搏之不得名曰微此三者不可致詰故混而爲一其上不皦其下不昧繩繩不可名復歸於無物是謂無狀之狀無物之象是謂忽恍迎之不見其首隨之不見其後執古之道以御今之有能知古始是謂道紀

右第十四章原存八十四字補佚八字得九十二字

搏之不得　搏摶二字唐以前多通寫作搏不甚分别此亦然故今本或作摶音團

今從釋文音摶作摶第五十五章攫鳥不
摶同
其上不皦其下不昧八字石刻今佚
藏本忽恍作惚恍迎隨下各有之字
故混而為一故下有復字

古之善為士者微妙玄通深不可識夫唯不
可識故強為之容豫若冬涉川猶若畏四鄰
儼若客渙若冰將釋敦若樸曠若谷渾若濁
孰能濁以靜之徐清孰能安以久動之徐生
保此道者不欲盈夫唯不盈故能弊不新成

右第十五章原存六十七字補佚十八字
得八十五字
古之善為士者微妙玄九字石刻今佚能
濁以靜之徐清孰能九字石刻今佚按
今通行各本皆如此傳奕古本篇作孰能
濁以澄靖之而徐清孰能安以久動之而
徐生景龍本作孰能濁以靜之徐清安以
動之徐徐生下句無孰能二字並無久字廣
明本作孰能濁以靜之以徐清孰能安
以久動之以口口~~以古本李本楊慈湖本作孰~~
~~能濁以靜澄之而徐清孰能安以久動之~~
~~而徐生~~今石刻下句存安以久動之徐生
七字與今通行各本合故上句亦依今通
行各本校補
弊不新成　弊乃敝之俗今本多作蔽與
釋文同傅奕古本范無隱本皆作敝是其

正也

藏本敦若作敦兮其

若曠若渾若句並有兮其二字

致虛極守靜篤萬物並作吾以觀其復夫物

云云各復歸其根歸根曰靜靜曰復命復命

曰常知常曰明不知常妄作凶知常容容乃

公公乃王王乃天天乃道道乃久殁身不殆

右第十六章原存五十七字補佚十一字

得六十八字

夫物云云各復歸其根九字石刻今佚

云他本作芸范無隱本作魷景龍本作云

石刻注亦作云下句景龍本無復字石刻注有復字今並據注補

殁身不殆石刻今佚不殆二字

于君藏本云云作芸芸

太上下知有之其次親之譽之其次畏之侮之信不足有不信猶其貴言功成事遂百姓謂我自然

右第十七章原存三十二字補佚六字得三十八字

太上下知有之六字石刻今佚

其次畏之侮之今本多作兩句侮之上有其次二字景龍本同此作一句於義爲長

大道廢有仁義智惠出有大偽六親不和有孝慈國家昏亂有忠臣

右第十八章原存二十字補佚六字得二十六字

智惠出有大偽六字石刻今佚景龍廣明景福三本皆如此他本作知慧或作慧智惠慧古通假字藏本智惠作智慧

絕聖棄知民利百倍絕仁棄義民復孝慈絕巧棄利盜賊無有此三者以為文不足故令有所屬見素抱樸少私寡欲

右第十九章原存三十九字補佚六字得四十五字

足故今有所屬云字石剝今佚

絶學無憂唯之與阿相去幾何善之與惡相去何若人之所畏不可不畏荒其未央衆人熙熙如享太牢如春登臺我獨怕其未兆如嬰兒之未孩乘乘無所歸衆人皆有餘我獨若遺我愚人之心純純俗人昭昭我獨若昏俗人察察我獨悶悶忽若晦寂兮似無所止

衆人皆有以我獨頑似鄙我獨異於人而貴求食於母

右第二十章原存一百十一字補佚十二字得一百二十三字

我獨怕其未兆如七字石刻今佚　怕釋文作廓今本作泊景龍本作魄景福英倫二本同作怕石刻注亦作我獨怕然安靜云云故從作怕又他本怕下多有兮字上文荒其未央下文乘乘無所歸等句並同有兮字今石刻上下句既皆無兮字知此句亦當無兮字

我獨頑似鄙五字石刻今佚

求食於母　原注云先無求於兩字今所加也~~非河上注食用也母道也義不可通~~

荒下有兮字，未央下有哉字，春登臺作登春臺，怕下有兮字，乘乘下有兮若二字，有餘下有而字，愚人之心下有也哉二字，純純下有兮字

孔德之容，唯道是從。道之爲物，唯恍唯惚。惚兮恍兮，其中有象；恍兮惚兮，其中有物。窈兮冥兮，其中有精；其精甚真，其中有信。自古及今，其名

不去以閱衆甫吾何以知衆甫之然哉以此

右第二十一章原存五十四字補佚十四字得六十八字

其中有物至其精甚真句甚字石刻今佚共十四字英倫本無兮冥三字句與所補同他本句下或多一兮字

藏本忽皆作惚兮

曲則全枉則直窪則盈弊則新少則得多則惑是以聖人抱一為天下式不自見故明不自是故彰不自伐故有功不自矜故長夫唯不爭故天下莫能與之爭古之所謂曲則全

者豈虛言哉誠全而歸之

右第二十二章原存六十一字補佚十七字得七十八字

弊則新　弊乃敝之俗他本此多作敝釋文此亦作敝與第十五章敝不新成同

多則惑至不自見故明故字石刻今佚共十七字多則惑是以聖人抱八字尚可辨

希言自然飄風不終朝驟雨不終日孰為此天地天地尚不能久而況於人乎故從事於道者道者同於道德者同於德失者同於失同於道者道亦得之同於德者德亦得之同

於失者失亦得之信不足有不信

右第二十三章原存六十七字補佚十四
字得八十一字
不終朝驟雨不終日八字石刻今佚
信不足有不信六字石刻今佚此句與
第十七章同他本皆多二焉字景龍英倫
與圖書館三本亦無二焉字
本孰爲此下有者字

跂者不立跨者不行自見者不明自是不彰
自伐無功自矜不長其於道也曰餘食贅行
物或惡之故有道者不處

右第二十四章四十四字

藏本自是自伐自矜下各有者字

有物混成先天地生寂兮寥兮獨立而不改
周行而不殆可以爲天下母吾不知其名字
之曰道強爲之名曰大大曰逝逝曰遠遠曰
返故道大天大地大王亦大域中有四大而
王居其一焉人法地地法天天法道道法自
然

右第二十五章原存七十四字補佚十二
字得八十六字

寂兮寥兮獨立六字石刻今佚　寂寥釋文作宗寞景龍本圖書館本作寂漢石刻注云有物之體寂寥虛靜知正文亦作寂寥今河上本同

而王居其一焉六字石刻今佚而字尚可辨

重爲輕根靜爲躁君是以君子終日行不離輜重雖有榮觀燕處超然奈何萬乘之主而以身輕天下輕則失臣躁則失君

右第二十六章四十七字

藏本輜作輺

善行無轍迹善言無瑕讁善計不用籌筭善

閉無關楗而不可開善結無繩約而不可解是以聖人常善救人故無棄人常善救物故無棄物是謂襲明故善人不善人之師不善人善人之資不貴其師不愛其資雖知大迷是謂要妙

右第二十七章原存八十五字補佚四字得八十九字

善計不用籌筭　籌筭英倫本圖書館本同此他本皆作籌策按作籌策爲是

無棄人常四字石刻今佚

丹卷殘本善計善閉善結下各有者字故

知其雄守其雌為天下谿為天下谿常德不離復歸於嬰兒知其白守其黑為天下式為天下式常德不忒復歸於無極知其榮守其辱為天下谷為天下谷常德乃足復歸於樸樸散則為器聖人用之則為官長故大制不割

右第二十八章原存八十三字補佚三字得八十六字

谿常德三字石刻今佚藏本爲天下谿第二句谿字誤作俗

將欲取天下而爲之吾見其不得已天下神器不可爲也爲者敗之執者失之故物或行或隨或呴或吹或強或羸或載或隳是以聖人去甚去奢去泰

右第二十九章五十八字

藏本呴作煦

以道佐人主者不以兵強天下其事好還師之所處荊棘生焉大軍之後必有凶年故善

者果而已不敢以取強果而勿矜果而勿伐

果而勿憍果而不得已是果而勿強物壯則

老是謂不道不道早已

右第三十章原存七十四字補佚一字校

補二字今得七十七字

其事好還　原誤脫好還二字今補

是果而勿強　景龍敦煌二本皆同此今

他本皆無上是字惟范無隱本作是謂比

此更多一謂字於義最長

不道早已石刻今佚道字

藏本其事好還與校補同憍作驕

夫佳兵者不祥之器物或惡之故有道者不

處君子居則貴左用兵則貴右兵者不祥之器非君子之器不得已而用之恬淡為上勝而不美而美之者是樂殺人夫樂殺人者不可得志於天下吉事尚左凶事尚右偏將軍處左上將軍處右言以喪禮處之殺人衆多以悲哀泣之戰勝以喪禮處之

右第三十一章一百十四字

藏本戰勝下有則字

道常無名樸雖小天下不敢臣侯王若能守

萬物將自賓天地相合以降甘露人莫之令
而自均始制有名名亦既有夫亦將知止知
止所以不殆譬道在天下猶川谷之與江海

右第三十二章六十八字
人莫之令而自均　人令本作民景龍本
范無隱本皆同此作人
藏本譬道在天下道下有之字

知人者智自知者明勝人者有力自勝者強
知足者富強行者有志不失其所者久死而
不亡者壽

右第三十三章三十八字

大道汎兮其可左右萬物恃之以生而不辭功成不名有愛養萬物而不爲主常無欲可名於小萬物歸之不爲主可名於大是以聖人終不爲大故能成其大

右第三十四章原存五十八字補佚二字增訂一字今得六十一字

大道汎兮原無兮字景龍敦煌二本亦無兮字然石刻注云大道汎兮無繫而能應物則此正文亦當有兮字今從他本增訂

成其大 石刻令佚其大二字

舊藏本大道汎下有兮字與增訂同

執大象天下往往而不害安平泰樂與餌過

客止道之出口淡乎其無味視之不足見聽

之不足聞用之不可既

右第三十五章原四十二字校補一字今

得四十三字

用之不可既 原誤脫既字今補

舊藏本道之出中視之不見道視十字

王本出字作是補微所據用之不可既與校

補同

將欲歙之必固張之將欲弱之必固強之將

欲廢之必固興之將欲奪之必固與之是謂微明柔弱勝剛強魚不可脫於淵國之利器不可以示人

右第三十六章原存四十四字補佚十二字得五十六字

歙之必固張之將欲弱之必固石刻今佚十二字將欲弱三字尚可辨歙景福敦煌同河上本作噏景龍同韓非子作翕釋文作偏注五簡文作歙今石刻注作歙知正文亦然

道常無為而無不為侯王若能守萬物將自

化化而欲作吾將鎮之以無名之樸無名之
樸亦將不欲不欲以静天下將自正
右第三十七章四十八字

老子德經卷下

上德不德是以有德下德不失德是以無德
上德無爲而無以爲下德爲之而有以爲上
仁爲之而無以爲上義爲之而有以爲上禮
爲之而莫之應則攘臂而仍之故失道而後

德失德而後仁失仁而後義失義而後禮夫禮者忠信之薄而亂之首前識者道之華而愚之始是以大丈夫處其厚不處其薄居其實不居其華故去彼取此

右第三十八章校正二字如原本作一百二十九字

忠信之薄　薄原从竹作簿下不處其薄白同右刻附勅玄宗勅文中薄字亦从竹作薄或當時通習如此今正作薄

藏本薄字不从竹與校正同

昔之得一者天得一以清地得一以寧神得

一以靈谷得一以盈萬物得一以生侯王得一以爲天下貞其致之天無以清將恐裂地無以寧將恐發神無以靈將恐歇谷無以盈將恐竭萬物無以生將恐滅侯王無以貴高將恐蹷故貴以賤爲本高以下爲基是以侯王自謂孤寡不穀此其以賤爲本邪非乎故致數輿無輿不欲琭琭如玉落落如石

右第三十九章原一百三十三字校改一字校補一字今得一百三十四字

高以下爲基 原誤脱爲字今補
致數輿無輿 上輿字原作與景龍景福
二本同作數車 無車敦煌本作數輿無輿
今本亦多作兩輿字河上本作兩車字輿
字古書或通作與此上字作與當是偶誤從
古通假字非有他義石刻注仍用兩輿字
可證故儒跋據釋文及傳奕范無隱本皆
作數譽無譽 盖輿字古亦作譽形近而譌
諸作車者則以輿字本義亦爲車古車輿
二字常互相通用故從作車然此輿字當
如輿人輿謀之輿訓爲衆不當訓車之本
義則作車亦非
青老城藏本爲天下貞 貞作正敦本亦作
貞其著貞即正也以下爲基不脱爲字與
校補同數輿無輿兩輿字與校跋同

反者道之動弱者道之用天下之物生於有
有生於無
右第四十章二十一字
上士聞道勤而行之中士聞道若存若亡下
士聞道大笑之不笑不足以爲道建言有之
明道若昧進道若退夷道若纇上德若谷大
白若辱廣德若不足建德若偷質真若渝大
方無隅大器晚成大音希聲大象無形道隱

無名夫唯道善貸且成

右第四十一章原九十三字校補一字今
得九十四字
勤而行之 原誤脫之字今補
藏本勤而行之與校補同

道生一一生二二生三三生萬物萬物負陰
而抱陽沖氣以爲和人之所惡唯孤寡不穀
而公王以爲稱故物或損之而益益之而損
人之所教亦我義教之強梁者不得其死吾
將以爲教父

右第四十二章七十三字
藏本公王作王公
學
天下之至柔馳騁天下之至堅無有入無閒
吾是以知無爲之有益不言之教無爲之益
天下希及之
右第四十三章原四十字校刪一字今得
三十九字
知無爲之有益　句下原誤重衍一益字
今刪
藏本知無爲之有益下無重衍益字
與校刪同

名與身孰親身與貨孰多得與亡孰病是故甚愛必大費多藏必厚亡知足不辱知止不殆可以長久

右第四十四章三十九字

大成若缺其用不弊大盈若沖其用不窮大直若屈大巧若拙大辯若訥躁勝寒静勝熱清静爲天下正

右第四十五章四十字

其用不弊　弊他本多同釋文作獘皆𢿅

之俗傳爽古本作微爲是

~~井春蹟~~藏本清靜作清淨樂作弊

天下有道却走馬以糞天下無道戎馬生於

郊罪莫大於可欲禍莫大於不知足咎莫大

於欲得故知足之足常足矣

右第四十六章四十五字

不出户知天下不窺牖見天道其出彌遠其

知彌少是以聖人不行而知不見而名不爲

而成

右第四十七章三十六字

爲學日益爲道日損損之又損之以至於無爲

無爲而無不爲取天下常以無事及其有事

不足以取天下

右第四十八章四十一字

聖人無常心以百姓心爲心善者吾善之不

善者吾亦善之德善信者吾信之不信者吾

亦信之德信聖人在天下惵惵爲天下渾其

心百姓皆注其耳目聖人皆孩之
右第四十九章原存五十七字補佚六字
校補一字今得六十四字
吾亦善之石刻今佚亦字
信者吾信之原誤脱上信字今補
吾亦信之德五字石刻今佚
識據本心百姓心為心此頁補綴詳脱
下心字德善德信下各有矣字信者吾信
之與校補同
出生入死生之徒十有三死之徒十有三人
之生動之死地十有三夫何故以其生生之
厚蓋聞善攝生者陸行不遇兕虎入軍不被

甲兵兕無所投其角虎無所措其爪兵無所容其刃夫何故以其無死地

右第五十章原存六十二字補佚十七字得七十九字

生之徒聖人之生句之字石刻今佚共十四字末之字尚可辨

夫何故以其生生之厚石刻今佚夫字

蓋聞善攝生者石刻今佚蓋聞二字

道生之德畜之物形之勢成之是以聖人莫不尊道而貴德道之尊德之貴夫莫之爵而常自然故道生之畜之長之育之成之熟之

養之覆之生而不有爲而不恃長而不宰是謂玄德

右第五十一章原存五十五字補佚十六字得七十一字

道生之至勢成之石刻今佚十二字末之字尚可辨

聖人莫不尊道而貴德　聖人他本皆作萬物石刻注亦云萬物由道德以生畜故尊貴之此作聖人恐誤

道之尊石刻今佚道之二字

莫之爵而常自然石刻今佚自然二字

~~于碧蹟~~藏本聖人作萬物~~故道生之畜之作~~

~~故道生之德畜之~~

天下有始以爲天下母既得其母以知其子既知其子復守其母歿身不殆塞其兑閉其門終身不勤開其兑濟其事終身不救見小曰明守柔曰强用其光復歸其明無遺身殃是謂襲常

右第五十二章原存五十字補佚二十二字得七十二字既得其母至歿身不殆句身字石刻今佚共十八字歿他本作没致虚極章歿身不殆句原亦作歿知此當同終身不勤石刻今佚終身二字

開其兑石刻今佚開字
是謂襲常石刻今佚常字

使我介然有知行於大道唯施是畏大道甚夷民甚好徑朝甚除田甚蕪倉甚虛服文彩帶利劍厭飲食財貨有餘是謂盜夸非道也哉

右第五十三章原存三十一字補使二十一字設計一字得五十二字

使我介然至唯施是畏右十四字石刻今佚

民甚好徑　民甚好徑原作民其好徑今本多作而民好徑敦煌本一作其民好徑

按范無隱本作民甚好徑與上甚夷句下甚除甚蕪句同為一貫疑古本作甚此作其為初之形譌敦煌作其民為此之誤倒今之而民又為甚民之改作也今從范本改其作甚徑河上本同（字也本皆作徑獨）王（此作徑）篇徑急也此後起字古以徑通假作徑疑此句本當訓為徑急上句甚夷范無隱本作甚徯本說文徯行平易也廣雅徯徯行也是上句本當訓為行之徯非謂道之夷下句亦訓為行之徑非謂路之徑也本通用徑字遂相沿解作好行小路恐非本義

田甚蕪倉甚虛服七字石刻今佚

~~十華鱗~~藏本民甚好徑甚字與改訂同徑因作經彩作采夸作誇

善建者不拔善抱者不脫子孫祭祀不輟修

之身其德乃真修之家其德乃有餘修之鄉其德乃長修之國其德乃豐修之天下其德乃普故以身觀身以家觀家以鄉觀鄉以國觀國以天下觀天下吾何以知天下之然以此

石第五十四章原存七十四字補佚十二字校改一字得八十六字

修之身石刻今依修之二字

其德乃有餘 乃原作能敦煌本五句乃字皆作能能乃古通假字今上下句既皆從今字作乃此句不當獨作能故從他本

設訂又今本餘字上皆無有字景龍景福二本有此有字而無上乃字作其德有餘韓非子亦(然)惟敦煌本作能有餘即乃有餘也

德乃長至德乃豐十字石刻今佚　修之國韓非子作修之邦焦竑曰國字於韻不叶當作邦此漢人避高帝諱改其說甚是今此下文以國觀國不作邦知此句亦不作邦諸唐本亦無作邦者蓋邦之作國由來久矣

天下之然下有哉字

含德之厚比於赤子毒蟲不螫猛獸不據攫

鳥不搏骨弱筋柔而握固未知牝牡之合而朘作精之至終日號而不嗄和之至知和曰常知常曰明益生曰祥心使氣曰強物壯則老是謂不道不道早已

右第五十五章原存五十四字補佚二十三字得七十七字

合德之厚比於赤子　八字石刻今佚

握固　固字至終日號句日字石刻今佚共十五字　朘釋文作全敦煌景福二本皆同河上本作朘今從之

知者不言言者不知塞其兌閉其門挫其銳

解其忿和其光同其塵是謂玄同故不可得

而親不可得而踈不可得而利不可得而害

不可得而貴不可得而賤故爲天下貴

右第五十六章原存五十八字補佚四八

字得六十六字

解其忿忿字石刻今泐損景龍景福二

本作忿依第四章同句推之此必亦作忿

說見前

其塵是謂玄同六字石刻今佚

不可得而利石刻今佚不字

本作解其紛

以政治國以奇用兵以無事取天下吾何以

知其然以此天下多忌諱而民彌貧民多利器國家滋昏人多技巧奇物滋起法令滋彰盜賊多有故聖人云我無爲而民自化我無事而民自富我好靜而民自正我無欲而民自樸

右第五十七章原存七十九字補佚八字校改一字得八十七字

以政治國以奇用兵　奇原誤作其今從他本校改

民多利器國家滋昏八字石刻今佚

我無事我好靜二句　他本皆我好靜句

在上我無事句在下不刻倒置

以奇用兵奇字不誤何

以知其然作何以知天下其然哉民多利

器民作人技巧作伎巧

其政悶悶其民淳淳其政察察其民缺缺禍

兮福所倚福兮禍所伏孰知其極其無正邪

正復為奇善復為祅民之迷其日固久是以

聖人方而不劌廉而不穢直而不肆光而不

耀

右第五十八章原存五十七字補佚十二

字得六十九字

福倚至孰知其極石刻今佚十二字禍
所[illegible]所伏孰四字尚可辨
善復為祅祅即祅之別構河上本作訞
敦煌本景福本並同河上作訞王本作妖
三字義同从示者本於說文爲字之正
廉而不穢穢他本皆作劌此從韓非作
穢按廉字本訓邊稜引伸爲清儉此句廉
字當從本訓下作劌爲是
~~十[illegible]藏本祅作祆同[illegible]作同[illegible]作[illegible]~~穢字
~~[illegible][illegible]穢[illegible]此[illegible][illegible]爲劌字劌皆[illegible]也~~穢作劌
治人事天莫如嗇夫唯嗇是謂早服早服謂
之重積德重積德則無不克無不克則莫知
其極莫知其極可以有國有國之母可以長

久是謂深根固蔕長生久視之道

右第五十九章原存五十八字補佚六字

校改一字得六十四字

治人事天　治人二字石刻今泐損不全

明而人字泐霧隱見以字之左半疑本是

誤字曾改補者今從他本補

無不克則四字石刻今佚

深根固蔕　固原誤作故今從他本改蔕

釋文作柢注云亦作蔕韓非子同釋文作

柢釋云木之所以建生也景福本敦煌本

並作蔕按作柢為是

藏本莫如嗇如作若　深根固蔕固字

與校改同

治大國若亨小鮮以道莅天下其鬼不神非

其鬼不神其神不傷民非其神不傷民聖人亦不傷民夫兩不相傷故德交歸焉

右第六十章四十八字

若享小鮮　享今他本皆作烹景龍本敦煌唐寫本皆作享與釋文注合敦煌六朝寫本則作亨與石刻同按古以亨通假作享作烹易以用亨于天子大亨以養聖賢皆是

漢隸亨享二字不別如張公神碑之元亨利貞華山廟碑之輒過亨祭與今正書享亨字適者相反蓋互通也六朝寫本作享疑承漢隸互通之例石刻或亦轉相沿襲而書作享若解作饗義謂當小鮮不可數撓致魚爛固亦可通然詩匪風毛傳也有亨魚煩則碎治民煩則散之文證當訓烹非云饗也

不傷民三句　今他本三句皆作不傷人按韓非子云上不行刑之謂上不傷人故曰聖人亦不傷民上不與民相害而人不與鬼相傷故曰兩不相傷是前二句當作不傷人後一句當作不傷民范無隱本同此石刻三句皆作民

藏本亨字作烹

大國者下流天下之交天下之交牝常以靜勝牡以靜爲下故大國以下小國則取小國

小國以下大國則聚大國故或下以取或下
而聚大國不過欲兼畜人小國不過欲入事人
兩者各得其所欲故大者宜為下
右第六十一章八十二字
天下之交牝常以靜勝牡　天下之交聲
上句今他本此句皆作天下之牝畢十日
聲十牝字果澂或由牝牝字其十庭衍鼈
深深者乎本善作未下也牝常以靜勝牡
牝以靜為上以十牝字稱十一字今謹以為
則作及下也表而書上白成本知今今作
牝為謙涉下句而譌而非衍文亦不煩移
書敦煌一本上下兩句同作天下之郊疑
即交之譌範無隱本上文作大國者天下

之下流天下之所交也此句則作天下之
牝按說文牝牛完全也周禮庖人注始養
之曰畜將用之曰牲故涉祭享始言牲不
為凡畜之汎稱范本牲字即牝之譌無疑
則聚大國或下而聚　兩聚字他本皆作
取敦煌一本作聚與石刻同按聚猶言附
保即下章不善人所保之義視他本作取
者義長
本國天下之交國下亞多一牝字
又兩聚字皆同他

道者萬物之奧善人之寶不善人之所保美
言可以市尊行可以加人人之不善何棄之

有故立天子置三公雖有拱璧以先駟馬不如坐進此道古之所以貴此道者何不曰求以得有罪以免邪故為天下貴

右第六十二章原存七十四字補佚六字得八十字

不善人之所保石刻今佚所保二字

坐進此道四字石刻今佚

為無為事無事味無味大小多少報怨以德圖難於其易為大於其細天下難事必作於易天下大事必作於細是以聖人終不為大

故能成其大夫輕諾必寡信多易必多難是

以聖人由難之故終無難

右第六十三章原存六十四字補佚十四字得七十八字

爲事無石刻今佚三字事字尚可辨

味大小多少報怨石刻今佚七字怨字尚可辨

於細是以四字石刻今佚

聖人由難之 由他本皆作猶古通假字

[illegible]本由作猶

其安易持其未兆易謀其脆易破其微易散

爲之於未有治之於未亂合抱之木生於毫

末九層之臺起於累土千里之行始於足下
爲者敗之執者失之是以聖人無爲故無敗
無執故無失民之從事常於幾成而敗之慎
終如始則無敗事是以聖人欲不欲不貴難
得之貨學不學復衆民之所過以輔萬物之
自然而不敢爲

右第六十四章原缺一百又三字補佚二
十二字闕得一百二十五字
持其未兆易五字石刻今佚
於毫末九層之六字石刻今佚

於幾成而敗石刻今佚五字於字尚可辨「衆民之所過　此民字他本皆作人韓非子亦作人此作民恐誤自然而不敢為六字石刻今佚

古之善為道者非以明民將以愚之民之難治以其智多故以智治國國之賊不以智治國國之福知此兩者亦楷式常知楷式是謂玄德玄德深矣遠矣與物反矣然後乃至大順

右第六十五章原存六十二字補佚七字得六十九字

國之賊石刻今佚賊字

矣遠矣與物反以字石刻今佚

藏夲故以智治國毋故賓上有是字

江海所以能爲百谷王者以其善下之故能爲百谷王是以聖人欲上人以其言下之欲先人以其身後之是以處上而人不重處前而人不害是以天下樂推而不猒以其不争故天下莫能與之争

右第六十六章原存六十九字補佚七字
校改一字得七十六字
欲先人以其五字石刻今佚
莫能與之爭石刻今佚之爭二字　莫原
誤作與今從他本改
此章四人字今皆作民敦煌六朝寫本亦
作人知非唐避諱所改景龍本敦煌唐寫
本並作人藏本莫能與之爭莫字不誤

天下皆謂我大似不肖夫唯大故似不肖若
肖久矣其細也夫我有三寶保而持之一曰
慈二曰儉三曰不敢為天下先夫慈故能勇

儉故能廣不敢爲天下先故能成器長今捨其慈且勇捨其儉且廣捨其後且先死矣夫慈以戰則勝以守則固天將救之以慈衛之

右第六十七章原存八十七字補佚十五字乙正二字得一百又二字

保而持之　韓非子河上本景龍敦煌傳奕范無隱諸本並作持而寶之今王本作持而保之敦煌又一本作寶而持之當從韓非諸本作持而寶之爲是

一曰慈二曰儉三曰不九字石刻今佚

勇捨其儉且廣六字石刻今佚

後且先原誤倒作後先且今從他本乙正

藏本「我大」作「我道大」，「後且先」與「亡」正同

善爲士者不武善戰者不怒善勝敵者不爭善用人者爲之下是謂不爭之德是謂用人之力是謂配天古之極

右第六十八章原存三十四字補佚九字得四十三字

善爲士者不武善七字石刻今佚 景龍本敦煌本句首均有古之二字此泐處尚餘善字首二畫知上無古之二字與今本同

古之極石刻佚之極二字

用兵有言吾不敢爲主而爲客不敢進寸而退尺是謂行無行攘無臂仍無敵執無兵禍莫大於輕敵輕敵幾喪吾寶故抗兵相加哀者勝矣

右第六十九章原存四十八字補佚六字得五十四字

仍無敵執無兵六字石刻今佚

藏本輕敵幾喪吾寶敵下有者字

吾言甚易知甚易行天下莫能知莫能行言有宗事有君夫唯無知是以不我知知我者

希則我者貴是以聖人被褐懷玉

右第七十章原四十三字校補四字今得四十七字

知我者希則我者貴二句原誤作知我者貴一句注云了知我忘知之意者希少法則我不言之教者是貴知當同他本作知我者希則我者貴原脫去四字今補藏本知我者希則我者貴與校補同

知不知上不知知病夫唯病是以不病聖人不病以其病病是以不病

右第七十一章原存二十一字補佚六字得二十七字

知不知上不知云字石刻今佚夫唯病是以不病　夫唯病令他本皆作夫唯病病重疊一病字敦煌一本同此不重病字但無下句四字作夫唯病聖人不病景龍本及敦煌又一本并無夫唯病三字及下句不（石刻作）病二字作（當爲）不知知病是以聖人不病按夫唯病者承上句不知知病之病字而中言之以起下句是以不病此不病謂不以爲病也下文以其病是（病）以不病此不病謂不至於病也上下兩不以爲病句同而義別景龍諸本各從省併多失本義甚作重疊一病字者[illegible]（則）與上句不相涉~~本無下文當閒亦義無所取疑爲誤衍此事本書應釋本知而不自以爲知者上也本知而强自以爲知者病也本唯有不知而强自以爲知之病是以亦不自以爲病~~

當解夫唯病病是以不病二句爲借疾之病作喻之義下文乃無重出之嫌石刻之作夫唯病義有可取

聖人之所以不患有此病者以其以此為
病病是以不至有此病惟下病字之誤實
而用自不煩有所增減矣今剪去文於書
寶書
有轉增減本作夫唯病病同他本重一病字

人不畏威則大威至無狹其所居無厭其所
生夫唯不厭是以不厭是以聖人自知不自
見自愛不自貴故去彼取此

右第七十二章原存四十二字補佚三字
得四十五字

人不畏威　此人字當依他本作民
故去彼取此　右刻今佚故取此三字取字

尚可辨

勇於敢則殺勇於不敢則活知此兩者或利
或害天之所惡孰知其故是以聖人猶難之
天之道不爭而善勝不言而善應不召而自
來繟然而善謀天網恢恢踈而不失

右第七十三章原存六十字補佚五字得
六十五字
勇於敢則殺石刻今佚五字殺字尚可辨

民常不畏死奈何以死懼之若使人常畏死

而爲奇者吾得執而殺之孰敢常有司殺者殺夫代司殺者是謂代大匠斲代大匠斲希有不傷其手矣

右第七十四章原存四十九字補佚七字校補一字今得五十七字

民常不畏死今得奈何七字石刻今佚民常不畏死令他本皆無常字傅奕范無隱二本有常字石刻注此句下有習以爲常之文知當有常字

使人常畏死此人字當依他本作民景龍敦煌作使常畏死并無人民字夫代司殺者他本下有殺字作代司殺者殺景龍景福敦煌諸本皆無此殺字罪此

百夫代大匠斵句義推之此當有下殺字

稿宜

是謂代大匠斵原誤脫大字今補

毋甚躐藏庫民常不畏死當字與所補同本作民夫代司殺

者下有殺字代大匠斵大字不脫下句代

大匠斵上有夫字

人之飢以其上食稅之多是以飢民之難治

以其上之有為是以難治人之輕死以其求

生之厚是以輕死夫唯無以生為者是賢於

貴生

右第七十五章原存四十一字補佚十二

字得五十三字

民之難治以其上之有爲是以十二字石刻今佚　上人之飢下人之輕死二人字皆當從他本作民　藏本諸人字皆作民

人之生也柔弱其死也堅強萬物草木之生也柔脆其死也枯槁故堅強者死之徒柔弱者生之徒是以兵強則不勝木強則共強大處下柔弱處上

右第七十六章原五十六字校補一字今得五十七字

萬物草木之生也　原誤脫之字今從他本補景龍敦煌作生之羅氏考異誤引御

注亦作生之

藏本人之生作民之生草木之生亦無之字

天之道其猶張弓乎高者抑之下者舉之有餘者損之不足者與之天之道損有餘補不足之人之道則不然損不足以奉有餘孰能以有餘奉天下唯有道者是以聖人爲而不恃功成不處其不欲見賢

右第七十七章原七十六字校補一字今得七十七字

孰能以有餘奉天下　敦煌六朝寫本與廣明本作以有餘以奉天下　景福本同此

作以有餘奉天下今河上本王本又作有餘以奉天下下悝范無隱本作損有餘以奉天下古本當如是蓋寂初讀損字爲以字其後又誤疑兩以字爲有衍文從而刪減或去上以字或去下以字遂至成異文耳

爲而不恃原誤脱而字今補藏本爲而不恃與校補同

天下柔弱莫過於水而攻堅強者莫之能勝其無以易之故柔勝剛弱勝強天下莫不知莫能行是以聖人言受國之垢是謂社稷主受國不祥是謂天下王正言若反

右第七十八章六十四字

和大怨必有餘怨安可以爲善是以聖人執左契而不責於民故有德司契無德司徹天道無親常與善人

右第七十九章四十一字

不責於民 民他本皆作人此恐誤

藏本民作人

小國寡民使有什伯之器而不用使人重死而不遠徙雖有舟輿無所乘之雖有甲兵無

所陳之使民復結繩而用之甘其食美其服
安其居樂其俗鄰國相望雞犬之音相聞民
至老死不相往來

文第八十章七十五字
使人重死 人今本作民 敦煌六朝寫本
亦作人 知非唐避諱所改 景龍本同 此作
人

本使人重死 人作民 復結繩而用之下有美字

信言不美美言不信善者不辯辯者不善知
者不博博者不知聖人不積既以與人已愈

有既以與人己愈多天之道利而不害聖人之道爲而不争

右第八十一章五十七字

既以與人己愈有　此句與字他本多作爲景福本同此作與義長

右共寫定經文五千二百又四字

補石佚四百四十三字

改正九字增補十五字刪一字

附記石刻書本文八面起訖字句

第一面　起首訖第十二章五味令人口爽句
正當泖霧

第二面　起第十二章馳騁田獵句訖第二十章我獨頑似鄙句正當泖霧

第三面　起第二十章我獨異於人句訖第二十九章或載或隳句止或字

第四面　起第二十九章或載或隳句載字訖第三十九章其致之句

第五面　起第三十九章天無以清句訖第五十二章見小曰明句小字

第六面　起第五十二章見小曰明句曰字訖第六十三章爲大於其細句

第七面　起第六十三章天下難事句訖第七十五章以其求生之厚句

第八面　起第七十五章是以輕死句訖終

末尾題染寒心解昇仙疑皆是蘇靈芝寫

右猶李北海黄鶴仙之例爲一時風尚也

老子古本集證（上）

序

治老子者自韓非解老喻老二篇以來代有著作降及今世蓋已不下數百家具書或傳或不傳而老子本文不過五千餘言乃不聞有一定本爲學者所共宗守則以文少易傳傳之愈易譌者愈多至久而愈莫能辨也注家又競尚玄奧以自高務申己說各就所使爲取舍甚或竄易本文牽附私臆屢辭曲解

曼衍不可究詁老子之書乃爲俗傳濫注汩亂其真而本旨愈晦矣宋道士范應元作老子古本集注多採司馬温公蘇子由兩家之言間附己意則不離道士本宗其釋生死之徒十有三妄演爲五行生死圖以傅會十三之數文離已甚然所據古本校勘乃獨擅優勝長含通行誥無存勝義因傳也本或莫能以固未可以注陋而并忽之也其古本所從出今不可攷攷其徵引

别本異同上自韓非下逮陳碧虛輩三十餘家知出唐以前者盖三居其二可謂弘博矣而所據韓非河上公王弼傅奕諸家以校今所見述古堂本韓非子天祿琳琅及瞿氏藏本河上公章句通志堂經典釋文聚珍本王弼注道藏傅奕古本篇皆不盡合是則當時諸傳本又非今所習見爲尤可貴異也原書每於正文句下夾注古本二字或於一節注

前書云古本某本同或某本同古本不盡出所指字句間又以校詁羼入注解頗費尋索今悉釐而出之依其章目先通錄原本正文次總輯原本校詁並補出所指字句取便檢討而盡屏其注解遂朗然可誦傳奕校定道德經肇自唐初寔惟常治老子本文之先河去古未遠文獻足徵又篤守許氏字義取別謹嚴具有矩矱范本亦屢從徵引而文不盡同其所異者傳本又往

程合於許氏說文陸氏釋文則亦有所據者

今道藏傳刻雖非盡佳要皆與范本異者

訂正故取以詳校附後目云傳校羅君叔言

作老子攷異彙集今存唐石本六朝寫本唐

寫本都十有五蔚為古本大觀復略取其可

相引證發明者次錄為羅校又次為引異則

取范氏稱引四別本以校今傳別本之異文

其已見傳校者亦重錄以著其疑焉綜校諸

本長短得失辨其義所宜取文所當從而嚴
爲攷訂則以識一得之私見也編竟書其端
曰老子古本攷（集）證謂四（彙集）傅氏羅氏諸古本證
范氏之古本也復依今所攷訂别繕爲攷訂
老子本文一篇附末以俟異日更得善本進
而研求庶幾五千言大旨無待詮疏而豁然
自通爾庚辰五月桐鄉勞健識

[illegible][illegible][illegible]無隱老子古本[illegible][illegible]集證上

道可道章第一

道可道非常道名可名非常名无名天地之始有名万物之母故常无欲以觀其妙常有欲以觀其徼此兩者同出而異名同謂之玄玄之又玄衆妙之門

○故常无欲　古本并河上公王弼李若愚張君相常无上並有故字

傅校　傅本首題道經古本篇上次行低四字題唐太史令傅奕校定下篇題德

經古本篇下次行題名同每章正文之後低四字書章第字數此云右第一章五十九言｜范同

羅校 天地之始萬物之母 景龍開元敦煌皆無之字。故常無欲以觀其妙常有欲以觀其徼 景龍開元敦煌皆無故字以字 景福無故字有以字。徼敦煌作曒

攷訂 今所見六朝隋唐寫經無皆作无萬之作皆作万蓋取省便初非異文他如氣作炁棄之作弃並同此例至宋人刻書已無此習而范本今仍忘存其體疑所據古本或出於唐人之寫卷具所徵引有所謂西晉本者不著姓氏蓋亦古寫卷之一也道藏傳本今無萬氣棄諸字皆有從正體此異者今皆釋略不復錄校。唐人傳本諸語助字多從省略而互有異同如此章之始之母二之字故常故字以觀以字皆景龍開元敦煌三本所無景福本則有之字以字亦無故字諸如此類不勝枚舉後凡有可資訂證

數明者著之其無所折衷亦無關文義者略之又羅氏攷異徵引開元御注本簡稱（偶有闕誤今據石刻引用並改稱）御注本爲開元以与景龍景福北本類相從羅書彙集敦煌寫本十種而第以甲乙丙丁又附補遺則爲別校北京圖書館藏唐寫殘卷一種其書中徵引或但云敦煌或別以甲乙其癸本爲倫敦圖書館所藏故獨稱英倫十種之中惟庚本爲六朝所寫今凡羅稱敦煌英倫者仍之其別甲乙者庚本直稱六朝寫他本統稱唐寫補遺一種羅未徵引則稱圖書館本以別之附（羅書兼引釋文河上今皆於校訂不再見羅校附）著其例於此。此章故常无欲常有欲二句承上文无名有名而來不當分故字又二句或以常无常有爲讀然大道氾兮章有常无欲句證當從无欲爲讀則有下以字乃合文義上无名有名二句或並以无字有字爲讀亦因有二之字而涉兩疑皆非是今悉如范本

天下皆知章第二

天下皆知美之爲美斯惡已與天下皆知善之

爲善斯不善已故有无之相生難易之相成
長短之相形高下之相傾音聲之相和前後
之相隨是以聖人處无爲之事行不言之教
万物作焉而不爲始生而不有爲而不恃功
成而不處夫唯不處是以不去

。天下皆知善之爲善斯不善已古本。有

无之相生六句之字古本

无之相生本句之字

。万物作焉而不爲始古本

王獨楊。功成而不處夫唯不處傅奕云古本皆

字同

是處
字

傳校 天下皆知善句無天下二字。万物
作焉句無焉字。功成而不處無
而字。右第二章九十
三言｜范多四字

羅校 六句之字景福廣明有他本無。而
不爲始敦煌同但無上焉字景龍開
（。前後敦煌作先後。聖人處無爲之事 敦煌人下有治字）
元景福皆作作万物作而不辭。功成而不
處景龍作成功不居開元景福作功成不
居敦煌作成功不處下句
處字敦煌同他本皆作居

引異 范云万物作焉而不爲始王弼同
今聚珍本作万物作焉而不辭

攷訂 此章范本天下二字也所以廣皆字之義
皆可從非汎論爭天下也首二句兩

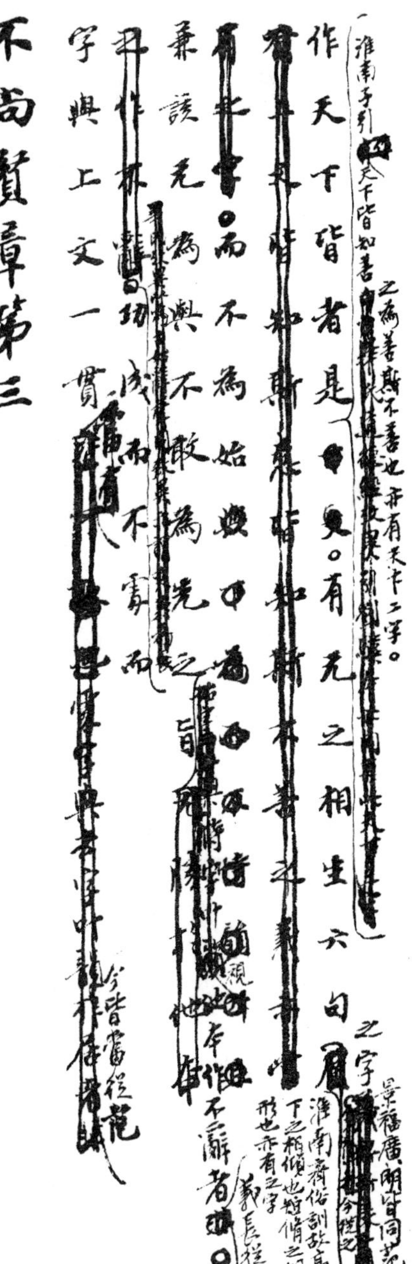

不尚賢章第三

不尚賢使民不爭不貴難得之貨使民不爲盜不見可欲使民心不亂是以聖人之治也虛其心實其腹弱其志強其骨常使民无知无欲使夫知者不敢爲也爲无爲則无不爲

羅校 不尚賢 景龍作不上賢 敦煌作不上寶 ○不為盜 景龍開元敦煌無為字 ○使民心不亂 諸本皆無民字 ○為無為則無不為矣 景龍敦煌作則無不治一句 他本作為無為則無不治

矣

○使民心不亂 音辯云古本皆有民字 ○无不為 傅奕孫登同古本 河上公作无不治 亦通 今存古本

強其骨 強作彊 按傅本強皆作彊 後倣此 不更舉 ○不敢為也 無也字 ○

傅校

右第三章 六十八言 一范多一字

敦訂 使民心不亂 [illegible]

淮南引亦無民字 此句乃總攝上文 為不見可欲能使心不亂 故不尚賢不貴貨 即欲使民不爭不為盜也 今從作使心不亂

[illegible] ○說文彊弓有力也 強蟲名 傅本彊字固以說文為正 然今經典既多以強通作彊 自不必固執說文 [illegible]作彊 ○不敢為也 ○有也字

今從經典作強 後仿此

今河上本王本皆

[illegible] 可從 ○為无為則无不為 [illegible]

第三十七章道常无爲而无不爲第三十八章

此章上德无爲而无不爲[illegible][illegible]此句義並同今從范

道沖章第四

道沖而用之又不盈淵兮似万物之宗挫其銳解其紛和其光同其塵湛兮似或存吾不知其誰之子象帝之先

傅校 道沖 沖作盅。不盈作不滿。其誰之子 無其字。右第四章四十二言

丨范多一字

羅校 又不盈 景龍作久不盈 敦煌作又不盈 羅以爲乃久之譌 他本皆作或不

盈。解其紛景龍開元敦煌作解其忿。
湛兮似或存景龍開元作湛常存景福作
湛似常存。其誰之子景福同有其
字景龍開元敦煌并無其之二字

攷訂

說文盅器虛也沖涌搖也今皆通作
沖亦訓虛傅奕多從說文故作盅道
第四十二章沖氣以為和范亦作盅並引說文
訓義而傅反作沖和沖氣之沖義如說
文沖涌搖動不作盅訓為虛故獨從沖又第四十五章大成若
章則范傅同作大滿若盅此字當傅
為正此章作盅第四十二章道生章作沖第四十五章成若缺
章又作盅也。盈之作滿當是漢人避惠
帝諱所為猶邦之作國非真古本不可從
仍當作盈第四十五章若缺章仿此。又不盈也
淮南引作又弗盈也則敦煌作又為正景龍作久

乃又之譌耳他本皆作或今證當從又（王弼注亦云又復不盈）。或存景龍開元景福三唐本皆作常存義長當取今

此章挫其銳四句應釋如兩句謂挫其銳（從作湛兮似常存。解其紛釋文紛注云河上作芬今河上亦作紛諸唐本作忿非也按）

以解其紛和其光以同其塵也用銳解紛

猶言用錐解結与用光照塵皆人事之常

今反言之所以明无為之旨若分釋作四

句殊失本義章同句紛字河上

注云紛結恨不休當念道无為以挫止之

誤釋作忿恨之忿唐本作忿忿緣此傳譌

若明四句應釋如兩句之義當無此失矣又按紛字今王本作分是古通假

字荀子儒效篇分分乎其有終始也淮南繆稱訓禍之生也分分皆以分為紛頗疑古本並

此章紛字皆止作分後人各從其解而加邊旁乃有紛芬忿之異今未得他古本取證仍從作紛可也

天地不仁章第五

天地不仁以萬物為芻狗聖人不仁以百姓為芻狗天地之間其猶橐籥乎虛而不屈動

而俞出多言數窮不如守中

○動而俞出 音辯云俞羊朱切傅奕引廣雅云益也漢史有民俞病困

傅校 屈作詘○右第五章四十五言 范同

羅校 屈景龍開元景福同○俞景龍同作俞他本皆作愈

孜訂 屈釋文作掘注云河上作屈屈竭也顧作掘云猶竭也說文屈訓無尾詘訓詰詘掘與搰轉注互訓今三字相通假皆有用作竭盡之訓者依說文惟屈字可引伸無尾為凡短之稱詘伸之義則專用詘不用屈說詳段注按此當從屈訓竭音掘為是傅之作詘或以為義當訓詘伸耳今不取○俞釋文作愈注羊主反又羊朱反此通假字相承已久無取泥古直從作愈讀羊朱反可也

谷神不死章第六

谷神不死是謂玄牝玄牝之門是謂天地根

綿綿若存用之不勤

傳校　天地根作天地之根。右第六章二

十六言丨范少一字

羅校　天地根景福有之字景龍開元玄牝

天地兩句皆無之字

攷訂　列子天瑞篇引此章稱黄帝書曰云

云天地根亦作天地之根今從傳本

有之字。焦竑引薛君采說云老子書遣

詞多變文以叶韻非取義於一字之間如

是謂玄牝則讀牝如匕以叶上句曰玄牝之門則特衍且詞與下句相叶或隨

語生解又指一處為玄牝之門則失之矣　按薛說深得讀老子之法附記於此

天長地久章第七

天長地久天地所以能長且久者以其不自生故能長生是以聖人後其身而身先外其身而身存非以其无私邪故能成其私

傅校 非以其无私非作不。右第七章四十九言｜范同

羅校 非以其无私非字 故能長生景龍作長久。開元景福廣明同

攷訂 非以其无私非字從范可也

上善若水章第八

上善若水水善利万物而不爭居衆人之所

惡故幾於道居善地心善淵與善仁言善信政善治事善能動善時夫唯不爭故无尤○居衆人之所惡故幾於道矣古本一一本道下有矣字

傅校幾於道故无尤兩句下皆有矣字○與善仁仁作人○又第八章五十二言丨范少二字

羅校○而不爭景龍開元作又不爭○與善仁景龍作與善人（以第四章又不盈句例證之，景龍開元作又不爭者是也，宜從作又不爭。故司馬溫公亦用之）

致訂○而不爭[illegible]

說文居字本作凥處作処皆訓得

凡而止是二字本可通用義無分別范本傅本他居字多作處並特著爲古本此章則他本皆作處而范傅作居范又著居字云古本如此下文居善地居字故從同然於義無取釋文作處注而中本作居今從作處○人相偶爲仁作與善人雖頗合此義不如直作仁之明白易曉從仁可也○傅本多二矣字無關文義不取

持而盈之章第九

持而盈之不如其已揣而鋭之不可長保金玉滿室莫之能守富貴而驕自遺其咎功成名遂身退天之道

○**金玉滿室** 室字嚴遵楊孚王弼同古本

傅校 揣作敪注音揣量也銳作梲注章活切解也○功成名遂作成名功遂○

右第九章四十一言｜范同

羅校 揣而銳之○功成名遂景龍開元景福五甲並同

（景龍開元景福並同）

引異 金玉滿室范云室字王弼同古本今聚珍本作金玉滿堂釋文亦作堂但注云本或作室

攷訂 揣銳傅作敪梲釋文揣字注云初委反又丁果反志瑞反顧云治也簡文章樏反梲字注云音銳梲字音蔥奪反又徒活

又河上作銳今詳釋文注語揣字既顧歡
与簡文皆同而訓治則出於顧梲字既云
音銳又重出梲字本音与河上作銳者乃
明是借梲為銳之義說文揣量也度高曰
揣一曰捶之廣韻敚試也集韻敚字訓全
同說文揣字傳云音揣蓋亦謂通作揣也
梲字說文訓大杖玉篇同棳為棳梲字他
又通作梲如荀子禮始乎梲史記作始乎
脫故傳云解也疑古本作揣梲或作敚梲（用說文揣之義謂揣為治又）
銳依字本義為訓不可通故王弼借梲為
銳而解云揣末令尖又銳之令利勢不能久
其義謂之義謂揣明揣梲（以揣為量借梲為脫故云量也解也）
集字敚本諸者之傳則耳然從古（然何謂量）
解故而將津者義以明之然傳訓為量揣而解之義殊
釋詞謂量而解其所難者皆直從作（難曉今用王義）
揣銳
（河上亦作揣銳或說於釋文必以作梲為古不知王弼固借梲作銳也）

◎○金玉滿室 室字義長 寶藏不當在堂

也 焦氏易林亦有金玉滿室之語 功成名遂 釋文止出功遂二字而注

云本又作功成名遂 今王本皆作功遂身退無

成名字 王注 翻引 功成 本有身退無

范本 淮南亦引作功成名遂身退天之道也今從范

本有也

載營魄章第十

載營魄抱一能无離乎專炁致柔能如嬰兒

乎滌除玄覽能无疵乎愛民治國能无以知

乎天門開闔能爲雌乎明白四達能无以爲

乎生之畜之生而不有爲而不恃長而不宰

是謂玄德

。愛民治國能无以知乎王弼孫登同古本。能為雌乎河上公幷蘇注皆作為雌一本或作无雌恐非經義。明白四達能无以人為乎古本

傳校十章七十二言丨范同魄作䰟。抱作裹。右第【按傅本抱皆作裹後彷此不再舉】

羅校景龍開元英倫同作專氣致柔能嬰兒丨愛民治國能無為天門開闔能為雌明白四達能無知又六句皆無乎字景福有乎字能如嬰兒句亦同無有如字明白四達句則同景龍諸本作作無知不作無為敦煌一本作愛民治國而無知致也

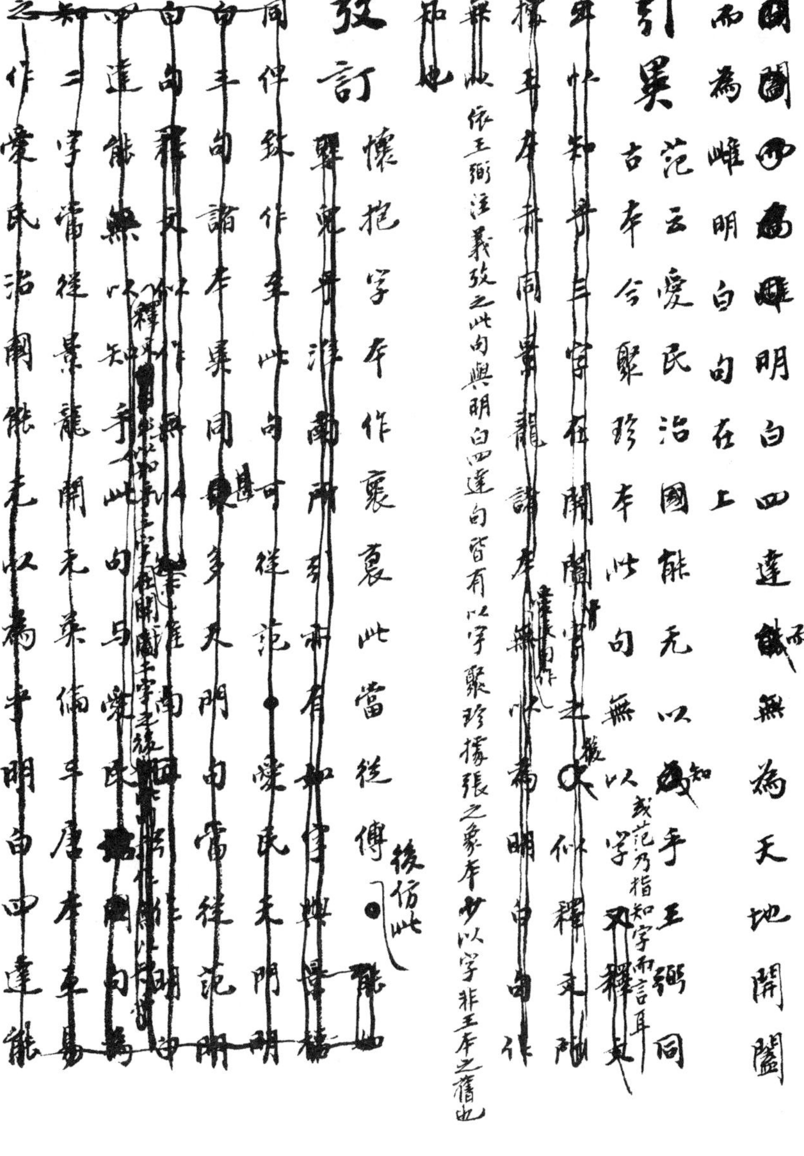

國闇而為雌明白四達能無為天地開闔

而為雌明白句在上

引異 范云愛民治國能无以知乎王弼同

古本今聚珍本此句無以字 又釋文

出知乎二字在開闔能之後 似釋文所

據本亦同景龍諸本無以為明白句作

無以 依王弼注義攷之此句與明白四達句皆有以字聚珍據張之象本少以字非王本之舊也

知也

攷訂 懷抱字本作褱 褱此當從傳 後仿此

同伊鈞作本此句可從范·愛民未門明

白手句諸本異同甚多天門句當從范明

白句釋文作無以知乎此句與

四達能無以知乎此句與愛民

知二字當從景龍開元英倫本

之作愛民治國能无以為乎明白四達能

○載營魄抱一能無離乎離字釋文河上皆讀力智反義如不可須臾離之離据此離字與下兒無爲韻當讀列池反如易傳離麗也否卦疇離祉詩小雅月離于畢之離猶言附著也營魄當如河上釋爲魂魄猶精神之義楚辭遠遊篇載營魄而登霞兮淮南精神訓此精神之所以能登假于道也蓋淮南襲用楚辭語而以營魄爲精神又云魂魄處其宅而精神守其根祭義鄭注耳目之聰明爲魄賈誼禮容語下篇心之精爽是謂魂魄皆可證魂魄字古義亦可同於精神載營魄抱一謂[illegible]斂精神內凝於一也能無離謂於外物無所附著也外無附內自凝淮南精神訓不與物散不與物糅物無能營不隨物而動通篇皆闡明此旨若云抱一不使離去則[illegible]執滯

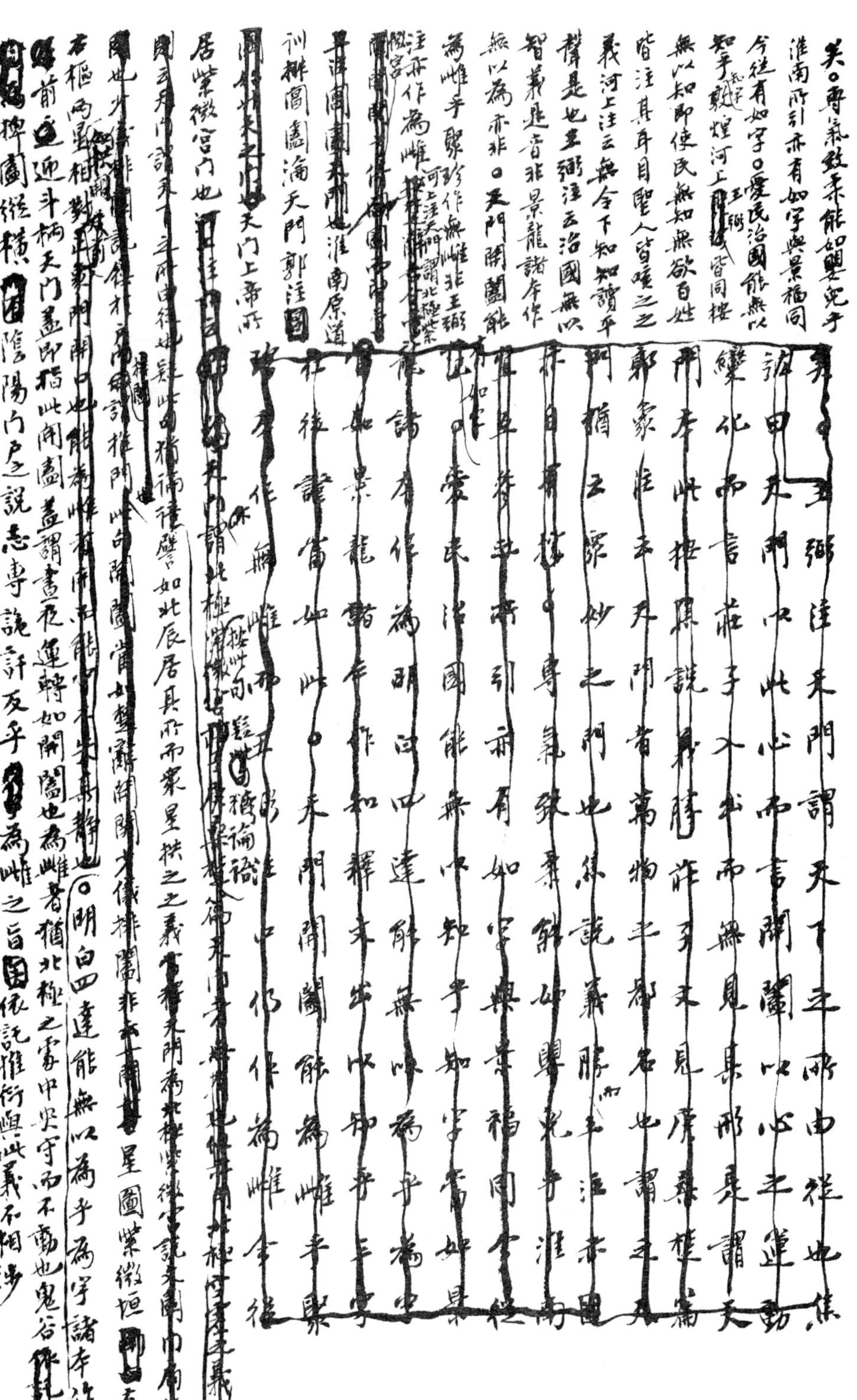

惟敦煌作爲王弼注亦作無以爲是也按此句義承上句明白四達能無知天門開闔能無爲雌爲雌也。此章皆范本義長從之

三十輻章第十一

三十輻共一轂當其无有車之用挻埴以爲器當其无有器之用鑿户牖以爲室當其无有室之用故有之以爲利无之以爲用

。挻 古本

傅校 挻作埏。右第十一章四十九言|范同

羅校 開元作挻景龍敦煌作埏

攷訂 埏見釋文字當以才不从土，范同，開元是也，傳作埏，疑為傳刻之譌。畢氏老子攷異引攷工記利轉者以無有為用也，謂應以有字斷句，甚是。莊子天門者無有也，以無有二字連用為詞，第十九章盜賊无有。蓋古之恒言也。

五色章第十二

五色令人目盲，五音令人耳聾，五味令人口爽，馳騁田獵令人心發狂，難得之貨令人行妨。是以聖人為腹不為目，故去彼取此。

傳校 ○右第十二章 四十九言 | 范同

寵辱章第十三

寵辱若驚貴大患若身何謂寵辱寵為下得之若驚失之若驚是謂寵辱若驚何謂貴大患若身吾所以有大患者為吾有身苟吾无身吾有何患故貴以身為天下者則可以託天下矣愛以身為天下者則可以寄天下矣

藏本司馬作及吾無身○苟吾无身苟字應吉父司馬公同古本○故貴以身為天下者四句丨古本丨一本作故貴以身為天下者可寄天下愛以身為天下若可託天下按莊子在宥篇故君子不得已而臨莅天下莫若无為无為

也而後安其性命之情故貴以身於爲天下則可以託天下愛以身於爲天下則可以寄天下大意與古本同

傳校 何謂寵辱句下有若驚二字。吾有何患句下有乎字。右第十三章八十八言 | 范少三字

羅校 何謂寵辱句景龍開元景福敦煌同無若驚字。寵爲下景龍作辱爲下景福作寵爲工辱爲下。故貴以身爲天下下者景福同景龍敦煌爲作於無下者學景龍並無上以字則可以託天下矣託字景龍敦煌同同則字以字[illegible][illegible]景福同矣字廣明同愛以身爲天下者廣明景福作愛身以爲天下下者景福同景龍作矣則可

以寄天下矣寄字景龍敦煌同則可以託

則可以寄兩則字景龍敦煌皆作若字以

致訂何謂寵辱由下釋文同傳有若驚二

字那何謂……注云河上無若驚

二字……以文義推之宜作辱為下

有若驚二字從傳為是○寵為下景龍景

福……作……苟吾无身他本皆

作及吾无身四作苟字義長○吾有何患

傳本下乎字他本皆無無關文義

保身○貴以身為天下四句諸……

雖託寄二字今他本多前句作寄後句作

託范之引莊亦以明此淮南引作貴以身

為天下焉可以託天下愛以身為天下焉

可以寄天下矣託寄二字亦同於范畢氏

致異引淮南前作寄後作託諸語助字亦

異恐所據本有誤今更有景
龍敦煌二本取證從范可也

視之不見章第十四

視之不見名曰幾聽之不聞名曰希摶之不得名曰微此三者不可致詰故混而爲一其上不皦其下不昧繩繩兮不可名復歸於无物是謂无狀之狀无物之象是謂芴芒迎之不見其首隨之不見其後執古之道以御今之有能知古始是謂道紀

○視之不見名曰幾幾字孫登王衡同古本傅奕云幾者幽而
无象也○芴芒古本丨音辯云芴音忽芒虛杜切於无非无曰芴於有非
有曰芒淮南子揚雄傅奕同古本莊子至
樂篇曰天无為以之清地无為以之寧故
兩无為相合万物皆化芒乎芴乎而无從
出乎芴乎芒乎而无有象乎万物職職皆
從无為殖芒字在莊子
注中音荒又呼晃反
傳校幾作夷○混而為一下有一者二字○不皦不昧上各多一之字○以御
作可以御多一可字○右第
十四章一百言丨范少五字
羅校皦敦煌作皎○芴芒景龍開元景福作忽恍○以御今之有御景龍作語

●能知古始景龍廣明景福敦煌皆作以
知古始惟開元作能○是謂道紀景龍作
道已

引異　范云幾字王弼同畢釋文聚珍本傅
畢又引傅奕云幾者幽而无象也今
釋文聚珍本傅
本皆作畢曰夷

攷訂　說文幾微也殆也从𢆶从戍𢆶字亦
从𢆶𢆶說文亦訓微从二幺段注云
二幺幺之甚也故傅奕云幾幽而无象也
釋文作夷注顧云平也鍾會云滅也平也（王弼注亦止云無狀無象）
（王弼注亦止有無狀無象之語）詳攷二字訓義一作幾實遠勝於作夷疑自
古早已因形近譌為夷范引王弼同古本
或所見王本異於今傳獨怪范引傅說而不
云傅亦同古本今道藏傅本又仍作夷或

范時傳本亦已沿習作事而僅存錢之說邪今[illegible]從范作錢[illegible]存[illegible]字以闕疑可也○混而爲一下傳多一者二字不皦不昧上各多一之字皆他本所無不用○說文皦玉石之白也皎月之白也二字古通用皦字从白不从日傳寫多誤亦[illegible]

（義無所取又）

[illegible]

（芴河上作忽芒釋文作恍此各有本字不必故從假借以爲古[illegible]恍乃怳之俗當從作忽怳爲正）

（今釋文皦字从日也○芴芒皆古假借字）

○能知古始能字是當讀如乃乃古通假字也諸唐本多作以義与乃近明此則上文以御傳作可以御之可字不用爲是能字從范可也

古之善爲士章第十五

古之善爲士者微妙玄通深不可測夫惟不

可測故強為之容豫兮若冬涉川猶兮若畏四鄰儼兮其若容渙兮若冰之將釋敦兮其若朴曠兮其若谷渾兮其若濁孰能濁以靖之而徐清孰能安以久動之而徐生保此道者不欲盈夫惟不盈故能敝不新成

○不可測古本○豫兮若冬涉川古本下七句皆有兮字。○其若容古本一容一作客非也○濁以靖之而徐清靖一作靜然靖訓安接下文義相貫而字王弼同古本

傳校

書為士作善為道。不可識作不可識。豫兮由上有曰字。儼兮其若容作儼若容。渙兮由無兮之二字。朴作樸。濁以靖之而徐清作濁以澄靖之而徐清，靖字上多一澄字。故能敝不新成作是以能敝而不成。右第十五章九十八言丨范抵多一字。

羅校

儼兮其若容容字景福作客景龍開元奐偏亦皆作客弃無兮其字。敦兮其若朴開元作敦若樸。曠谷混濁二句〔景龍景福亦倒。濁靜安久二句〕景龍作孰能濁以靜之徐清安以動之徐生景福作孰能濁以靜之徐清孰以安久動之徐生廣明作孰能濁以靜動之以徐清孰能安以久動之以徐生口口。故能敝不新成景龍作能弊復成

引異

范云靜之而徐清而字王弼同古本今衆珍本無此而字

攷訂

此章諸本異同最爲紛歧今攷訂

容孰能濁句從傅作若

保此道者從淮南

作服此道者故能敝句亦從淮南作是以

能敝而不新成推敝字從傅范不從淮南

作弊餘皆用范本詳具說如吹傅本

有而善爲道上下文保此道者相應

道者即以言士人本稱與爲

若容釋文亦作容傅本作容四唐

本亦皆作容

容

字雖爲未容容字而論同

然淮南原道訓云衍訓皆有深不可測之義郵注序深曰測一曰盡也以此推之作測爲長故從范本

作扌故開元諸樸字皆作樸朴樸字同釋

（作樸范書或他處亦或作樸今皆從作樸後仿此）

○說文澂清也

段注澂之言持也持之而後清澂澄古今

字禮運澄酒字作澄周易君子以懲忿懲

者澂之假借字鄭云懲猶清也必云猶者

正謂澂不訓清澂之斯清故王弼訓止也

按說文此字注當冒篆文連讀謂澂者澂

清之也非云澂者清也段注亦本此義今

俗語猶云澄清但讀如鄧耳傳本澄字蓋

獨存古之佚文也本此句皆少一字故景

龍並去下句久字廣明則於此句補一動

字皆非然以文義推之

清傳本澄清二字恐是誤倒今據

廣明訂濁以靜爲讀擬說文澂清之辭以

傅本澄字正廣明之動字作濁以靜澄之而徐清靖即古靜字傅本凡靜皆作

請訓安，宜從請。然今靜字固亦訓安，范本（靖同，是一字，范云）他靜字皆不作請，此毋（無）取獨異，直作靜可也。○保此道者，淮南引作服此道者，謂服行此道。書說命「旨哉說，乃言惟服」，傳：「美其所言皆可服行。」此作服爲是。○故能敝不新成，淮南引作是以能弊而不新成。范本伏而字，傳本伏新字。當從淮南。惟弊乃敝之俗，仍當作敝。作敝，王弼注爲覆蓋，故釋文作蔽。古亦以敝假作蔽覆之蔽，傳之作敝用說文字也。

致虛極章第十六

致虛極，守靜篤。万物並作，吾以觀其復。凡物魭魭，各歸其根。歸根曰靜，靜曰復命，復命曰常，知常曰明。不知常，妄作凶。知常容，容乃公，

公乃王王乃天天乃道道乃久歿身不殆

○凡物䞁䞁傅奕云古本如此䞁字玉篇音云又音運物數亂也一本作夫物芸芸莊子在宥篇曰萬物芸芸各復其根芸芸字成玄英疏云衆多也玉篇與韻略訓芸字皆云香香草也今從古本

傅校静作靖按傅本静皆作靖後仿此不具舉（○歿作沒）○右第十六章六十七言一范同

羅校凡物䞁䞁景龍作夫物芸云○各復歸其根景龍同（無復字）他本（皆）作各復歸其根○静曰復命景龍開元英倫同○五乃字景龍皆作能○歿字開元同

攷訂 凡物餘餘釋文出凡物二字注本作餘之言餘是正字夫与范說正合說文解字有物數紛此字石刻今河注文猶存景龍作云云亦古開元范可也○各歸其根 河上本王本道藏御注亦作云云此從[皆作各復歸其根○復歸二字連用今從有復字]本歸上有復字[皆作夫物芸芸各復歸其根 莊子知北遊篇今已爲物也欲復歸根不亦難乎]同[illegible]○靜曰復命今河上本王本皆作是謂復命此當從范○古以能字假作乃故景龍乃字皆作能非異文可從今字○殁即古文没字[今通行作没從後傚此]

[後没後傚此]

太上章第十七

太上下知有之其次親之譽之其次畏之侮之故信不足焉有不信焉猶兮其貴言哉功

成事遂百姓皆曰我自然

○信不足焉有不信焉焉字河上公同古本○猶兮其貴言哉｜百姓皆曰兮哉曰三字嚴遵同古本

傅校譽之侮之上各有其次二字○有不信焉無下焉字○右第十七章四十七言｜范抵少三字

羅校親之譽之畏之侮之景龍開元同○信不足焉有不信焉景福有上焉無下焉景龍開元英倫并無二焉○猶兮其貴言哉景龍開元英倫皆無兮哉字猶景龍作由○功成景龍景福作成功○百姓皆曰我自然景龍開元作百姓謂我自然

侮慢易也方言云賤稱也秦晉之間

攷訂

罵奴婢曰侮此章侮之者正當訓罵
乃譽之反也下知有者无親无畏但知有
之是為上其次知親之親之而中心悅故
稱美之是為中又其次知畏之而〔畏〕不敢違
非心所悅或詛罵之是為下諸本分作四
其次者非畏或親譽句作親而譽之下作次
畏次侮者亦非非此當從范。按語助字諸
本異同最多唐本惟景福多存其字也皆
各從省略尤難折衷其文句全同而語助
不變者或為近是如信不足焉二句范本
此有二焉字第二十三章同句又全無二
焉字惟傅本与景福本（王弼注本去信不足焉則有不信似其本文亦無下焉字也）兩皆作
上有焉字下無焉似可信今從之。猶字
釋文作悠注云孫登張憑杜弼俱作由一
本猶此字與兮哉曰三字皆可從范

大道廢章第十八

大道廢有仁義焉知惠出有大僞焉六親不和有孝慈焉國家昏亂有貞臣焉

○有仁義焉音辯云四句下俱有焉字○貞臣貞字嚴遵王弼同古本世本多作忠蓋避諱也

傅校四句下無焉字大道廢知惠出下各有一焉字下六親國家句無此焉字○知惠作智慧○右第十八章二十八言｜范多二字

羅校知惠景龍廣明景福皆作智惠○大道廢知惠出不和下廣明各有一焉

字。昏亂下石泐不可見

諸本四句之下皆無焉字

引異　貞臣貞字范云王弼同古本

今聚珍本作忠臣不作貞臣

攷訂　知惠釋文作知慧（通假字，今從傅奕作智慧，後凡智慧字皆仿此。淮南引）即是智慧

慧皆可通。國家昏亂有忠

臣（忠不作貞）無焉字

與諸唐本同，范云（貞字）避諱，殊未必然，今仍從淮南作忠。

（諸本字從傅本）

絕聖弃知章第十九

絕聖弃知民利百倍絕仁弃義民復孝慈絕

巧弃利盜賊无有三者以為文不足也故令

有所屬見素抱朴少私寡欲

○絕聖弃知民利百倍古本丨按范花此句下出古本二字似非指弃知二字從古體而言永樂大典絕聖作絕聖人二句又倒在絕仁二句之次或范時所見本已有如此作者故特出古本二字以明之今他本皆無同永樂大典者不可改矣○三者以爲文不足也古本王弼

可改矣

同

傳校三者以爲文不足也作此三者以爲文而未足也丹鉛作[illegible]○右第十九章四十七言丨范少二字

羅校 三者以爲文不足也諸本上皆有一此字下皆無也字景龍景福並無以字。

引異 三者以爲文不足也范云王弼同今衆珍本作此三者以爲文不足有一

攷訂 三者以爲文不足也諸本向上皆有一此字（依第一章此兩字諸同出而異名句例推之當作上本有此字是也）

（聞不足二字傅獨作而未足乃王弼注中語今訂此三章全用范本但加此字）

絶學无憂章第二十

絶學无憂唯之與阿相去幾何善之與惡相去何若人之所畏不可不畏荒兮其未央哉

衆人熙熙如享太牢如登春臺我獨怕兮其未兆如嬰兒之未咳儽儽兮其若不足似无所歸衆人皆有餘而我獨若遺我獨愚人之心也哉沌沌兮俗人皆昭昭我獨若昏俗人皆察察我獨若悶悶澹兮若海飄兮似无所止衆人皆有以我獨頑似鄙我獨異於人而貴求食於母

○咳何來切張玄靜與古囝本同集韻通作孩 ○儽儽兮其若

老子古本集證（上）

不足似无所歸此句王弼同古本河上公作乘乘兮若无所歸嚴遵作若无所之○我獨愚人之心也哉沌沌兮辯音云沌音國不分皃世本作純純又有獨字今從古本○俗人皆昭昭王弼同古本世本无皆字○俗人皆察察我獨若閔閔古本与傅奕本作閔閔莫昆切有訓作昏昧不分别者河上公及諸家並作悶悶音同又有皆字若字○澹音辯云音談水深皃可止傅作憺河上公作忽○飄梁帝簡文同古本王弼作飂

傅校善之与惡作美之与惡○其未央哉無哉字○如享太牢二句如皆作若

登春臺作春登臺。怕作皃。如嬰兒如作若若字。儽儽兮句，儽作儡，似作以。又無其若若字。而我獨若遺，無而字。我獨愚人無獨字。沌注五殊倫切，釋也。察作登。閔注五莫昆切，集韻閔通作顄。澹兮若海作淡兮其若海。頑似鄙作頑且畜。搜畜即古御字兮道藏。不知何人妄加日作圖，必非其舊，故直校作畜。我獨異於人而貴求食於母作我獨欲異於人而貴食母。若第二十章一百三十七言丨范柢多四字

羅校

怕景福英倫同景龍作魄。咳景福同景龍開元作孩。儽儽景龍開元景福英倫皆作乘乘其若似不足景福有其若無似不足景龍開元并無此五字。

沌沌景龍開元英倫皆作純純。澹兮其
若海飂兮似无所止二句廣明景福作忽若海
漂兮若海漂无所止開元畲書館英倫作忽若晦寂
兮似无所止圖書館并有兮所二字。（我獨異於人諸本皆同惟圖書館作我欲異於人求食於母諸本皆無求於字惟開元有之）
按求於二字本開元所加
儽儽兮句范云王弼同古本今聚珍
本止作儽儽兮無（若）所歸無其不足似

引異

四字。俗人皆昭昭句范云王
弼同古本今聚珍本無皆字

攷訂

此章諸本異同極多今語助可從范
者皆略去不論他所取捨詳著於後
次。善之與惡（美與惡對稱善與不善對稱則傅本是也今從作美）諸本皆同傅獨作美（王弼注中亦作美按第二章）
如享太牢享字釋文作
亨注普庚反敷煮也簡文許庚反河上公作
作饗用也按古享亨烹同用一字从篙

則作亯从篆則作亨

如登春臺當作如春登臺久為定論按道藏有唐玄宗御製道德真經疏二本一十卷為通疏一四卷為單行輔注之疏四卷之疏成於開元十一年十卷疏年無可攷蓄其疏文兼該注語蓋為未分別注疏之初稿開元二十六年易州石刻為單注附載勅文出於開元二十年審其注語与四卷疏語離合之迹皆可證十卷疏屬稿在前此登春臺句十卷疏中亦作登春臺四卷疏則此段作春登臺与石刻同注疏語小有出入其為重經勘定無疑於此可見自唐時蓋已有誤登春臺之本畢氏攷異謂道藏所刊明皇本始誤作登春臺今流俗本皆然者非也○帕釋文作廓說

漢隸亯省作亨○東[illegible]作亨亦互通如張公神碑之元亨利貞華山廟碑之嘏過亨祭是其例也今正書則以亨專用作饗義惟亨可通作亯烹二義按此章如享太牢如春登臺二句皆以狀熙熙也熙熙有盛樂二義盛義猶攘攘樂義猶嬉豫釋文从烹謂殺煮所用攘攘義也河上从饗訓饗飫[illegible]其用喜豫義[illegible]釋文[illegible]形容人之有為[illegible]長[illegible]則釋文義似[illegible]蓋熙熙猶攘攘也今從釋文作亨讀如烹

定怕無爲也可從範。呟釋文同呟是篆
文後是古文無别可從范。儽字本當作嬾
儽纍爲積累之本字說文儽垂皃一曰嬾
懈段注引史記累累若喪家之狗韓詩外
傳作羸乎若喪家之狗以明字當作儽儡
說文相敗也音當段曰引寡婦賦容貌儡
以頹顇曰注引禮記喪容儡儡謂今禮記作
累累非又說文纍者羸也羸与纍義近故段謂河
上作乘乘義近曰今當用儽儽綜段以上字義儽即說文儽字
作儽。沌釋文同傳注釋也則義
亦同純即作沌可也。閔閔義當与察察
相反閔字說文訓濾他亦無与察察相反
之義閔字傳注引集韻通作顝玉篇顝訓
不曉云亦作惛第五十八章淮南所引正
作其政惛惛則閔字爲有來歷當從之。
澹兮若海二句釋文澹兮其若海注河上

作忽兮若晦寂兮若晦改此句有忽若海忽若晦澹若海淡若海四本之異釋名海晦也主承穢濁其水黑如晦也是海字本有晦義作忽若海無異作忽若晦以前上文悶悶不曉之義甚明澹說文訓水搖皃或訓為恬靜淡說文訓薄味作淡乃借為澹以狀海水不能顯悶則悶不曉（如作忽為）之義海字直作晦字下文更作飄則辭不相屬故作寂然以寂而云無所止義有未安作忽若海者既以明海之如晦文與下句飄無止辭相屬用字為當下句飄兮似無所止釋文作飂注梁簡文作飄河上作淵今河上則作漂淵字已無可證今有飄漂飂寂四字之異寂字未安已如上說飄有標瓢嫖三音訓疾風讀如標此乃飄之飄當讀如嫖通作漂說文漂訓浮作漂

廣雅釋水海晦也古微書引書考靈曜海之言昏晦無所睹也是忽若海義猶忽若晦

義亦合飄漂字同既切無止又與若海相貫義最長飂本訓高風釋文用作飂飂之飂蓋猶寥廓之義亦可通疑作寂者由此出也今訓為忽兮其若海飄兮似無所止○頑似鄙傅作頑且鄙與且字義長從傅御仍從今字○我獨異於人而貴求食於母當從傅作我獨欲異於人而貴食母我獨欲三字諸本皆有獨無欲圖書館本則有欲無獨是必古本兼有獨欲二字（王弼注亦有故曰我獨欲異於人之句）他從省略或去欲或去獨也求食於母玄宗御注明有先無求於兩字今所加也之語是古本決無此二字范氏亦徵引開元本何未審其注而誤從之此最為范本病顟按食音嗣食母即乳母焦竑引禮記內則篇以證之其說最允河上注食用也母道也穿鑿已甚王

注食母生之本也義亦深晦故玄宗加求於字以便於解若釋食母爲乳母即無煩加字矣范注亦用玄宗之説或緣此而並譌其正文歟

孔德之容章第二十一

孔德之容惟道是從道之爲物惟芒惟芴兮芒兮中有象兮芒兮芴兮中有物兮幽兮冥兮中有精兮其精甚真其中有信自今及古其名不去以閲衆甫吾奚以知衆甫之然哉以此

藏本司馬作其中有象其中有物

○中有象兮｜中有物兮王弼同馬公同古本別本作其中有象其中有物○幽兮冥兮中有精兮楊孚同古本一本作窈兮冥兮其中有精○自今及古嚴遵王弼同古本一作自古及今○奚以知奚字古本

傳校

中有象兮作其中有象有物有精句同○[illegible]右第二十一章七十一言｜范同

孔德景龍作孔孔得○芒芴景龍開元

羅校

作恍惚圖書館作慌惚○幽冥諸本皆作窈冥○中有象有物有精三句開元作其中有象上有其字下無兮字景龍圖書館作中有象并無其兮字○何奚以知眾甫之然眾甫圖書館作終甫然字景龍

開元景福圖書館並同

中有象兮中有物兮范云王弼同古本今熙寧本作其中有象其中有物

引異

○自今及古范云王弼同古本今熙寧本作自古及今

攷訂

芒芴當作恍惚說見前○有象有物三句唐本並無其兮字者爲有上具柳有下兮不可改開元與今本皆同傳有其無兮淮南所引窈兮冥兮其中有精二句並同今從傳○窈訓深遠幽訓微訓隱亦訓深遠作幽義無特長唐本皆作窈淮南引亦作窈今仍用窈○自今及古他本皆作自古及今惟傳本同范古字在下於韻爲叶今從傳范○衆甫圖書館作終甫按

甫訓始則作終甫與范本作今古義正
相對衆字廣韻兼收一東音終士相見禮
衆皆若是注云今文衆爲終易雜卦傳大
有衆也釋文云衆甫作終衆終二字古音同讀或有通
假之義故每相混於此可證
衆甫今以用衆字讀如終以存其舊
異字他本皆作何然字釋文作狀今並從
范

曲則全章第二十二

曲則全枉則正窪則盈敝則新少則得多則
惑是以聖人抱一爲天下式不自見故明不

自是故彰不自伐故有功不自矜故長夫惟不爭故天下莫能與之爭古之所謂曲則全者豈虛言哉誠全而歸之

○杜則正正字王弼同古本一作真

傅校是以聖人抱一爲天下式作聖人褏一以爲天下式是以聖人○豈虛言哉作豈虛言也哉○右第二十二章七十八言丨范抵同

羅校杜則正字景龍圖書館同（作正開元作真）○敝則新敝字景龍開元圖書館皆作弊○誠全而歸之景龍圖書館皆作故成全而歸之

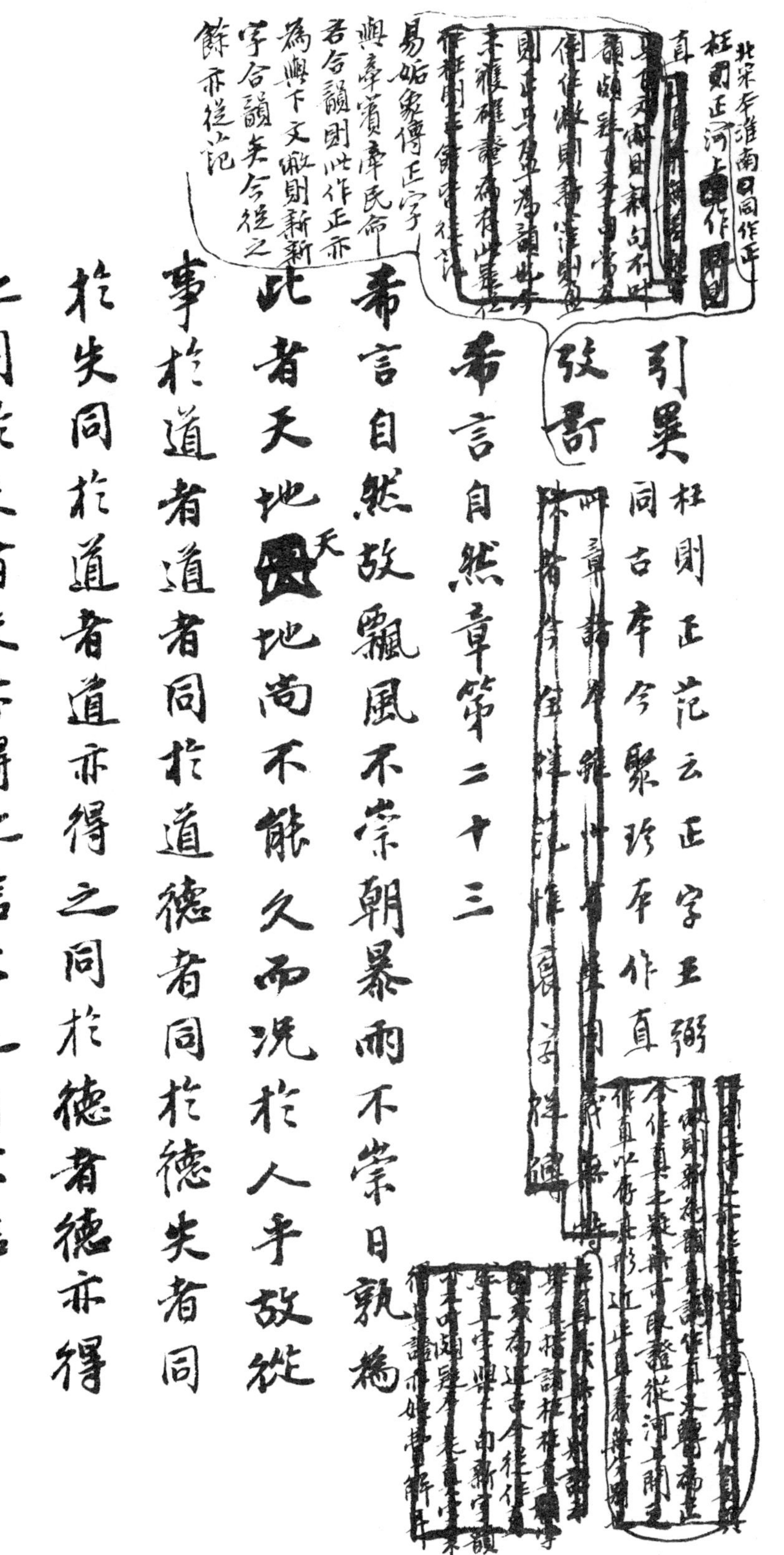

引異

杜預正范云正字王弼同古本今聚珍本作直

希言自然章第二十三

希言自然故飄風不崇朝暴雨不崇日孰爲此者天地天地尚不能久而況於人乎故從事於道者道者同於道德者同於德失者同於失同於道者道亦得之同於德者德亦得之同於失者失亦得之信不足有不信

◎不崇朝｜不崇日崇一作終

傅校希作稀◎暴雨作驟雨◎孰爲此者天地句下有也字◎德者同於德二句作從事於得者得者同於得從事於失者失者同於失◎同於道者道亦得亦以三句皆無上同字作於道者道者於得者於失者◎信不足有不信焉下有焉字◎右第二十三章九十二言｜范抵少九字

羅校故從事於道者諸句圖書館本作故從事而道者道得之同於德者德得之同於失者道失之挫此悲多有脫誤◎信不足有不信景龍圖書館英倫並同景福足下有焉字

攷訂

希言王弼注引聽之不聞名曰希解之意猶微言也或解為罕言故傳從說文字作稀按希字經典皆通用不必因說文所無而故作稀後凡希字傳作稀者並不取○暴雨他本皆作驟雨范本獨異義無所長今仍從驟崇朝崇日古之恒言崇訓終又訓重可從范作崇○孰為此者天地傳本下有也字於文義為完足可取○從事於道者以下諸句諸本互異河上本聚珍本得之三句皆作樂得之餘同范本諸唐本亦皆無樂字淮南所引止有從事於道者同於道一句僅足以證不當重出道者二字按德得二字古相通假故第二十一章孔德之容景龍亦書作孔得義仍為道德之德此章德字則全為得失之得傳本是也注家或依道德為解率皆牽

強推王弼注直解作得失解今依王弼注義，固證本文所宜補，當云故從事於道者同於道，從事於得者同於得，從事於失者同於失。同於道者道亦得之，同於得者得亦得之，同於失者失亦得之。王注第一節云從事謂舉動從事於道者也，道以無形無為成濟萬物，故從事於道者以無為為君，不言為教，綿綿若存，而物得其真，與道同體，故曰同於道。以上證第一句故從事於道者同於道。第二節云得少也，少則得，故曰得也，行得則与得同體，故曰同於得也。以上證第二句從事於得者同於得。知當有從事二字者，注云行得，行即舉動從事之謂也。下失者句同。第三節云失累多也，累多則失，故曰失也，行失則与失同體，故曰同於失也。以上證第三句從事於失

者同於失第四節云言隨行其所故同而應之證後三句者當有上同字也。信不足有不信從傳作信不足焉有不信説見第十七章

跂者不立章第二十四

跂者不立跨者不行自見者不明自是者不彰自伐者无功自矜者不長其於道也曰餘食贅行物或惡之故有道者不處

傳校跂作企。其於道也作其在道也。有道者不處下有也字。右第二十四章四十八言一范同

羅校 跂者不立開元同廣明上多喘者不久一句圖書館直作喘者不久無跂者不立句景福跨者不行句在上景龍作企者不久。其於道也開元英倫同景福作於其道也。物或惡之景龍作物或有惡之

跂訂 跂企古通說文訓跂為足多指訓企為舉踵此用作舉踵故从企為正

釋文作企注河上作跂

跨訓跨謂如跨馬

跨不能行而舉踵不能立同義

也。其於道也今聚珍本作其在道也與傅本同羅氏跂異據王本釋文

具徵引唐本與所據王本同者多不錄此舉開元英倫二本在作於知也唐本必亦作在

第三十二章譬道之在天下在字與此句在字義同當作在

。有道者不處河上本句下亦有也字。

此章全從傳

有物混成章第二十五

有物混成先天地生寂兮寞兮獨立而不改周行而不殆可以爲天地母吾不知其名故强字之曰道强爲之名曰大大曰逝逝曰遠遠曰反故道大天大地大人亦大域中有四大而人居其一焉人法地地法天天法道道法自然

○宗兮寞兮宗古寂字寞字王弼與古本同河上公作寥韻略云寂寞

无聲也寂寥空也按莊子天下篇亦有寂漠无形 ○天地母天地字古

本如此一作天下毋宜從古本 ○強字之曰道王弼同古本河上公

本亦強字今從古本 ○人亦大而人居其一焉人字

傳奕同古本河上公本作王

傳校宗作寂 ○天地母作天下母 ○反作返 ○故道大句無故字 ○而人居其一焉作而王處其一尊 ○右第二十五章八十七言丨范多一字

羅校宋寞景龍（圖書館）作寂漠景福作寂寥 ○反景龍開元作返 ○王亦大景龍無亦

○故道大景龍圖書館皆無故字

字。而王居其一焉圖書館作而王處其一

景龍作而王處一

強字之曰道范云王弼同古今聚珍

引異本無強字。人亦大人居其一范云

人字傅奕同古本今傅本

惟上句作人下句仍作王

敦訂宋寶字釋文同今從范。天地母他本皆作天下母以文義推之承上先天地生此作天地母是也今從范。強字之曰道他本此句皆無強字惟韓非亦有此強字今從范。人亦大人居其一兩人字他本皆作王以文下人法地推之理當作人字說文解大字曰天大地大人亦大大此為古之成語段注直引老子曰道大天大地大人亦大人法地云云亦以此句作人淮南所引則同他本二句皆作王惟居作處從來注家皆作王字解辭義皆勘明暢傳本上句作人下句仍作王而范注則云人字傳同古本或爲今傳刻之誤邪居其一焉傳獨作處其一尊又爲他本所無按說文既有人亦大之語范本作人有未歷全章大旨亦不見有必當作王之義今此章全用范本

重爲輕根章第二十六

重爲輕根靜爲躁君是以君子終日行不離輜重雖有榮觀宴處超然如之何万乘之主而以身輕天下輕則失本躁則失君

○榮觀一作館○宴處宴安也王弼同古本河上公作燕○如之何古本○輕則失本本字嚴遵王弼同古本河上公作輕則失臣與前文不相貫宜從古本

傳校不離輜重作不離其輜重●右第二十六章四十九言▌範少一字

羅校君子終日行君子二字景龍開元圖書館英倫並同○宴處景龍開元景福圖書館皆作燕處○如之何景龍龍圖書館作如何他本皆作奈何○以身輕天下景福輕下有於字○輕則失本圖[illegible]景龍開元英倫廣明景福均作失臣

致訂君子終日行兮本君子作聖人韓非亦作君子終日行不離輜重傳本多

一其字無取今不用○無通假作宴宴爲
本字釋文亦作作宴今從宴○輕則失本輯
非作輕則失臣諸唐本並作失臣焦竑老
子翼作失根謂用王輔嗣本以失臣失本
爲皆非今釋文與聚珍本則皆作失本惟
永樂大典作失根或焦竑所見王本即永
樂大典之本故云作根今攷此章乃專明
靜以制動之奧旨首句重爲輕根乃爲次
句靜爲躁君設喻謂（輕者動重者不動）推重可以制輕之理
則知靜可以制躁之義非以重靜與輕躁
對舉也下終日行不離輜重言雖雲動仍
主於靜非謂輕不離重也榮觀超然亦言
不遜物妄動而萬守於靜也輕則失臣承
上以身輕天下而言謂人主不守其靜而
事若影親則臣無所爲而失臣之用過在
人主不自寡於無爲故躁而失臣爲君之道

也義皆一貫若作失本失根雖與首二句文字相對應而与全章義旨反不甚相貫范云作失臣与前文不相貫非也今仍從失臣

善行章第二十七

善行者无轍迹善言者无瑕謫善數者无籌策善閉者无關楗善結者无繩約是以聖人常善救人故人无弃人常善救物故物无弃物是謂襲明故善人不善人之師不善人善人之資不貴其師不愛其資雖知大迷是謂

藏本司馬同范引

要妙

○善行者丨善言者古本無丨者字司馬公注同古本○善數者數上聲王弼嚴遵同古本河上公作善計○關楗楗拒門木也或從金傍非也橫曰關豎曰楗傅奕云古字作闥○人无棄人丨物无棄物古本嚴遵同傅校轍作徹○楗作鍵按此字恐是傳刻之譌○无關楗下有而不可開四字○无繩約下有而不可解四字○故善人句下有者字下不善人善人之資句同○是謂要妙作此謂要妙右第二十七章九十七言丨范少十字

羅校

善行善言五句景福廣明有者字他本皆無者字○諵景龍開元作讁按即諵之俗○善數者无籌策景福廣明作善計者不用籌策開元圖書館英倫作善計不用籌算○善閉者无關楗二句諸本下皆有不可開不可解之文楗景龍作鍵○故人无棄人故物无棄物景龍敦煌作而無棄人而無棄物○善人不善人兩句景龍開元敦煌同無二者字

引異

楗字下范引傳奕云古字作闔則傳不作闔必作楗今道藏本作鍵恐是

傳刻之記

攷訂

善行善言五句諸本或全有者字或全無者字按釋文與河上公行皆晉

下盃反是當爲德行之行非步行之行推知言亦爲禹拜昌言之言非視聽言動之言今從此五句應以善字別爲二義善行善言爲嘉善之善數善閉善結乃爲善能之善故前二句不當有者字後三句則可有者字疑諸本全無者字者爲從前二句同者其全有者字者又爲據後三句同加若善行下有者字則不能讀下盃反當爲步行之行平聲故注家多以車行無轍徒行無迹爲解每涉牽強今前二句從無者後二句從有者是轍釋文亦作轍傳本是也善行無轍迹不爲轍迹也善言無瑕謫云不施瑕謫也皆謂因其自然善數者諸本同河上善計義同釋文亦作數今用計字此句與善閉善結爲一類故小變其文曰不用籌策範傳作無籌策与唐本中作籌算者皆非善閉者无關

楗二句淮南引作善閉者無關楗而不可開也善結者無繩約而不可解也二也字可不用范本並無而不可開而不可解之文殊非楗字从木是也釋文同○人无弃人物无弃物淮南所引同有上人物二字可用按說[illegible]常善救人故無棄人常善救物故無棄物獨得諸河上公而古本無有也賴傅奕能辯之

今傳所定古本國仍存其文（且淮南國引之雖傅奕雖有此說而未自以為定論）猶王弼以佳兵不祥為非老子之言[illegible]（而其注老子亦未明刪之也）○善人不善人兩句傳本皆有者字淮南引有善人不善人之師一句亦無者字可不用

知其雄章第二十八

知其雄守其雌為天下谿為天下谿常德不離復歸於嬰兒知其白守其黑為天下式為天下式常德不忒復歸於无極知其榮守其辱為天下谷為天下谷常德乃足復歸於朴朴散則為器聖人用之則為官長故大制无割

○无割　嚴遵王弼同古本河上公与世本作不割

傳校　故大制无割少上故字○右第二十八章八十五言丨范多一字

羅校　谿開无同景福作漢景龍作蹊敦煌作奚○故大制无割景龍敦煌作是以大制無割開元景福作故大制不割

攷訂　谿釋文同注或作溪淮南引作其爲……故曰无割若云不割則疑樸不當散而爲器聖人亦無所用於官長斯失之矣於此可明老子之道乃以无用爲用非不用也傳本省上故字非

將欲章第二十九

將欲取天下而爲之者吾見其不得已夫天下神器不可爲也爲者敗之執者失之故物或行或隨或噤或吹或彊或剉或培或墮是以聖人去甚去奢去泰

○夫天下 夫字阮籍古本同 ○故物 音辯云故一作凡 ○或噤或吹或彊或剉或培或墮 噤字嚴遵同古本注引楚辭口噤閉而不言或彊或剉或培或墮嚴遵王弼傅奕阮籍同古本剉才臥切折傷也培蒲枚切傅奕引字林云益也墮挫果切傅奕引字林云落也河上公改噤

作响，敓對作羸，敓培作載，敓隓作隳，今仍從古本。

傅校 故物作凡物。〇右第二十九章，六十言。一范同。

羅校 故物，景龍、敦煌作夫物。〇喋，開元作响，景福作煦，敦煌作噓。或彊或剉，諸本皆作或彊或羸或培或隓，敦煌作或接或隓，開元、景福作或載或隳。

引異 或蹚或剉或培或隓二句，范云：王弼同古本。今聚珍本作或強或羸或挫或隳。釋文亦羸挫隳三字。

攷訂 故物，傅作凡物，唐本又作夫物。以前凡物驗驗句例之，當從傅作凡物。〇王弼注云：凡此諸或，言物事逆順反覆不施爲執割也。范於諸或字句引證已詳。[illegible]

非句有專義無夷取軒輊
[illegible]
范傳所同皆可從也

以道佐人主章第三十

以道佐人主者，不以兵強天下，其事好還。師之所處，荊棘生焉。大軍之後，必有凶年。故善者果而已，不敢以取強。果而勿矜，果而勿伐，果而勿憍，果而不得已，是謂果而勿彊。物壯則老，是謂不道，不道早已。

○不敢以取強　一本強字下有焉字。○憍　憍，矜也。舊本亦與驕

通○是謂果而勿彊一本无謂字
傅校 果而已作果而已矣○不敢以取彊
彊無謂字○驕作驕○是謂果而勿
下有焉字○不道皆作非道○右第
三十章七十九言丨范抵少一字
羅校 不以兵強天下景福敦煌強字下皆
有於字○有此算句下羅注景龍
敦煌本此句無以上九字未詳所指疑當
有十九字謂事好還在此句之前得十九字
乃以其事好還之其字接善者果而已作
其善有果而已得 故善者果而已景龍
開元景福敦煌同廣明下作而已矣○不
敢以取強景龍敦煌皆無敢字景福句下
有焉字○果而勿憍開元同景龍敦煌景
福三本作果而勿驕並在果而勿矜句前

○果而不得已景龍已作以○是謂果而勿強景龍開元敦煌皆無謂字○不道景龍敦煌皆作非道

攷訂

此章羅書徵引諸唐本可取者甚多更證以王弼注知今本相傳謬誤非一尤關要義者爲不以兵強於天下誤脱於字致後來注家皆偏於兵爲辭不知本義上謂不可窮兵也王弼注釋首二句有云以道佐人主不尚不可以兵強於天下釋善者果而已不敢以取強二句有云善用師者趣以濟難而已矣不以兵力取強於天下也釋物壯則老有云喻以兵強於天下者也三處皆未離於字是其明證今兼採唐本傳本范本所長而參以王注訂其全文如次以道佐人主者不以兵強於天

下具事好還師之所處荆棘生焉大軍之後必有凶年故善者果而已矣不以取強焉果而勿驕（矜）果而勿矜（伐）果而勿伐（驕）果而不得已是謂果而勿強物壯則老是謂之非道非道早已

夫佳兵章第三十一

夫佳兵者不祥之器物或惡之故有道者不處是以君子居則貴左用兵則貴右兵者不祥之器非君子之器不得已而用之恬淡為上故不美也若美之必樂之樂之者是樂殺

人也夫樂殺人者不可以得志於天下矣故吉事尚左凶事尚右是以偏將軍處左上將軍處右言居上勢則以喪禮處之殺人衆多則以悲哀泣之戰勝者則以喪禮處之

○是以君子河上公本无是以字

傅校佳兵作美兵○夫樂殺人者作夫樂人殺人者重一人字○右第三十一章一百三十五言丨范少一字

羅校恬淡淡字開元廣明同景龍敦煌作惔○故不美也若美之必樂之樂之

者四句前二句景龍敦煌同但無也字後二句敦煌有必樂之無樂之者景龍并無兩句○是樂殺人也景福同有也字他本無也字○夫樂殺人者景龍敦煌無人字○不可以得志於天下矣景龍敦煌得志作得意并無以矣二字○故吉事尚左故字景龍敦煌同○是以偏將軍是以字景龍敦煌同○處左處右處字開元景福同○言居上勢則以喪禮處之景龍無此句（開元無居上勢則四字）○殺人衆多以悲哀泣之諸本並同

攷訂　按此章言兵乃謂銅戟戈矛之器非謂戰陳軍旅之事也貴左尚右之文皆以明不祥之義非論兵事也故不美也君美之必樂之河上本併為勝而不美而美之者其間著一勝字由此遂成誤解

疑議滋生矣佳美皆謂華飾不必如傳本並佳字亦作美嘗植七啓稱步光之劍華藻繁縟飾以文犀雕以翠綠綴以驪龍之珠錯以荆山之玉蓋即此之所謂佳兵也樂之者好樂〻樂釋文音五教反是也謂寶愛以爲玩好也恬淡釋文作恬濫注恬本或作恬梁武音膽濫往暫反本亦作惔音同又音談字同河上本作惔梁武並皆回反簡文恬惔云云是此二字自古修改今河上亦作恬惔疑皆當從金傍作銛錟廣雅銛利也說文銛長矛也剡鋭利也錟之言剡也故錟亦通假作銛利字銛錟音纖璞俱平聲疊韻謂兵器但取鋭利無用華飾也今無可取證銛以存疑而用恬惔二字以見上下還傍相同爲從誤之原他皆用范本◎按王弼以爲佳兵者不祥之

器至於戰勝以喪禮處之非老子之言今釋文仍出佳恐至戰勝諸字音義知王弼本不廢其文但删其注爾

道常无名章第三十二

道常无名樸雖小天下莫能臣王侯若能守之万物將自賓天地相合以降甘露人莫之令而自均始制有名名亦既有夫亦將知止知止所以不殆譬道之在天下猶川谷之與江海也

○夫亦將知止馬誕王弼同古本

傅校若能守之無之字○人莫之令及作民○而自均作民莫之令而自均焉

○右第三十二章七十一言丨范抵同

羅校莫能臣景龍開元敦煌英倫皆作不敢臣景福作莫敢臣天下也皆○王侯若能守之景龍開元敦煌英倫皆無之字○人莫之令而自均景龍開元同廣明景福作民莫之令而自均焉○夫亦將知止○景龍景福皆夫作天景龍又無亦字○知止所以不殆開元景福英倫同景龍敦煌無所以字○道之在天下景龍開元敦煌無之字○川谷之與江海與字諸本皆同景龍敦煌無之字

王侯開元英倫作侯王

開元同

致訂

天下莫能臣釋文同句下並有也字

注河上本作天下不敢令從釋文並

也也字○王侯釋文作侯王注梁武作王（知范本無）

侯令從王侯並知范本有之字○武莫之

令而自均爲從傅氏作人皆慮讀所爲（從范）

中○夫亦將知止河上作天亦將知

之令從范○知止所以不殆河上作知之（非）

所以不殆聚珍作可以皆非令從范○川谷之

與江海聚珍本同聚珍本與作於非王弼注中亦作與義釋如相從與之與

異聚珍作非非 註此句乃明道無不在之義言川谷江海大小雖殊爲水則一也

知人者知章第三十三

知人者知也自知者明也勝人者有力也自
勝者強也知足者富也強行者有志也不失

其所者久也死而不亡者壽也

○知也｜明也 古本每句下有也字文意雍容世本並无也字至不失其所者久若无也字則文意不足今依古本

羅校 諸本全無也字 勝人強行二句 景龍敦煌無者字

傳校 知人者知也下知作智○右第三十三章四十六言｜范同

致訂 知人者智下知作智可免与他知字混宜從傳○此三章全是韻文諸也字可不用

大道氾氾兮章第三十四

大道氾氾兮其可左右万物恃之以生而不辭功成不名有衣被万物而不為主故常无

欲可名爲小矣万物歸之而不知主可名爲大矣是以聖人以其終不自爲大故能成其大

○衣被王弼馬誕同古本衣被猶覆盖也○万物歸之而不知主藏本司馬作萬物歸焉而不知主王弼司馬公同古本○是以聖人以其終不自爲大嚴遵王弼古本同

傳校氾作汎○功成不名有作功成而不居○名爲小名爲大爲皆作於○是以聖人下有能成其大也五字○不自爲大無爲字○右第三十四章七十三言｜范抵少四字

氾氾兮其可左右開元作汎其可左

羅校 右景龍敦煌作氾其可左右皆不重字并無兮字廣明◎恃之以生以字景龍開元敦煌英倫同◎功成不名有開元同景龍作成功不名有廣明作功成而不名有◎衣被敦煌同景龍開元景福廣明英倫皆作愛養◎常無欲敦煌無此三字◎可名為小矣景福為作於他本亦皆作於並無矣字◎萬物歸之而不知主開元敦煌作萬物歸之不為主◎可名為大矣景福同景龍開元敦煌為皆作於並無矣字◎是以聖人以其終不自為大景龍開元景福英倫敦煌皆作~~是以聖人終不為大~~是以聖人終不為大

引異 衣被范云王弼同今聚珍本誤作衣養永樂大典正作衣被◎是以聖人

以其終不自為大范云王弼同今衆珍本無是以聖人四字釋文亦止出以其終不自為大七字而注云河上作是以聖人終不為大也疑陸所據本亦無是以聖人學

攷訂

廣雅汎汎氾氾浮也訓同說文汎浮皃氾濫也王弼注云言道氾濫無所不適釋文出道氾二字注本又作汎今河上亦作氾注言道氾氾若浮若沈諸唐本作氾或作汎亦皆止一字傳范作疊字義亏特長字又不同今從氾一字○功成不名有諸本皆同惟傅作功成而不居永樂大典作王林義非是今改從作功成不名有唯衣被釋文止出一衣字注云河上作愛疑古河上或作愛被今皆作愛養衆珍本作衣養蓋據釋文改其一字耳永樂大典正作衣被韓康伯注易繫辭云衣被萬

物故曰顯諸仁曰用而不知故曰藏諸用即引用此文亦可證古多作衣被着作愛養似顯違天地不仁之旨非也○可名爲小可名爲大爲字今本皆前作於後作为王注則兩皆作於是也（同傳）焦氏筆乘云可名於小爾言不可名小可名於大爾言不可名大深得其義今從兩於○衣被万物而不爲主就衣被者而言万物歸之而不知主就歸之者而言前作不爲後作不知是以不爲後作不知是也○是以聖人以其終（經不自爲大）諸而傳本義第六十三章同文（句）傳范亦如諸唐本則此二章亦當是經文從諸唐本也

執大象章第三十五

執大象者天下往往而不害安平泰樂與餌

過客止。道之出言，淡兮其无味，視之不足見，聽之不足聞，用之不可既。

○道之出言 出言，王弼同，古本同。

右第三十五章，四十四言，一范同。

傅校 執大象句，諸本皆無者字。○道之出言，

羅校 言，開元作道之出口，景龍、敦煌作道出言。○淡兮其無味，景福同，開元兮作乎，敦煌作惔無味，景龍亦無兮其二字。○視之不足見三句，景龍、敦煌皆省之字。

引異 道之出言，范云王弼同，今聚珍本作出口，注作出言，是今本誤。

孜訂 天下者往作本作無二句叶韻不當有者字亦作出口王注獨作出言今河上本聚珍本皆作出言當從作言

執大象天下往

將欲翕之章第三十六

將欲翕之必固張之將欲弱之必固強之將欲廢之必固興之將欲取之必固與之是謂微明柔之勝剛弱之勝強魚不可脫於淵邦之利器不可以示人

○將欲翕之 翕斂也合也聚也 王弼同古本 ○取之 一取

作奪非○俔於淵　俔吐活切輕俔也傳奕
古也　云別本作脫消肉臞也
韻略訓骨○邦之利器　邦一作國
去肉也　今依古本
傳校取作奪○右第三十六章五十九言一范同
○翁景龍同景福敦煌作噏開元石刻此字今泐但注存作歙○取開元作奪○
羅校　柔之・勝剛弱之勝強　景龍無之字
開元作柔弱勝剛強○俔皆作脫
引異　翁范云王弼同今釋
文作傷聚珍本作歙
攷訂　翁釋文作傷注簡文作歙文作給河
上本作噏按韓非亦作翁今從作翁
○取韓非同今從取○是
是柔之勝剛弱之勝強二句承上文謂
柔之所以勝剛弱之所以勝強皆因翁張取
與之理而明也故可有二之字

王弼本解此節略謂將欲云者將然之辭必固云者已然之辭將欲如彼必已嘗如此據其已然而逆覩其將然雖若幽隱而實明白故曰是謂微明柔之勝剛弱之勝強亦此理也云云頗合語脈第七十八章柔之勝剛弱之勝強二句景龍作弱勝強柔勝剛亦無之字知同爲省略也○說字韓非淮南皆作脫脫訓骨去肉正引伸爲凡離脫之義作說非淵韓非作深淵爲是今據補深字邦之利器邦字韓非同淮南作國蓋避漢諱當從作邦此二句焦竑亦全用韓非

道常无爲章第三十七

道常无爲而无不爲王侯若能守之万物將

自化，化而欲作，吾將鎮之以无名之樸。无名之樸，夫亦將不欲。不欲以靜，天下將自正。

傳校　若能守之無之字。右第三十七章四十九言｜范（多）一字。傳本此下有篇上終三字。

王侯若能守之，景龍、開元、英倫作侯王。

羅校　王若能守。夫亦將不欲，不字景龍、開元、景福、英倫諸本並同，但皆無上夫字。天下將自正，正字景龍、開元、景福同。

致訂　王侯句同第三十二章，仍從范。釋文連出吾將鎮之以（當有夫字而）無名之樸夫亦將無欲十四字，是王本不重無名之樸四字。無欲，無字釋文注簡文作不，王弼注無欲競也今聚珍本同他本重無名之樸四字而無夫字但不欲作無欲河上作不欲亦無夫字今從范有夫字並作不欲李息齋注云雖用無名之樸亦將若不欲可備一說○天下將自正河上本聚珍本正作定非

老子古本集證（下）

老子古本集證下

上德不德章第三十八

上德不德是以有德下德不失德是以无德上德无爲而无不爲下德爲之而无以爲上仁爲之而无以爲上義爲之而有以爲上禮爲之而莫之應則攘臂而扔之故失道而後德失德而後仁失仁而後義失義而後禮夫禮者忠信之薄而亂之首也前識者道之華

而愚之始也是以大丈夫處其厚不處其薄

處其實不處其華故去彼取此

○上德无爲而无不爲 此句韓非王詶王鄉郭雲傅奕同古本河上公作上德无爲而无以爲今從古本 ○下德爲之而无以爲 韓非王詶王鄉郭雲傅奕同古本河上公作下德爲之而有以爲今從古本 ○莫之應 之應一作知應 ○扔 王鄉與古本同音辯云引也就也推也音認又音仍玉篇扔字反人烝切因也世本作仍今從古本 ○處其厚不處其薄處其實不處其華 韓非嚴遵同古本一

藏本嚴遵同古本

本下兩句寡作居

傅校 扔作仍○右第三十八章○

一百三十一言|范同

羅校 扔景龍開元景福皆作仍○處其實

不處其華景龍開元二寡字皆作居

引異 ○上德无為而无不為范云王弼同

今聚珍本同河上下作而无以為○

為之而无以為范云韓非王弼同按

並無此句今聚珍本亦同河上下作

下德 韓非 而有以 為

致訂 上德无為而无不為下德為之而无

以為兩句范注皆云韓非同今改韓

非其上句國所同其下則並無此一句亦

無下德不失德是以无德之句古今傳本

文字或有異同然不能全佚其句又盡闕其解相去如此之遠也必爲范注誤引無疑楊韓非解老爲直解老子本文喻老則如淮南道應訓多爲引老以證所舉之事解老篇始於上德不德所解亦皆老子下篇之文當别有上篇已亡今獨傳其下篇耳其例固不盡依全章句句爲解獨於此章首尾一貫並無闕略尋繹所論凡六節十三舉曰上德不德是以有德曰上德無爲而無不爲也爲第一節曰上仁爲之而無以爲也爲第二節曰上義爲之而有以爲也爲第三節曰上禮爲之而莫之應曰攘臂而仍之曰失道而後失德失德而後失仁失仁而後失義失義而後失禮也曰夫禮者忠信之薄也而亂之首乎爲第四節曰前識者道之華也而愚之首也爲第五

節曰大丈夫曰處其厚不處其薄曰處其
實不處其華曰去彼取此爲節六節都十
有餘言總無下德之說也河上公作下德之
爲之而有以爲雷同上義句固非傳范之
作下德爲之而无以爲亦雷同上仁句末
見其是也疑下德不失德与下德爲之二
句皆古義斷中語而混（韓訓不德之德爲得）於經文故雖强
爲之說而終不可通今依韓非之文~~陳桂~~
~~其大旨壹~~以（融貫其大旨）本末內外~~爲~~（貫通）~~韓訓不德~~
~~得德爲得~~謂德者內也得者外也神不淫
於外則身全而爲有德無爲者不以無爲
爲有常故曰無爲而無不爲是爲上德仁
者中心欣然愛心之所不能已非求其報
故曰爲之而無以爲不爲報也是爲上仁
義者宜而爲之故曰爲之而有以爲爲其
宜也是爲上義以中心之情見於外貌曰

禮君子為禮以為其身是為上禮衆人為禮以尊他人時勸時衰或相離貳故曰為之而莫之應聖人則自反而復恭敬盡手足之禮不衰故曰攘臂而仍之意若釋云既為之之而又硜硜然以身勸之也德者道之功本在道也仁者德之光本在德也義者仁之事本在仁也禮者義之文本在義也得其本為上違其本則失故失道而後失德以至於失禮也重內則輕外務外則奪內故實厚者貌薄禮繁者心衰衆人之為禮惟務其外應則輕薄不應則責怨殆將相爭而亂矣故曰夫禮者忠信之薄也而亂之首乎前識者不緣物理而先妄為億度役智不務實終失其真故曰前識者道之華而愚之首也大丈夫謂智大智大則知捨末求本復歸於道故去彼取此

也漢書鄒陽傳攘袂而正議注攘卻也攘袂猶今人云

捋臂龍手鑑攘字注直云揎袂出臂此攘臂之義也

又爾雅儴仍因也匡謬正俗引作攘攘儴相通義爲仍

故曰攘臂而仍之仍釋文同范作扔注云又音

仍引也因也是亦通作因仍之仍傅本及諸唐本並同

韓非爲是失道而後失德四句當從韓有下失字

乃不違本義而亂之首乎傅范皆作也乎者疑然之

辭也者決然之辭亦當從韓作乎今從韓非校訂范本

下德不失德與下德爲之三句

無不爲無以爲有以爲三句直從韓加也字扔字

並從韓作仍失道而後德四句從韓各加下失字

忠信之薄而亂之首也直從韓

作忠信之薄也而亂之首乎道之華而愚之始也亦直

從韓作道之華也而愚之首也

昔之得一章第三十九

昔之得一者天得一以清地得一以寧神得
一以靈谷得一以盈万物得一以生王侯得
一以為天下貞其致之一也天无以清將恐
裂地无以寧將恐發神无以靈將恐歇谷无
以盈將恐竭万物无以生將恐滅王侯无以
為貞將恐蹷故貴以賤為本高以下為基是
以王侯自稱孤寡不穀是其以賤為本也非
歟故致數譽无譽不欲琭琭若玉落落若石

○王侯得一以爲天下貞貞正也王弼郭雲同古本一本貞作正亦後人避諱也河上公本作侯王○王侯无以爲貞古本如此河上公爲貞下有而貴高三字○是其以賤爲本也非歟王弼同古本河上公作此非以賤爲本邪非乎今從古本○數譽无譽數音朔譽稱美也王弼同古本河上公作數車无車陳碧虛云依古本作譽○若玉丨若石若字河上公作如今從古本

傅校王侯无以爲貞下有而貴高三字○自稱作自謂○右第三十九章一百三十九言丨范少三字

貞開元同，景龍、景福作正。其致之

王侯，開元皆作侯王。

羅校 一也，敦煌無一字，他並無一也二字。

王侯无以爲貞，諸本皆作侯王無以貴高，敦煌貴下並有而字。

可貴以賤爲本，高以下爲基二句，景福以字上皆有必字。自稱，景福作自曰，他皆作自謂。是其以賤爲本也非歟，開元是乎此其以賤爲本邪非乎，是其二字敦煌同；景龍、開元、景福皆作此其。也歟二字，開元作邪乎，敦煌上作與下作也。數數譽无譽，景龍、景福作數車無車，開元作數與無與，敦煌作數輿無輿也。琭琭，敦煌作祿祿。落落，景龍、開元、敦煌並同。

引異 范云河上公爲貞下有而貴高三字，今河上直作無以貴高，並無爲貞而三字。是其以賤爲本也非歟，范云王弼同，今弼珍本作此非以賤爲本邪非乎，同

河上

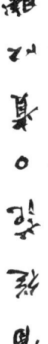

致訂貞字道藏▶玄宗御疏原作正並疏
云本或作貞貞字者貞即正也開元石
刻乃陸從貞今從作貞范云避諱者非也
○其致之一也他本皆無一也二字按王
弼注云各以其一致此清寧靈盈生貞又
天无以清以下亦注云用一以致清耳非用
清以清守一則清不失用清則恐裂也證
此句當如傳范有一也二字○王侯无以
為貞傳本下有而貴高三字与范引河上
公同按此三字[illegible][illegible]疏語混入於經者（疑亦涉下文貴賤之）
後人疑其文有贅衍反去上為貞字故今
本皆作無以貴高非也當從范○貴以賤
為本高以下為基淮南引同景福本以字
正皆有必字[illegible]今從之○

自稱傳作自謂第四十二章范本自謂傳又作自稱按曲禮歷舉諸侯夫人大夫士之自謂者皆云自稱則自稱二字當為古所習用今皆從作自稱○是其以賤為本也非歟從范○故致數譽元譽淮南引同敦煌作故致數與無與也今從之說詳後○琭琭若玉落落若石釋文落作珞也本若皆作如今並從范○故致數譽光譽句釋文同河上作車無車今本皆同敦煌作輿無與淮南亦作兩與字開元石刻注中作兩與字具本文上作與下作與當是上與誤從古通假字非別有異義也釋文數音色主及為數計之數譽音遙注及為毀譽之譽范本數音翔為類數之數今聚珍本則作與無與並校曰兩與字河上公注本作車釋文作與原本誤作譽今據釋文

校改云云所校乃与釋文相反未解何故其注作故致數輿乃無輿也不顯毀譽義亦未詳車輿之義然依釋文音義殊所貴解范注改數計之數為類數之數謂推而極之數〻稱美者無美也亦牽強難通或引莊子至樂篇有至譽無譽句其下文又有適天无為以之清地无為以之寧二句為字當作譽之證然數字無著且檢莊子至樂篇乃至樂无樂至譽无譽兩句連用下文天地无為兩句乃以稱釋无為可幾於至樂之義全篇皆無毀譽之說則莊子之譽字乃借作游豫之豫仍謂樂也與此章文義無涉不能取證之河上作車無注云致就也言人就車數之為輻為輪為轂為衡為轝無有名為車者故成為車以喻侯王不以尊號自名故能成其貴云云是強析具

體之總稱與一體之偏稱而爲之辭如此作喻何物不然豈獨於車其說尤穿鑿難通化本之作與者注家又多援襲河上舊義不知與字即河上注中之轝字汎用可以代車字專用則爲車底是車之一體非車之總名不得漫爲勒說也按輿字古亦作轝又常通假作與字轝字可[illegible]借作游豫之豫亦或通作與字與字又可用作千豫轝豫是古與轝與三字本常相疑混與之作轝更形近於轝而易譌其汎用作舟車本義則車與又互通故此句乃有與車轝三異文以錢卷之卷與舟車之車爲解皆難通晚已如上說今改此字仍當作與而訓爲衆多如與人與師與誦與謀之例是也此章本旨在明得一之義上篇混而爲一聖人抱一皆老子學說所宗王弼注昔之

傳官嚴氏云數輿者一之反對大意近是畫蘭開今依王弼注語譯訂數致數爲讀輿無輿也爲句

得一句云昔始也一數之始而物之極也此句故致數之數蓋亦猶物數之數當讀爲句切謂窮極物數歸於一雖至衆多還於一乃無衆多如貴之本無貴而同於賤高之基無高而同於下也下文琭琭若玉謂（猶言）歷歷可數落落（若石）謂（猶言）錯落難分亦中混而亦（而作）爲一之義爾淮南道應訓倣韓非喻老如韓詩外傳之引詩（非直解老子但）斷章取義（此）皆有所比此引云故老子曰大制無割故致數輿無輿也云云數輿無輿也文乃舉薄疑說衛嗣君以王術嗣君應之曰予所有者千乘也願以受教薄疑對曰烏獲舉千鈞又況一斤乎是引此可證（蓋）淮南（亦引用）取輿爲衆多之義而兼引無割句乃明道之惟一無分衆寡也蓋子曰不揣其本而齊其末方寸之木可使高於岑樓老子之宗蓋務齊其本而欲盡遂

糟其末者也流弊乃至虛誕不切事情莊子用之而益為汪洋恣肆莫知所止其要歸本自然不違厥宗若申子規名實韓非明是非皆務為甚末與老子背道而馳者矣顧世以申韓慘刻少恩罪及老子則冉求聚斂豈亦孔子之過歟太史公作申韓列傳於申則曰學本於黃老而主刑名於韓則曰喜刑名法術之學而其歸本於黃老皆明言黃老刑名是二非一甚得以申韓依託黃老而用刑名遂謂刑名即為黃老乎後世淺儒或侈談心性輕名物卑事功以為不足道而不求甚解則庶幾老子之徒耳然老子固其所斥為異端者也申韓雖醉於老而謂之老淺儒竊取於老而謂之非老惑矣

反者道之動章第四十

反者道之動弱者道之用天下之物生於有有生於无

傅校 右第四十章二十一言丨范同

羅校 天下之物之字開元敦煌同

孜訂 天下之物河上本聚珍本皆作天下萬物王弼注作天下之物今從作之

上士聞道章第四十一

上士聞道懃而行之中士聞道若存若亡下

士聞道而大笑之不笑不足以爲道故建言有之曰明道若昧進道若退夷道若纇上德若谷大白若黷廣德若不足建德若輸質真若渝大方无隅大器晚成大音希聲大象无形道隱无名夫惟道善貸且善成

。懃而行之古本作懃。而大笑之古本有而字●

。建言有之曰王弼孫登阮咸同古本河上公本无曰字。纇古本音耒絲節也河上公作類今從古本●大白若黷｜建德

藏本嚴作善貸且成

若輸 黟音黟黑垢也古本如此河上[illegible]公作黟輸傳奕云古本作輸引廣韻云輸愚也河上公作揄乃草字變車爲手傳奕云手字之誤動經數代呪黟字少黑字乎傳奕當時必有所據王鄉作偷董過作搖今從古本 o **善貸且善成** 嚴遵王鄉同古本河上公作善貸且成今從古本

傳校 懃而行之作而勤行之 o 夷道若纇作事道若若纇在進道若若退句上 o 建德若輸質真若渝作建德若偷質真若輸 o 希作稀 o 善貸且善成作善貸且成 o

右第四十一章九十七言丨范多一字

羅校 建言有之曰敦煌同有下曰字 o 纇字開元同景龍景福敦煌作纇 o 上

德若谷至質真若瑜五句敦煌作大白若辱上德若谷廣德若濡質真若渝止有四句建德若輸輸字開元作偷廣明作婾○善貸且善成景龍少成字敦煌作善始且成

引異建言有之曰范云王弼同今聚珍本亦無曰字与河上同○建德若輸范輸字引傳說為證今道藏本此字作婾下質真若渝之渝則作輸按此懸道藏有誤又范云輸字河上作揄今河上却作偷與王弼~~河上却作偷與王弼~~同○善貸且善成范云王弼同今聚珍本同河上無下善字但注中有之

校訂

懃廣韻注懃懃此後起字古只作殷勤与勤勞字同今所見六朝唐人寫

經卷文字勤每作懃乃一時習俗范本蓋出於古寫卷故亦作懃非古字必如此仍當作勤傳作而勤行之非○而大笑而字有之曰曰字范本皆是○進道若道二句傳本倒置無取不用纇字亦當從范釋文同○纇輸二字范徵引已詳今從之道藏傳本作建德若偷質真若輸疑為傳刻之譌也○善貸且善成景龍少下成字當是誤脱王弼注明有故曰善貸故曰善成二解范本是也

道生一章第四十二

道生一一生二二生三三生万物万物負陰而抱陽盅氣以為和人之所惡惟孤寡不穀

而王侯以自謂也故物或損之而益或益之而損人之所以教我而亦我之所以教人強梁者不得其死吾將以為學父

。盅〔古本作盅器虛也河上公作沖虛也和也今從古本〕。而王侯以自謂也〔嚴遵同古本河上公作而王公以為稱今從古本〕。人之所以教我而亦我之所以教人〔王弼嚴遵同古本河上公作人之所教亦我義教之〕。學父〔音辯云古本作學父河上公作教父按尚書惟斆學半古本並作學字則學宜音斆亦教也義同父始也今從古本〕

藏本嚴作王公以名稱

藏本嚴作人之所教

亦我教之

傅校　盅作沖。王儀以自謂謂作稱。而亦我之所以教人無而字。右第四十二章七十九言一范多一字

羅校　王儀以自謂敦煌作王公以自名。所敎人之所以敎二句開元敦煌皆作人之父敦亦我義教之。學敦煌同開元作教父（又云河上作人之所教亦我義教之）

引異　人之所以教二句范云王弼同令衆珍本作人之所教我亦教之（河上李皆以）

攷訂　盅從傅作沖說見第四章（淮南精神訓引負陰作背陰義同盅氣亦作沖氣）。王儀以自謂從傅作自稱說見第三十九章。人之所以教我二句從傅王弼注中有亦如我之教人之語。學父二字范引釋已詳今又有敦煌本為證從范可也

天下之至柔章第四十三

天下之至柔馳騁於天下之至堅出於无有入於无閒吾是以知无爲之有益不言之教无爲之益天下希及之

○馳騁於天下 淮南子有於字與古本同 ○出於无有 傅奕嚴遵同古本河上公本少出於二字

傳校 馳騁於天下無於字○无爲之有益句下有也字○希作稀及之作稀及之矣○右第四十三章四十四言丨范抵少一字

藏本嚴無出於二字

羅校 出於无有入於无閒景龍開元景福皆無上出於二字開元蓋無下於字

攷訂 淮南原道訓引天下之至柔至无為道之有益無少至柔上之字餘皆同範道應訓所引至柔上不少之字出於無有句則少出於二字有益下文多也字今此章全從范

右與身孰親章第四十四

名與身孰親身與貨孰多得與亡孰病是故甚愛必大費多藏必厚亡知足不辱知止不殆可以長久

傳校 右第四十四章二十九言丨范同

大成若缺章第四十五

大成若缺其用不弊大滿若盅其用不窮大直若詘大巧若拙大辯若訥躁勝寒靜勝熱知清靜以為天下正

〇大滿若盅 郭雲王弼同古本 〇大直若詘 詘音屈枉曲也太史公曰馬誤同古本 〇知清靜以為天下正 古本有知以二字

傅校　辪作徹。右第四十五章四十二言丨范同

羅校　大滿若盅諸本皆作大盈若沖，惟敦煌一本盈作滿。誑諸本皆作屈。無知清靜以爲天下正諸本皆作清靜爲無知以二字，景龍本有以字，敦煌一本靜作淨

引異　大滿若盅范云王弼同古本今衆珍本作大盈若沖

攷訂　辪當從傅作徹。大滿若盅當作大盈若盅，說見第四章。誑釋文作屈，依說文當從傅作詘。知清靜以爲天下正句范傅皆有知以二字，可用

天下有道章第四十六

天下有道，卻走馬以糞；天下无道，戎馬生於

郄罪莫大於可欲禍莫大於不知足咎莫憯於欲得故知足之足常足矣

○憯音慘痛也古本如此

傳校 糞作播○右第四十六章四十五言丨範同

羅校 罪莫大於可欲景龍開元敦煌景福四本皆有此句○咎莫憯於欲得憯字敦煌作甚他本皆作大○故知足之足常足矣敦煌無故字矣字景龍無矣字

致訂 郄走馬以糞糞字韓非解老喻老二篇與淮南覽冥訓所引並同獨傳作播畢氏攷異謂糞播古字通用亦未詳所據當從糞○罪莫大於可欲句韓非解老喻老兩引之

釋文無此句注河上本有此句蓋古王本已佚之咎莫憯於欲得韓非喻老所引同解老引作欲利今悉依范本

不出戶章第四十七

不出戶可以知天下不闚牖可以見天道其出彌遠其知彌尠是以聖人不行而知不見而名不爲而成

○可以知一可以見傅奕韓非與古本有可以字○闚牖古本作闚音窺○其知彌尠尠字韓非王尠同古本

傳校　闚作窺。見天道見作知。彌作镾。右第四十七章四十言｜范同

羅校　可以知可以見景福無可字他本并無可以二字。其知彌尟尟景龍作

近他本皆作少

引異　尟范云韓非王弼同今韓非與聚珍本皆作少釋文亦不出尟字

致訂　不出戶以下四句韓非引作不出於戶可以知天下不闚於牖可以知天道其出彌遠者其智彌少淮南道應訓引作不出戶以知天下不窺牖以見天道其出彌遠其知彌少主術訓又引上二句作不出戶而知天下不窺牖而知天道皆小有異同尟即古鮮少字與遠字為韻闚窺彌镾字皆可通見天道見字義長今訂此章悉依范本

不見而名韓非作不見而明按釋名釋言語云名明也名實事使分明也是名字本有分明義不見而名猶言不見而能識別也

爲學日益章第四十八

爲學者日益爲道者日損損之又損之以至於无爲无爲則无不爲將取於天下者常以无事及其有事不足以取天下

。爲學者｜爲道者　傅奕嚴遵與古本有者字　。損之又損之　司馬溫公與古本有兩之字　。則无不爲　則字陳韶

藏本嚴無者字

藏本司馬同作

王弼同古本　。將取於天下者　古本如此

傅校　將取於天下者作將欲取天下者也　不足以取天下作又不足以取天下

矣○右第四十八章四十八言丨范柢廿二字

羅校 損之又損之景福本有下之字他本無下之字按開元本亦有下之字羅書漏列○以至於無為敦煌本無於字○則無不為景龍敦煌無則字他本皆作而無不為○將欲取於天下者諸本皆止作取天下三字

引異 則無不為范五則字王弼同今聚珍本作而無不為

攷訂 此章可全用范本 損之又損之兩之字莊子知北遊篇同

聖人无常心章第四十九

聖人无常心以百姓之心為心善者吾善之

藏本嚴作慄慄乎爲天下渾心

不善者吾亦善之德善矣信者吾信之不信者吾亦信之德信矣聖人之在天下歙歙焉爲天下渾心焉百姓皆注其耳目聖人皆咳之

。百姓之心古本有之字。歙歙焉爲天下渾心焉嚴遵王弼同古本。咳何来切小兒笑皃舊本釋文並作咳

傳校。德善德信作得善得信百姓之心無之字。爲天下渾心焉作爲天下渾渾焉。古第四十九章六十八言丨范多一字

羅校

無常心，景龍、敦煌作無心。○德善德信，景龍、敦煌作得善得信。○歙歙，景龍、景福作怵怵，開元、敦煌作慄慄。揮心，諸本皆作（渾）其心，敦煌渾作混。二句諸本皆無為字。○唉，景龍、開元、景福皆作孩，敦煌作恔。

引異

歙歙焉為天下渾心焉，范云王弼同古本。今聚珍本作歙歙為天下渾其心。

致訂

百姓之心，范云古本有之字，可從。○（他本俱無之字，可不用）

德得古通假。傅（與景龍、敦煌）直作得，義長，當從。○

在天下歙歙焉為天下渾心焉，渾乃（之）偶句。（渾心當從傅作渾渾）在天下，言無為之時，歙歙言不敢為。王注云心無所主是也。為天下，言有為之時。此為字讀如不得已而為之之為。渾渾言不尚明察王注云意無所適莫是也渾心二字不成辭顯是誤譌他本作渾其心其字當屬後加又去二爲字遂誤讀爲天下爲字如有所爲之爲而上下句相連矣今衆珍倣王本正天（同他本無侯去百姓皆注其耳目句）作歙歙爲天下渾其心渾（聖人皆咳之）（文同范本）作在天下歙歙焉爲天下渾心焉注義則合於傳本注文心字疑後人據他本誤改又百姓皆注其耳目句注文具有之

出生入死章第五十

出生入死生之徒十有三死之徒十有三民之生生而動之死地亦十有三夫何故以其生生之厚也蓋聞善攝生者陸行不遇兕虎

入軍不被甲兵兕無〔无〕所投其角虎無〔无〕所錯其爪兵無〔无〕所容其刃夫何故以其无死地。生而動之死地亦十有三韓非嚴遵同古本。

藏本嚴作而民生動之死地

夫何故韓非與古本同

傅校 民之生生而動之死地作而民之生生而動動皆之死地。夫何故以其生生之厚作夫何故以其生生之厚。夫何故以其无死地作夫何故也以其无死地焉。右第五十章八十八言丨范少五字

羅校 敦煌本十皆作什。民之生諸本皆作人之生。生而動之死地諸本皆

無生而二字景福本動下有皆字○亦十有三景龍開元景福敦煌皆無亦字○兩夫何故句諸本皆作夫何故○錯諸本多作措景龍誤作措

引異　生而動之死地范云韓非同古本今韓非作兩句曰生而動動皆之死地與傳本同疑是范本誤脫動皆二字○夫何哉范云韓非與古本同按韓非解老喻老二篇皆未引及此句疑是范本誤注

致訂　生而動之死地韓非引同傳本作兩句有動皆二字爲是夫何哉諸本皆作夫何故范作哉義無所長無死地句韓非亦同傳有焉字

因　今訂此章全從傳本

道生之章第五十一

道生之德畜之物形之勢成之是以万物莫不尊道而貴德道之尊德之貴夫莫之爵而常自然故道生之畜之長之育之亭之毒之蓋之覆之生而不有為而不恃長而不宰是謂玄德

○生之畜之 畜積也古本如此 ○亭之毒之 王弼李奇

同古本傅奕引史記云亭

凝結也廣雅云毒安也

傳校

○故道生之畜之作故道生之德畜之

○右第五十一章七十二言丨范少

一字

羅校

萬物莫不尊道而貴德，萬物開元作聖人。按開元注亦作萬物，疑聖人是誤謬。。莫之爵而常自然。爵傅開元敦煌同作莫之爵，他本作莫之命。。故道生之，書之諸本作故道生之，德畜之。按開元作敦道生之畜之，羅書漏校。。亭之毒之，景龍開元景福敦煌並作成之熟之。

攷訂

敦道生之蓄之，他本皆誤同上文作道生之德畜之，惟開元本與范本不誤。説文：畜，田畜也。又古文从田从茲，茲益也。蓄，積也，从艸畜聲。二字義本略同，古恒通用。畜字，易小畜、大畜，釋文並云本又作蓄，是也。傅本、開元本皆作畜，他唐本亦未見有作蓄者范本作蓄或意在別於上文德畜之句今仍從作畜生畜長育亭毒蓋覆四句每二字為一義謂四者莫非道也蓋覆他本皆作養覆於義未安傳本同范作蓋覆是也范無隱以春夏秋冬之序釋此四句義頗可取亭毒河上作成孰諸唐本亦作成熟亭毒成熟聲韵並近疑古本有同訓之義故或作成熟今仍用亭毒字合於釋文

天下有始章第五十二

天下有始以為天下母既得其母以知其子既知其子復守其母歿身不殆塞其兌閉其

門終身不勤開其兑濟其事終身不救見小曰明守柔曰強用其光復歸其明无遺身殃是謂襲常

傅校 以為天下母傅作可以為天下母。

右第五十二章七十三言｜范少二字

羅校 既得其母景龍景福作既知其母。以知其子景龍作又知其子。復守其母景福作復知其母。塞其兑｜開其兑景福兑皆作銳。守柔曰強敦煌作用其柔曰強。是謂襲常開元敦煌同范他本作習常

攷訂 按此章諸本異同於義無甚出入今全用范本

使我介然章第五十三

使我介然有知行於大道唯施是畏大道甚徯民甚好徑朝甚除田甚蕪倉甚虛服文采帶利劒猒飲食貨財有餘是謂盜夲非道也哉

。徯古本如此說文云行平易也。采古本如此一作綵。是謂盜夲古本如此夲與夸同者也夸張自大也

傳校徯作奚。民甚好徑作而民好徑。是謂盜夲非道也哉作是謂盜夸盜

夸非道也哉○右第五十三
章五十四言丨范少二字
羅校
民甚好徑開元作民其好徑敦煌作
其民好徑他本作而民好徑按開元
經之作徑羅書漏校○文采開元作文彩
廣明作文綵他本作文綵○厭敦煌作饜
○財貨敦煌作資貨○是謂盗夸敦煌作
盗誇○非道也哉敦煌句上多盗誇二字
句下無也哉二字圖羅書於重出盗夸二
字下稜云御注河上本同圖說按開元河上
皆不重出此二
字羅校有誤
攷訂
徫字說文段注云廣雅徫徫行也凡
平訓皆當作徫今則韋行徫廢矣范
本徫字合於說文可取經字說文訓步道
引伸為捷徑開元河上皆作徑玉篇徑急

也即捷疾之義乃徑之後起字此句字可從說文作徑訓仍當用徑急之義上由傍字依說文廣雅本訓乃謂行之傍非云道之事下由亦謂行之徑非云路之徑好徑猶言行險僥倖上文行於大道王注云行大道於天下是道德之道非道路之道大道甚夷句義亦能民甚好徑甚字開元作其顯是形近之譌道藏御疏本作甚可證敦煌倒作其民與他本之作而民皆展轉傳譌當作民甚好徑○采緰也韓非亦作文采他本俱非是○貨財韓非作貨貨與敦煌同焦竑亦訂作資貨古本當如是○盜夸（釋文同傅作盜夸下句並重出盜夸二字）韓非作盜竽說云竽也者五聲之長者也故竽先則鐘瑟皆隨竽唱則諸樂皆和以喻盜竽猶言盜媒義長非作盜夸且竽字與其除無僅餘諸字讀叶焦竑亦云夸

别成一義亦自可通今從傅本兼錄釋非證等之說以爲存疑

爲竽字誤蓋竽字亦書作竿與夸形近

訂僅釋非作竽字

善建者不拔章第五十四

善建者不拔善抱者不挩子孫祭祀不輟脩之身其德乃真脩之家其德乃餘脩之鄉其德乃長脩之邦其德乃豐脩之天下其德乃普故以身觀身以家觀家以鄉觀鄉以邦觀邦以天下觀天下吾奚以知天下之然哉以此

○挩一作脫○脩之邦|以邦觀邦邦字韓非與古本同一作國○奚以知奚字韓非與古本同

傅校挩作脫○善作溥○古第五十四章八十六言|范同

羅校脩之景福皆作脩於景龍開元敦煌作脩之池本作脩之於○乃字敦煌皆作能開元國其德乃餘向乃亦作能他皆作乃○其德乃餘景龍景福乃餘作有餘敦煌開元作能有餘○邦諸本並作國○奚以知諸本並作何以知

攷訂挩字當從傅作脫○子孫祭祀不輟韓非引作子孫以其祭祀世世不輟言子孫用善建善袌之道祭祀乃得世世不輟王注亦云子孫傳此道

以祭祀則不輟也此句當從韓非文義乃足○脩之二字韓非引同范本據河上本道藏御註本聚珍王本並作脩之於景福本則作脩於或省於字或省之字依文義宜作脩之於○（集註用之是也）其德乃餘韓非河上皆作其德有餘開元敦煌皆作能有餘能即乃之通假古凡稱有餘皆不離有字此句當作其德乃有餘○邦作國漢避高帝諱所為當從韓非與豐字叶韻范本是也

含德之厚章第五十五

含德之厚者於赤子也毒蟲虺蛇不螫猛獸攫鳥不搏骨弱筋柔而握固未知牝牡之合

而朘作精之至也終日號而嗌不嗄和之至也知和曰常知常曰明益生曰祥心使氣曰強物壯則老是謂不道不道早已

○比於赤子也 傅奕與古本同。○毒蟲虺蛇不螫猛獸攫鳥不搏 傅奕與古本同。○朘 傅奕與古本同今諸本多作峻。王篇朘字注亦作峻。慶係三字通用，並子雷切，赤子陰也。

傅枝 比於赤子也比下有之字。○毒蟲二句作蜂蠆不螫猛獸不據攫鳥不搏三句。○嗄作歔，注於油切，氣逆也。○心使氣曰強曰作則。○是謂不道作謂之不道

○右第五十五章八十三言丨范摭廿一字

羅校 含德之厚比於赤子二句諸本皆無者也字○毒蟲猛獸二句景龍開元景福敦煌諸本皆作毒蟲不螫猛獸不據攫鳥不摶三句○峻敦煌景福作峻○嗌不嗄諸本並無嗌字○是謂不道他本作謂之開元作是謂同范羅書漏校○不道敦煌作非道下句同

引異 比於赤子句范注傳同今傳本比下有之字○毒蟲猛獸二句范注傳同今傳本作蜂蠆不螫猛獸不據攫鳥不摶三句

攷訂 含德之厚比於赤子二句諸唐本無有通行皆無者也字無取不用○毒

蟲猛獸句河上同諸唐本作毒蟲不螫猛
獸不據攫鳥不搏三句是也今從之諸作
蜂蠆虺蛇字者疑皆註釋毒蟲之文誤竄入
者則猛獸攫鳥亦當云兕虎鷹鸇矣○朘本
一本衕作全別爲一說釋文云河上作峻本
一作朘說文子和反又子壘反云赤子陰
也是古本說文應有此篆今從之○嗌不嗄
嗌字據宋彭耜黄茂材兩家說皆云後人
據莊子文竄入釋文於此止出不嗄二字
而注云一邁反氣逆也又於介反而聲不
嗄當作嚘是釋文不嗄上原有嗌字矣又
莊子庚桑楚篇嗌不嗄釋文嗌字注云音益崔云
喉也司馬云咽也李音厄謂噎也一本作而不嗌案如李音
有不字其嗄字注云於邁反本又作嚘徐音憂司馬云楚人謂啼極
無聲爲嗄崔本作喝云啞也玩釋文此處字句久多疑異
傳本歎即嗄字河上又作啞然義皆無多出入今依開元與今

通行作嚘而不嗄玉篇嗄所訝切聲破也亦猶啼極無聲之義

非此比○益生曰祥心使氣曰强淮南引同范今從之傅本曰强作則强義亦頗長河上兩曰字並作日非是○是謂物壯則老是謂不道不道早已三句文同第三十章不道應從唐本作非道義長按第三十章此三句亦在末尾上文爲果而勿强句此章三句同在末尾上文爲心使氣曰强句又同在一强字之次疑此章三句乃誤衍故王弼無注也

知者不言章第五十六

知者不言也言者不知也塞其兑閉其門挫其鋭解其紛和其光同其塵是謂玄同不可

得而親亦不可得而踈不可得而利亦不可得而害不可得而貴亦不可得而賤故為天下貴

○亦不可得三句亦字河上公、司馬公同古本

藏本司馬同古本

傅校　右第五十六章，七十言，一范同

羅校　○紛景龍、景福皆作忿。首二句也字諸本俱無也字。○挫不可得亦字景龍景福同。不可得而親句上諸本皆有故字。○亦不可得亦字景龍景福同。首二句不用也字。○紛字說見第四章。○不可得而親句上河上亦有故字是也。○他皆如范本

以正治國章第五十七

以正治國以奇用兵以无事取天下吾奚以知天下其然哉以此夫天下多忌諱而民彌貧民多利器而國家滋昏民多智惠而衺事滋起法令滋章而盜賊多有故聖人云我无爲而民自化我好靜而民自正我无事而民自富我无欲而民自朴

○以正治國 正字傅奕陳碧虛並云古本作政然政者正也義通。○

而國家滋昏古本有而字。民多智慧而衺事滋起王弼同古本。衺與邪同。法令滋章章明也。司馬遷與古本同

傅校 以正治國，正作政。而國家滋昏，無而字。下盜賊句同。智慧作知慧。朴作樸。右第五十七章，九十二言。（氾多二字）

羅校 以正治國，開元正作政。吾奚以知天下其然哉，諸本奚皆作何，皆無天下二字。與大字景龍、開元、景福並無哉字。國家盜賊上諸本皆無而字。民多智慧而衺事滋起，諸本皆作人多伎巧，奇物滋起。法令滋章，景龍、景福、敦煌作法物滋彰，開元章亦作

彰。我好靜我無事二句鬪先倒置。民自朴開元作樸按即樸之別構敦煌下有我無情而民自清句

引異　民多智惠而衰事滋起范云王弼同古本今驟珍王本亦作人多伎巧奇物滋起

攷訂　正政古字通用此與下句奇字相對其義自當為經正之正他本作政者注家或依本字解作政教非是河上同作

正政互訓古常通用此與奇對自當為正蓋謂經與權也尹文子作政直謂以名法治國恐非老子本旨河上亦作正今從之

作正今從之。吾奚以知天下其然哉以此夫河上作吾何以知其然哉以此道藏御疏本作吾何以知天下之然哉以此諸唐本國作吾何以知其然以此按此二句具字夫字皆語詞或以夫字連下句天下

多忌諱爲讀之非也其然哉然上文也以此
夫此下文也他本或省天下二字或省其
字易之字或省夫字或并省哉字故有諸
異同今從傳范本以夫字屬上句屬讀。
民多智慧而衰事滋起諸本多作民多伎
巧奇物滋起惟文子道原篇引作民多智
能奇物滋起王弼注則云民多智慧則巧
僞生巧僞生則邪事起也與范云王弼同
古本者正合今傳王本亦作人多伎巧奇
物滋起案必後人所改因古謂事亦曰物
奇物邪事義同非云奇器舊注多釋爲奇
伎淫巧之意而作伎巧奇物淺矣多增智
慧所以祛邪而邪事滋起與章明法令所
以止盜而盜賊多有其義一也今據王注
從傳范訂作民多智慧而衰事滋起。又
民彌貧而衰事滋起句皆有而字則范本

傅本國家盜賊句上并有而字 皆無 范本諸而字恐是後人所增今從唐本並衷事句亦不用而字

淮南所引此句作法令滋章盜賊多有[illegible]

并常引此皆無[illegible]

字義斷章取義不

其政閔閔章第五十八

其政閔閔其民偆偆其政詧詧其民缺缺禍兮福之所倚福兮禍之所伏孰知其極其无正邪正復為奇善復為祅民之迷其日固已久矣是以聖人方而不割廉而不劌直而不肆光而不燿

○閔閔｜偆偆閔音門注見上篇偆舊音尺尹切厚也當也。○祥古本如此與妖同左氏云地反物爲祥說文云巧也

傅校 福所倚福所伏作福之所倚福之所伏。○其无正邪邪作衰。○民之迷其日固已久矣作人之迷也其日固久矣。○

右第五十八章七十三言｜范据廿二字

羅校 閔閔諸本皆作悶悶偆偆開元作淳淳[illegible]景龍敦煌景福作醇醇。○祥其无正邪開元无同范他本無邪字。○廉而不劌元同范寫作祅敦煌景福作訞。○廉而不劌劌開元作穢景龍景福敦煌作害

攷訂 閔閔淮南引作惛惛義通他本悶悶乃閔閔形近之譌（當以作閔閔）互詳第二十章。○

倦倦淮南引作純純按春秋繁露陽尊陰
卑篇云春之為言猶倦倦也倦倦者喜樂
之貌也傳范作倦倦義長當用之讀平聲
○福所倚禍所伏韓非引同傳有二之字
可從之○其無正邪王注云無可正舉此
句邪字是語助耶字傳誤作邪正之衰非
是○𥘵从示是也祅訞妖三字國皆可通
作祅祥之義从示為說文本字正引地反
物為祅之文為解其从女之妖乃解云巧
也范注有誤○民之述其日固已久矣韓
非引作人之述也其日故以久矣上句同
傳下句同范故固以已皆通假字今上句
用傳下句用范合於韓非○廉而不劌韓
非引作廉而不穢並解如清廉而不穢濁
之意非是也玄宗治其說故亦作穢達德周
氏藏敦煌唐寫本殘紙一角存此字亦同

開元作穢按禮聘義君子比德於玉廉而不劌莊子在宥篇廉劌彫琢字皆作劌廉本訓邊棱引伸為清儉今此文曰方曰廉曰直以類相從自當解作廉隅之義廉王注廉字亦云清廉似未安注劌字則云傷也與聘義注同河上同諸唐本作害亦傷之義也廣雅劌利也以不劌不肆不燿義推之似解作利為尤當矣

治人事天章第五十九

治人事天莫若嗇夫唯嗇是以早服早服謂之重積德重積德則无不克无不克則莫知其極莫知其極則可以有國有國之母可以

長久是謂深根固柢長生久視之道服字古本如此

○莫若嗇若字河上公同古本○是以早服服字注王弼孫

河上公蘇子由韓非俱作服字注王弼孫

登及世本作早復如易復卦不遠復之義

象曰不遠之復以修身也亦通然○則可

承上文事天嗇來服字相貫

以有國則字河上公韓非同古本○深根固柢柢字傅奕引古

本云柢本也又引郭璞云柢謂根柢也河

上公作蔕非經義夫柢亦是根韓非解云

木有蔓根根有柢根柢根者木之所以建

生也蔓根者木之所以持生也柢固則長

生根深

則久視

早服猶云早從事此句重在早字服字但取叶韻嗇訓取積不早從事則無功早服之謂重積德

猶孟子所謂集義所生者也不早服則義襲而取之者矣全章大旨皆與孟子養氣之說相似

傳校　則可以有國無則字。右第五十九章六十四言丨范多一字

羅校　莫若嗇　開元若作如羅書漏校。是謂早服　敦煌作是以。則可以有國　諸本皆無則字。柢　敦煌開元景福作蔕

引異　則可以有國　范五河上公同今河上無則字

攷訂　是以早服　釋文作早復非也服字古音扶逼反與職德韻叶復字同今音別為屋韻與嗇德極諸字不叶也……謂

……是以二字作是謂者非。則可以有國韓非雖亦有則字然以可以長

久句例之此則字無所取他本皆無則字○深根固柢釋文亦作柢是也二句韓非引作深其根固其柢長生久視之道也無是謂二字文義小別然無長可取不用

治大國章第六十

治大國者若亨小鮮以道莅天下其鬼不神非其鬼不神其神不傷民非其神不傷民聖人亦不傷民兩不相傷則德交歸焉

○若亨小鮮 鮮總括魚之屬也 傅奕孫登同古本 ○不傷民

古本如此○則德交歸焉古本如此

傳校

治大國者若亨小鮮作治大國若烹小鮮○以道莅天下句下有者字○不傷民皆作不傷人○兩不相傷句上有夫字○則德交歸焉則作故○右第六十章四十九言丨訖抵少一字

羅校

亨景福作烹開元敦煌六朝本作享景龍敦煌唐本作亨○小鮮諸本皆作小鮮敦煌作小腥○以道莅天下句下景福敦煌六朝本皆有者字○不傷民開元同作民他本作人○兩不相傷句上諸本皆有夫字○則德交歸焉則字諸本皆作故

引異

若亨小鮮 范王傅奕同。今傅作若烹小鮮。此章韓非所引，惟若亨小鮮作若烹小鮮，餘皆同范。

校訂

○亨 亨字詳第二十章。范本同，景龍敦煌作亨，正合釋文，是也。六朝本寫作享者，或沿漢隸互通之例。開元與周氏唐寫殘紙亦作享。按此句如解作饗小鮮，謂不可數撓，致靡爛失理，義亦可通。然詩匪風毛傳云：亨魚煩則碎，治民煩則散。字正作亨，義亦爲烹，知不應作享。釋文於此句出烹字，注云：普庚反。不當加火，蓋當時王本已作烹也。○小鮮 諸本皆作小鮮，惟敦煌作小腥鱻，鱻字腥字皆無所長，今仍從通行作小鮮。○此章亨鱻字外，范傅互異諸文，范皆同韓非。傅皆同諸唐本。傅本義長且通行，今從之。

大國者天下之下流章第六十一

大國者天下之下流，天下之所交也。天下之牝常以靜勝牡，以其靜故為下也。故大國以下小國，則取小國；小國以下大國，則取大國。故或下以取，或下而取。大國不過欲兼畜人，小國不過欲入事人。兩者各得其所欲，故大國者宜為下。

○天下之下流，天下之所交也〔古本如此〕。○天

藏本嚴作大國者天下之所流天下之所交天下之牝牝以靜勝牡牝以靜爲下

下之。牲牲字嚴遵同古本

傳校

天下之所交也。無所也二字。天下之牲牲作牝。則取小國則取大國取下皆有於字。故或下以取無故字。大國者宜爲下無國字。右第六十一章八十九言丨訖撫多二字

羅校

大國者天下之下流諸本皆無天下之三字景福並無者字。天下之所交也諸本皆作天下之交敦煌作天下之郊。天下之牲開元作天下之交畢片由敦煌作天下之郊皆重上由他本皆作天下之牝。牝常以靜牡敦煌六朝寫本牡上有其字。以其靜故爲下也六朝寫本無故也二字他本並無其字。則取大國或

下而取兩取字開元敦煌皆作聚○或下以取敦煌以亦作而○或下而取景龍景福[辟]六朝本作或下如取○大國不過欲兼畜人由上敦煌有夫字○兩者景龍作此兩者景福六朝本無兩者二字○故大國者宜為下開元敦煌無國字他本並無故字

攷訂

牲說文牛完全也周禮庖人注始養之曰畜將用之曰牲故涉祭享始言牲不為凡畜之汎稱范本牲字顯是牝字形近之譌按天下之交天下之牝二句皆釋下流之義天下之所交會為下流不煩栗解惟天下之牝何以亦為下流必待申言以明之故有牝勝牡靜為下之文此謂由此當改傳本開元重出天下之交一句注

大國者天下之下流從景福本作大國下流王弼注大國居大而處下則天下流之故曰大國下流也知傳說之文乃從注語增竄

牝常以靜勝牡以其靜故為下也當從六朝寫本作牝常以靜勝其牡以其靜為下

兩者各得其所欲敵大國者宜爲下者從六朝寫本景福本作各得其所欲大者宜爲下王弼注誼曰各得其所欲則大者宜爲下也知各得所欲句屬下不屬上

云牒出前文義亦可通道藏疏本作天下之交牝則原用交牝二字牝衍文矣敦煌作郊顯是交之譌吳澂疑與下句兩牝字相連爲衍文魏默深改作天下之牝常以靜勝牝牝以靜爲下皆非也○則取大國或下而取兩取字開元敦煌作聚義最長周氏唐寫殘紙亦作聚聚者猶言附保即下章不善人所保之義古字少或以取通作聚故作兩取字今從開元作聚取以取字作聚則傳本取以國取大國兩句中皆於字可不用兩字義互備罕用其可故或下以取取其義故字大國者宜爲下國字義皆無取今並從傅不用

道者萬物之奧三章第六十二

道者萬物之奧善人之所寶不善人之所保

美言可以於市尊行可以加於人人之不善何弃之有故立天子置三公雖有珙璧以先駟馬不如坐進此道古之所以貴此道者何不曰求以得有罪以免邪故為天下貴

○美言可以於市尊行可以加於人古本如此於市字上疑脫一字○珙璧古本作珙大璧也一作拱春秋傳與我其拱璧司馬溫公曰璧大如拱亦通

傳校万物之奥下有也字○尊行作尊言○珙作拱○坐進此道作進此道也

○貴此道者何何下有也字。右第六十二章八十五言丨范抵少二字。

羅校

善人之所寶諸本皆無所字。不善人之所保敦煌作不善人所不保景龍亦作不保。○美言二句諸本皆作美言可以市尊行可以加人。○珙諸本皆作拱

○求以得景福作以求得敦煌六朝本作以求得之

攷訂

善人之所寶他本皆作善人之寶義長令人不用所字。○美言二句淮南道應訓人間訓兩引之皆作美言可以市尊美行可以加人知他本皆脫美行之美字而誤以上句尊字連下讀作尊行盡自王弼注已如此非也當從淮南美言美行（尊人二字叶韻）謂修美其言行猶矜飾之意非正言行之固美佳兵章故不美也若美之末三章信言不美

美言不信諸美字義皆如此市尊謂博人尊已加人謂居人之上蓋云不善人苟能美其言行以自保於道亦可得市尊而加人如齊桓晉文霸者假之所為皆是也○拱璧以駟馬拱璧字當作拱他本皆無作拱者范本義無所取○此章傅本獨異於他本者皆無取

（釋文作拱）（今仍作拱）

實此道者下無何字求以得之下有四字皆當從六朝本

道無為章第六十三

為無為事無事味無味大小多少報怨以德圖難乎於其易為大乎於其細天下之難事必作於易天下之大事必作於細是以聖人

終不爲大故能成其大夫輕諾者必寡信多易者必多難是以聖人猶難之故終无難

○圖難乎|爲大乎 古本有乎字 ○輕諾者|多易者 者字古本 ○猶難之 猶字古本

故終无難句下有矣字○右第六十三章八十五言|范少一字

傅校 圖難爲大下諸本皆無乎字○爲於

羅校 於其細易於其細景龍敦煌并無其字○天下之難事敦煌六朝寫本有之字他本無○天下之大事敦煌唐寫本並無天下二字○輕諾多易下諸本皆無者字○猶難之開元作由難之

攷訂 韓非喻老引天下之難事二句皆有之字同范引圖難爲大二句皆無乎字而句下皆有也字其難三篇又引作圖難於其所易也爲大者於其所細也多者字二所字今訂此二句不用乎字輕讀多易二句不用者字餘皆從范猶由古通假字也

其安易持章第六十四

其安易持其未兆易謀其脆易判其微易散爲之乎其未有治之乎其未亂合抱之木生於豪末九成之臺起於累土千里之行始於足下爲者敗之執者失之是以聖人无爲故

无敗无執故无失民之從事常於其幾成而敗之慎終如始則无敗事是以聖人欲不欲不貴難得之貨學不學復衆人之所過以輔万物之自然而不敢為也

嚴本司馬作其脆易破

○其脆易判判分也王弼司馬公同古本○為之乎其未有治之乎其未亂古本○豪末豪字古本○九成成字古本○於其幾成古本有其字

傳校則无敗事句下有失字○復衆人之所過句上有以字○右第六十四章

一百三十一言

一范少二字

羅校

判景龍開元景福及諸敦煌本皆作破他本作泮○為之乎其未有二句乎字敦煌六朝寫本乎作於他本無其字乎亦作於○九成敦煌六朝寫本同作成唐寫本作重或作曾他本作層○千里之行始於足下敦煌一本作而百仞之高起於足下○是以聖人無為開元同有是以字景福敦煌均無之○無執句上敦煌一本上有聖人二字○於其幾成諸本皆無其字○復眾人之所過敦煌一本復作備開元人作民○而不敢為也景福敦煌一本作而不敢為焉他本俱無也焉字

引異

判字范五王鄉同今聚珍本與釋文皆作泮

案以聖人云云爲始云云爲下接六朝諸本不用是以二字

復者反也過謂太過反衆人所爲太過者使歸本自然

改訂

判釋文作泮字通河上同諸唐本作破不叶韻今從范曰爲之乎其未有二句他本乎皆作於范本乎字疑是于字諸唐本皆無形譌今仍從他本作於○於其幾成韓非引作尊其字王弼用○復衆人之所過韓非引作復歸衆人之所過也以辭氣考之作復歸二字近是今從作復歸衆人之所過第十四章曰復歸於無物第十六章曰各復歸其根皆復歸二字連用今從韓非○以輔萬物之自然韓非引作恃萬物之自然焦竑云作輔非既曰自然矣而又輔之非自然也今亦從韓非作恃萬物之自然而不敢爲也○恃者待也賴也與第三十四章萬物恃之以生而不辭恃字義同此章上文曰易持易謀曰爲之治之曰慎終如始皆有爲之言故所謂不敢爲者猶云不敢強爲爲者敗之之爲亦猶然即爲而不爲之義若孟子所謂必有事焉而

句正者是也老子無爲之旨義皆如此

古之善爲道者章第六十五

古之善爲道者，非以明民，將以愚之。民之難治，以其知多也。故以知治國，國之賊；不以知治國，國之福。固知此兩者，亦稽式也。知此稽式，是謂玄德。玄德深矣，遠矣，與物反矣，乃復至於大順。

○稽式

傅奕王弼同古本稽古兮反考也同也如尚書稽古之稽傅奕云稽

式今古之。乃復至於大順古本
所同式也。
傳校　知多作多知。國之賊國之福句下
皆有也字。知此兩者句上有常字
〔知此稽式作能知稽式〕
。右第六十五章七
十四言一百廿三字
將以愚之敦煌兩本皆作愚民。知
羅校　多景龍敦煌作多智。稽式景龍
開元景福與三敦煌本皆作楷式。知此
冊稽式諸本並作常知楷式。乃復至於
大順敦煌六朝寫本作乃至於大順景福
作乃至大順開元作然後乃至大順
攷訂　知多王弼注中亦皆作民之多知韓非難三
引以知治國國之賊也有也字稽式
釋文　亦作稽法五嚴河上作楷式按楷式
楷式訓義無多差別乃復至於大順

他本此句無

[illegible]複字[illegible]

[illegible]今詳此章全用[illegible]

河上本[illegible]

江海爲百谷王章第六十六

江海所以能爲百谷王者以其善下之故能爲百谷王是以聖人欲上民必以其言下之欲先民必以其身後之是以聖人處之上而民弗重處之前而民弗害是以天下樂推而不猒不以其爭故天下莫能與之爭

○處之上｜處之前古本○不以其爭古本

傅校　以其善下之句下有也字。而民弗
以害作而民不害也。不以其爭作不
以其不爭多一不字。右第六
十六章八十五言｜范少三字

羅校　必以其言必以其身開元敦煌無必
本皆無之字他本無其字。處之上處之前諸
。不以其爭敦煌六朝弗重弗害諸本弗皆作不諸
唐寫本作非以其不爭以其不爭也
開元作以其不爭

（。諸民字景龍開元皆作人）

攷訂　不以其爭河上同開元作以其不爭
證諸敦煌唐寫本是故作非以
其不爭故天下莫能與之爭邪傅本兩不
字由此出范本則誤省下不字今諸本下
句既皆無邪字上句自當直作不爭今此
句從開元作以其不爭餘皆從誤

（知古本下句當作）

（六朝寫本最合古文亦以其善下之句亦從傅有也字）

處之前處之後從唐本以上本不用之字　弗重弗害亦作不重不害

天下皆謂章第六十七

天下皆謂吾大似不肖夫唯大故似不肖若肖久矣其細也夫我有三寶持而寶之一曰慈二曰儉三曰不敢爲天下先夫慈故能勇儉故能廣不敢爲天下先故能爲成器長今舍其慈且勇舍其儉且廣舍其後且先是謂入死門夫慈以陳則正以守則固天將救之以慈衛之

〇吾大傳奕與西晉本同古本〇持而寶之韓非王弼傳奕同古本〇是謂入死門古本〇天慈以陳則正陳音陣軍師行伍之列也古本如此我有三寶我亦作吾〇能為成器長無為字〇舍作捨〇右第六十七章

傳校一百一五言｜范多一字

羅校天下皆謂吾大敦煌一本作天下皆以我大景龍開元景福敦煌六朝寫唐寫諸本並作天下皆謂我大〇持而寶之景龍敦煌六朝寫唐寫並同作持而寶之開元作保而持之敦煌一本作保而持之他本作持而保之〇故能為成器長敦

煌一本爲下有民字，他本并無爲字。含

開元作揞，他本皆作含（是謂入死門，諸本皆止作死矣二字）。以陳則正，敦煌

六朝寫唐寫作以陳則勝，景龍、開元、景福

與敦煌又一本作以戰則勝。天將救之

句下景福、敦煌一本多以善二字。

引異

持而寶之，范云王弼同，今聚珍本作持而保之。

攷訂

天下皆謂吾大，今本多作天下皆謂我道大，多一道字，河上本無道字，證以諸唐本皆無道字，則作道大者當爲後人據疏語所加，范又引西晉本屬辭所同，今從作吾大。西晉本當爲寫古寫卷所見，可資攷證者必多，惜范書僅此處一引之也。持而寶之從范。含揞字通，從范。故能爲成器長，韓非引作故能爲成事長。

我有三寶，我字傅作吾，他本皆作我。按吾我字篇中無互用，傅之作吾，或緣上文吾大而從同，今仍從范作我。

是也敦煌一本作故能爲民成器長河上同他本皆作故能成器長無爲字按爲成事長猶云主謀之人能勇能廣能主謀義乃相貫器長二字疑昔人引樸散爲器用爲官長本文爲釋成事長之疏語致譌混正文亦作器長而爲成器長四字句義貫解則或加民字或去爲字以就之也范本獨存爲字猶可推見傳譌所從皆今當從韓非作爲成事長王謀當先機而動而曰不敢爲先者亦猶慈乃勇儉乃廣言之若反也○是謂入死門與上句舍甚後且先合韻當從傅范○以陳則正韓非引作於戰作勝釋文出以陳二字王弼注又有夫慈以陳則勝之語是王弼亦作陳也宋王元澤固從以陳則正解爲正如正兵之正正兵之言師整而不動也愛民如子則民

愛之以文不令而齊矣按以陳列正有不戰而勝之義云朝寫本亦作陳上字作陳則下字作正義長今從之

古之善爲士者不武章第六十八

古之善爲士者不武善戰者不怒善勝敵者不爭善用人者爲之下是謂不爭之德是謂用人之力是謂配天古之極也

○古之善爲士者傳要同古本

傳校不武下傳有也字○右第六十八章四十七言 范少一字

羅校 古之善爲士者不武 景龍、敦煌同，有"也"字。○古之極也 景福、敦煌、六朝寫、唐寫同，有"也"字。

善勝敵者不争 敦煌一本作無"古之"二字。○善勝敵者不争 敦煌、六朝寫、唐寫亦作"不與"。景龍、開元、敦煌作不與。

攷訂 古之善爲士者 當有"古之"二字。○善勝敵者不争 河上同，敦煌作"不與"。聚珍亦作"不與"。王注"不與争也"，明釋"與"字。按"與"字乃與"武""怒"下爲韻，猶"與之與"爲人後。今從作"不與"。不武下傅本"也"字可取。

用兵者有言章第六十九

用兵者有言曰：吾不敢爲主而爲客，不敢進寸而退尺。是謂行无行，攘无臂，扔无敵，執无

兵禍莫大於輕敵輕敵則幾亡吾寶故抗兵相加則哀者勝矣

○扔无敵執无兵古本○則幾亡吾寶古本

傅校　用兵者有言曰無者字○扔无敵執无兵扔作仍无敵句在无兵句下○輕敵皆作無敵○抗兵相加作相若○本節六十九章五十七言丨范[illegible]多一字

羅校　用兵者有言曰諸本并無者字曰字○扔無敵執無兵景龍景福與三敦煌本扔皆作仍兩敦煌本執無兵句在攘仍無敵句前○輕敵兩敦煌本作誑敵一敦煌本作[illegible]侮敵○則幾亡吾寶諸本皆無則字亡皆作喪敦煌一本[illegible]作亡○抗兵

相加敦煌一本作相如一本作相若。則
哀者勝矣景龍敦煌無矣字開元無則字
用兵者有言曰他本無者字曰字傅
致訂本獨有曰字范本兼有者曰字（傅本）義長
今從之。扔字釋文同。按詩常武仍執醜
虜傳仍就也即此字亦作仍（从人不从手河上与諸唐本皆）作仍。（今從之）
說文礔辟聲古音與敵同部礔敵二字爲
韻仍無敵句在下者是也王弼注亦引行
無於四句亦無敵句在下今聚珍本正文
無敵句在上必後人所改矣今從傅（敦煌与）本。（作無敵句在下）
輕敵王弼注亦作無敵並解爲無敵於天
下義殊紆曲敦煌或作詿敵義不可曉其
作侮敵者義同輕敵河上開元皆作輕敵
按作無敵者亦當爲輕侮之義王注恐非
今從作輕敵。幾亡吾寶王弼注中亦作
亡河上作喪按喪亡義無差別

專以已疑本是喪字（篆文喪亡字），今仍從作喪（傳寫或作亡）。○抗兵（並不用財字）相加：王弼注云「抗，舉也；加，當也」。按加字為增益義，無由訓當，惟如字為比似義，乃可訓當。國策宋策「夫宋之不足如梁也」，高誘注「如，當也」，可證。王弼注「加，當也」，乃如字之誤。禮記曾子問「如爵（弁）而用布」，又「如有兄弟」，釋文皆云「如本作加」。知如、加形近，自古常相誤混。有敦煌本作如，是其明證。諸作若者，義同，（亦）可兩通。今從（敦煌本）作「抗兵相如」。

吾言甚易知章第七十

吾言甚易知，甚易行，而人莫之能知，莫之能行。言有宗，事有主。夫惟无知，是以不吾知也。

知我者希，則我貴矣。是以聖人被褐而懷玉。而人莫之能知，莫之能行。傅奕同古本。事有主。主字一作君，今從古本。

傅校　被褐作襏褐。右第七十章五十一言。范同。

羅校　而人莫之能知二句，諸本皆作天下莫能知，莫能行。事有主，諸本皆作事有君。是以不吾知也，[敦煌同作]吾，他本作我，皆無也字。則我貴矣，敦煌、六朝寫、唐寫同，作則我貴矣，[景福、開元作]明我者貴，他本皆作則我者貴。被褐而懷玉，諸本被皆作襏，敦煌有而字，他本無。

而人莫之[illegible]能知二句范傳義長王
衍注中亦作莫之能知莫之能行（王字義長今作）
欽訂從傳范○事有主淮南引亦作事有君
用君字（今亦從傅范）○是以不吾知也淮南引同從之
○則我貴矣今河上聚珍皆作則我者貴
而兩家注義仍謂以希知為貴是當作則
我貴矣乃合文義玄宗注云了知我忘知
之意者希少法則我不（言之）敎者至貴不
合被褐懷玉之義非是○被（披釋文作被）褐也披散也
被褐而懷玉即衣錦尚絅之謂當作被

知不知章第七十一

知不知尚矣不知知病矣夫惟病病是以不
病聖人之不病以其病病是以不吾病[illegible]

○尚矣丨病矣古本尚庶幾也一作上今從古本○是以

不吾病古本

傅校 右第七十一章三十二言丨范同

羅校 知不知二句諸本皆作知不知上不知知病無矣字○夫唯病病以下景

龍與敦煌一本無夫唯病病句直作是以聖人不病以其病是以不病敦煌又一本作夫唯病聖人不病以其病病是以不病病敦煌六朝寫本作夫唯病病是以病聖人不病以其病病是以不病開元作夫唯病是以不病聖人不病以其病病是以不病諸本末句皆無吾字

攷訂 知不知二句淮南引作知而不知尚矣不知而知病也其義尤顯明每用以尚上古字通用夫唯病病以下河上作夫唯病病是以不病聖人不病以其病病是以不病道藏御覽本同今通行本並皆如此潛夫論思賢篇引莊子曰夫唯病病是以不病與傅范河上道藏御覽本同韓非喻老篇引聖人之不病也以其不病是以無病也末句不字無字皆與他本特異義不可通有未安傅范本是字亦顛覆舒今聖人之不病也以其病病是以不病此節夫唯病病是以不病二句蓋猶疾病爲喻潛夫論所謂養身者先病服藥者是也下又聖人之不病也謂言病者謂不知而知之病也知病而不知謂不自以居知也不知而知謂疆

按此章諸唐本省併互異文義多晦范本全同於傳文義為長今從之夫唯病病是以不病二句蓋借疾病作喻故潛夫論思賢篇引此而云養壽之士先病服藥也聖人之不病以下諸病字乃正指強不知為知之病而言不吾病謂不為聖人病也他本省吾字義同

~~不知以為知也說者每於此轉求異術悉非本義他諸唐本字句昏省併亦非文擇開元作夫唯病獨無下病字義亦可通兹本篇中凡用夫唯字者多承上文而申言之開元本惟作唯係開元本解云圓譚夫唯有不知而知之病是以亦本有以為病聖人之所以不至有此病者以其以此病為病是以本至有此病也如此於義圓融確矣茲以潛夫論所引有夫唯病病句徵不用開元本也~~

民不畏威章第七十二

民不畏威則大威至矣无狎其所居无猒其所生夫惟无猒是以无猒是以聖人自知而

不自見自愛而不自貴故去彼取此

。无狎古本狎。夫惟无猒是以无猒古本。而

不自見｜而不自貴古本有而字

傳校　右第七十二章四十八言｜范同

羅校　大威敦煌六朝寫本作大畏。無狎景龍開元景福敦煌皆作狭。夫惟無猒兩句諸本無字皆作不字

攷訂　焦竑曰威畏古通用人不畏其所當畏則大可畏者至矣其說是也敦煌作大畏即大威也今仍用威字。狎釋文同按玉篇狭同狎今為屬闔狭是狭字亦

可用作狎習義河上作狭注云急狭非也
今從作狎。夫惟無厭兩句無字他本皆
作不王弼注解上句曰不自厭下句曰莫
之厭已近牽強若兩俱作無厭其說更難
通矣澂按盧陵劉氏說謂上句不厭當作
不狎今證以范本兩作無字則上句爲無
狎更無疑義蓋古本相傳初譌上句爲無厭後
又譌兩無字爲不字也今從作夫惟無狎
是以無厭舊說多解厭字爲厭惡非也當
爲厭足之厭謂貪也無狎謂知畏
無厭謂不貪知畏故不貪自愛而不
自貴即知畏而不貪也

勇於敢章第七十三

勇於敢則殺勇於不敢則活此兩者或利或害天之所惡孰知其故是以聖人猶難之天之道不爭而善勝不言而善應不召而自來默然而善謀天網恢恢踈而不失

○默然　默字傅奕同古本河上公并開元御注本作繟王弼梁王尚孫登張嗣作坦今依古本

傅校　右第七十三章六十四言　范同

羅校　此兩者景龍開元景福作知此兩者敦煌六朝寫唐寫作常知此兩者○

是以聖人猶難之景龍敦煌一本無此句

○默然開元作繟然敦煌六朝寫作坦然

唐寫二本皆作不言○踈

而不失景龍作踈而不漏

此兩者三字句河上同按焦竑曰上

攷訂有知字者非然唐三石本皆有知字

道藏御疏本亦然敦煌兩寫本且作常知

是也古識有之矣第六十五章以知知治（傅本作）

國國之賊不以知治國國之福兩句下當

知此兩者亦稽式也句法正同今據六朝

寫本補此兩作常知此兩者以存古

○默然釋文作繟注河上作

墠梁王尚鍾會孫登張嗣作坦按今河上

亦作繟說文繟帶緩也廣雅繟緩也蓋繟

然之者猶縱弛之意今河上注繟寬也寬

者坦字之訓也論語鄭注坦蕩蕩寬廣貌

引異 默然范云王弼同梁王尚等作坦按釋文作繟全注亦作繟此寡恐是范書誤引

貌是也蓋古河上本作墠即坦之假借故
注用坦義今傳刻作墠之作繟知為傳刻所改也坦
與繟音義俱相近傳訛作默然與敦煌作不
言義同有與不言而應由重疊之嫌以作
繟義最長
今從釋文

民常不畏死章第七十四

民常不畏死如之何其以死懼之若使民而
畏死而為奇者吾得執而殺之孰敢常有司
殺者殺而代司殺者殺是代大匠斲夫代大
匠斲者希有不傷其手矣

○民常不畏死如之何其以死懼之古本。若使民而畏死古本。代司殺者殺是代大匠斲古本

傅校　若使民而畏死而作常。吾得執而殺之無執字。孰敢下有也字。代司殺者殺句上有而字。希有不傷其手矣作希不自傷其手矣。右第七十四章六十一言。范抵少一字

羅校　使民而畏死諸本而皆作常敦煌一本畏上有不字。吾得執而殺之景龍敦煌一本得執作執得。孰敢敦煌六朝寫本作孰敢矣。常有司殺者殺六朝寫

本景福本無下殺字。代司殺者殺景龍開元景福敦煌六朝〔敦煌唐寫同作是字〕唐寫上有夫字下無殺字。是代大匠六朝寫作謂大代大匠斷他本皆作是謂二字〔開元並無上夫字〕。夫代大匠斷者諸本皆無者字。希有不傷其手矣敦煌六朝寫唐寫無有字

攷訂

民常不畏死河上同今本無常字羅氏民用敦珍本亦作民不畏死下無校注據開元石刻此句今渺損具注尚存有習以為常之文知亦有常字道藏御疏本〔并有常字〕同今從有常字。〔如之何其他本皆作奈何義同此本文近古從之〕若使民而畏〔承上文經傳作民常畏死〕死而字諸本義長從之。孰敢句傳本下中有也字六朝寫下有矣字有矣字義長今從六朝寫作孰敢矣。代司殺者殺河上同諸唐本皆有夫字是皆無下殺字非道藏御疏本作夫代司殺者殺同今本文

義竟足。今從之。○是代大匠斲（釋文亦無謂字）河上同開元諸本作是謂。釋字爲正。或作是或作謂者，各省其一字也。今從作是謂。○夫代大匠斲者，河上（與道藏御疏本同）有夫字者是也。開元省此句夫字，與范本之首上代司殺者殺句夫字，傳本之上句夫字作而，字蓋皆以重疊兩夫字爲疑，而此古衍文每如此，於義固無礙，不煩改作。淮南引~~代匠斲~~
~~者希有不傷其手~~同，有夫字者，字今從之。○

希有不傷其手矣。淮南引亦無有字，並無矣字。按諸文義，此有字與傳本自字皆如贅詞。今據六朝寫本與淮南所引，去有字存矣。

（希有不傷其手矣，開元同范，今從之）

民之飢章第七十五

民之飢者以其上食稅之多也是以飢民之難治者以其上之有爲也是以難治民之輕死者以其生生之厚也是以輕死夫惟无以爲生者是賢於貴生也

○者一也古本○生生之厚古本○无以爲生古本

傳校以其生生之厚作以其上求生生之厚○无以爲生作無以生爲貴○古

第七十五章六十三言一范少三字

民之饑開元敦煌作人之饑。民之難治敦煌民作百姓。民之輕死景龍景福民作人。

羅校

民之饑民之難治民之輕死諸句下諸本皆無者字。以其生生之厚開元作求生景龍敦煌作生生。無以為生敦煌作無以生為生也（多一生字）本皆作無以生為

攷訂

民之饑諸句下有者也字文義似顯明暢然此者字不類古文辭漢書郎顗傳引方人之饑也以其上食稅之多也上下兩作也字乃近似古文今從焦竑所訂止用也字不用者字以闕其疑。以其生生之厚傳本作以其上求生生之厚是也此章諸生字皆謂生聚求生生之厚即求富庶之謂義舊說多解生字為生生之生謂民之養其生者非也此句當從傳本。夫惟無以為生者淮南道應訓精神訓兩見

皆作無以生為者是也范本盡從作兩生字之本出而誤省上生字遂成互倒傅本貴字亦贊今從作無以生為者謂不以生聚為務也下句是賢於貴生也淮南引也作焉不閱文義今仍從作也

人之生章第七十六

人之生也柔弱其死也剛彊万物草木之生也柔脆其死也枯槁故剛彊者死之徒柔弱者生之徒是以兵強則不勝木強則共故強大取下柔弱處上

。剛彊剛一本作堅今從古本。故強大取下古本傳

校剛彊皆作堅彊。万物草木之生也無万物二字。死之徒生之徒下皆有也字。兵彊則不勝彊下有者字。強大取下作堅彊處下

右弟七十六章五十九言一范拟少一字

羅校剛彊諸本皆作堅強惟其死也堅強句敦煌一本堅亦作剛。萬物草木之生也之生景龍敦煌作生之開元無之字按此句羅誤引開元亦作生之。故剛彊者死之徒敦煌六朝寫作故曰堅強者死之徒。木強則共共字景龍開元景福敦煌諸本並同。故強大取下景龍作故堅強處下敦煌唐寫本作故堅強居下六朝寫本作故強大處下開元亦作強大處下無故字

人之生也之生景龍作生之

諸本皆有万物二字

攷訂　列子黃帝篇老聃曰兵彊則滅木彊則折柔弱者生之徒堅彊者死之徒淮南道原訓故兵強則滅木強則折革堅則裂齒堅於舌而先之敝是故柔弱者生之幹也而堅強者死之徒也以上皆隳括其義非直引本文故小異今剛彊字皆從作堅強。故堅強者死之徒六朝寫本故下有曰字深合辭義今用之。木強則共河上同作共字王弼作兵畢氏攷異據傅本亦作兵謂道藏奕本兵字誤共是也呂覽侈樂篇若冰之於炎日反以自兵高誘訓兵災也木強則兵亦謂災於斧斤猶言見伐也又古音兵字與上字韻叶下文柔弱處上亦與兵字為韻證當作兵河上作共注枝弱共生其上或解云木至拱把則見伐皆就論字曲解。強大取下句諸本互有異文河上亦作強大處下按范本取字義長取者趣也謂物理之自然強大者皆自趣就於下柔弱者乃得託處於上也莊子齊物論若有真宰而特不得其朕郭象注萬物萬情趣舍不同釋文云趣或作取蓋趣取古字通也今從范本

天之道章第七十七

天之道其猶張弓者歟高者抑之下者舉之有餘者損之不足者補之天之道損有餘而補不足也人之道則不然損不足以奉有餘孰能損有餘以奉天下唯有道者是以聖人

爲而不恃功成而不處其不欲見賢邪

○張弓者歟古本○損有餘而補不足也古本

○孰能損有餘以奉天下古本

傅校

損有餘而補不足也無也字○以奉天下作而奉不足於天下者○唯有道者作具惟道者乎○功成而不處作居○右第七十七章八十七言○范抵少四字

羅校

張弓者歟景龍敦煌唐寫本無者歟字開元景福敦煌六朝寫本作張弓乎○有餘者損之不足者補之景福六朝皆無二者字補字景龍開元景福六朝寫唐寫

皆作與。損有餘而補不足也開元景福
敦煌並無而字也字。孰能損有餘以奉
天下開元景福廣明六朝寫損字皆作以字開元景
福天下無下以字。唯有道者景龍唯下有
其字。功成敦煌作成功。其不欲見賢
邪景龍作斯不見賢敦煌六朝寫邪作也
開元無邪唐寫作則其欲
退賢開元無邪字

孜訂　孰能損有餘以奉天下河上作孰能
有餘以奉天下開元景福作孰能以
有餘奉天下廣明與六朝寫作孰能以有
餘以奉天下蓋六朝本初譌損字作以字
後人疑上下兩以字為有衍文或去上以
字或去下以字而成互異此章諸異本皆
惟不足者與之當從諸唐本作他
曰范本義最
長曰全用之

天下莫不柔弱於水章第七十八

天下莫不柔弱於水而攻剛強者莫之能先其無以易之也柔之勝剛弱之勝強天下莫不知而莫之能行是以聖人言受國之垢是謂社稷之主受國之不祥是謂天下之王也

正言若反

傳校

莫不柔弱於水無不字。剛強作堅彊。其无以易之其上有以字。是以聖人言作故聖人之言云。受國不祥作受國之不祥。天下之王下無也字。正言若反圖下有也字

○右第七十八章七十三言丨范抵少二字

羅校　天下莫不柔弱於水景龍開元景福敦煌唐寫諸本皆作天下柔弱莫過於水敦煌六朝寫本無不字句下又有言水柔弱四字○而攻剛强者莫之能先剛强諸本並作堅强景龍敦煌無者字開元先作勝○其無以易之也開元無也字○六朝寫作無易之三字景福作以其無能易之○柔之勝剛也弱之勝強也開元與唐寫本上有一故字中無二之字景龍景福六朝寫兩句皆互倒景福勝剛作能剛景龍六朝皆無二之字○莫不知景龍唐寫不作能○是以聖人言景龍作故聖人云景福六朝寫作故聖人言云○之主之王諸本皆無二之字

釋文天下莫柔弱於水注河上作天下柔弱莫過於水諸唐本多同河上也

攷訂

淮南原道訓有天下之物莫柔弱於水水的盡引用此文范本莫不柔弱於水之不字義若不甚可解證以六朝寫本此句下又有言水柔弱四字疑古本或有作天下莫不言水柔弱者群參此章諸本異同出入全在無以易之句易字說諸釋舊說多釋如更易之易謂無物可以易水故傳本此句作以其無以易之上多一以字今本亦多如此按此易字明李宏甫釋為輕易之易謂以水之柔弱而輕易之與上文一脈相貫說甚是今訂作語天下莫柔弱於水而攻堅強者莫之能勝也其無以易之也下文從淮南作柔之勝剛也弱之勝強也天下莫不知而莫之能行但校范本但多二也字辭義為長○是以聖人言內諸本互異傳本幽同景福六朝

但多一之字今從六朝作故聖人言云下文淮南引作能受國之垢是謂社稷主能受國之不祥是謂天下王多二能字義長今從之。正言若反從衆本皆有也字

和大怨章第七十九

和大怨必有餘怨安可以爲善是以聖人執左契而不責於人故有德司契無德司徹天道無親常與善人

傅校右第七十九章四十一言|范同

羅校不責於人開元人作民。故有德司契故字景龍開元敦煌同

攷訂

執左契說者或據曲禮獻粟者執右
契之文，而以爲右契主取，左契主與，
然鄭注止云右爲尊，孔疏亦止以先書釋
右爲尊之義。史記田敬仲世家公常執左
券以責於秦韓，平原君傳操右券以責事，
是古無以左右别取與之說也。商子定分
篇云以左券予吏之問法令者，主法令之
吏謹藏其右券木柙，以室藏之。此亦尊右爲
正，以左爲副也。又左字亦與驗證字連用成義，
不必爲左右之别。故河上注止云合符信，
王弼注止云防怨之所由生也。玄宗注左契
爲心，陽蓋出方士傳會之緒餘，不足論。司
徹，河上云司人所失，王弼注司人之過也，
義同。後之說者或訓徹爲通，謂以通物爲
事，義殊晦曲。廣雅釋詁三：徹，治也。徹古
字通。詩公劉徹田爲糧，毛傳：徹，治也。鄭箋

則云度田多少徹使出稅此亦猶均治之
義本違毛傳疑古有決治曰徹之語故河
上王弼同謂司人過失按易訟卦君子以
作事謀始王弼注云聽訟吾猶人也必也
使無訟乎無訟在於謀始謀始在於作制
契之不明訟之所以生也物有其分職不
相濫爭何由興訟之所以起契之過也故
有德司契而不責於人可與此章義旨相
參司契者但示人以是非之則使自知守
分而不生爭怨也司徹乃按契而行決責
責所以和怨而終不免餘怨不如聽天道
之自與善人矣不責於人開元作不責於
民亦通當以作人爲正故有德司契河上
興今本無故字諸唐本有故字今從有故
字

小國寡民章第八十

小國寡民使民有什伯之器而不用也使民重死而不遠徙雖有舟輿无所乘之雖有甲兵无所陳之使民復結繩而用之至治之極民各甘其食美其服安其俗樂其業鄰國相望雞狗之聲相聞使民至老死而不相往來。使民有什伯之器而不用也古本。至治之極民各甘其食美其服安其俗樂其業

杜○雞狗之聲古本○使民至老死而不相
往來古本

傅校

雞狗作雞犬○右第八十章八十五
言｜范同

羅校

使民有什伯之器而不用敦煌唐寫本
同但無也字（開元並無之器民字也字）六朝寫本作使有什陌
人之器而不用○使民重死而不
遠徙景龍開元六朝寫民皆作人六朝寫
又無而字○雖有舟輿六朝寫作舟輿
○雖有甲兵六朝寫無雖字○至治之極
民各六字諸本皆無○安其俗樂其業諸
本並作安其居樂其俗○雞狗之聲景龍
景福廣明六朝寫唐寫皆同惟開元作雞
犬之音○使民至老死而不相往來唐寫

無死而二字六朝寫無使死而三字開

元無使而二字

攷訂

莊子胠篋篇曰昔民結繩而用之甘其食美其服樂其俗安其居鄰國相望雞狗之音相聞民至老死而不相往來（若此之時則至治已）

史記貨殖列傳老子曰至治之極鄰國相望雞狗之聲相聞民各甘其食美其服安其俗樂其業至老死不相往來文皆大同小異樸甘其食美其服云云者皆（謂賢）民自以為甘美易於知足之義也當有民各各字極食服三字叶韻安其俗樂其業二句范本同史記疑此二句亦當叶韻業字母音與服俗皆不叶或為樸之譌業樸皆從木从菐一木在下一木在右易混且云安其俗樂其樸義亦相比類諸作安其居者韻既不叶又與重死而不遠徙之文相雷

使民至老死而不相往來當無使字而字而著作槿之疑皆如范本

同今從范本作國安其俗樂其業

○使民有什伯之器而不用也。聚珍王弼本無民字也字，注云言使民雖有什伯之器而無所用，何患不足也。後之說者多本此意，謂什伯之器即舟輿甲兵。河上作使有什伯人之器而不用，於伯字句絕，注謂使民不相犯，又注人之器為農人之器，謂不奪民時，義皆費解。六朝寫本同河上，而什伯作阡陌，古千伯字亦通作阡陌，六朝寫本或反借阡陌為千伯，或即為什伯之譌，或別有他義，俱未詳，附錄闕疑。

信言不美章第八十一

信言不美，美言不信。善言不辯，辯言不善。知者不博，博者不知。聖人无積，既以為人己愈有，既以與人己愈多。天之道，利而不害。聖人

之道爲而不爭

○善言不辯辯言不善古本○聖人无積古本

○俞 古本注見第五章

傅校 俞作愈○右第八十一章五十七言

~~畢本卄七書~~丨范同○傅本卷尾有

德經古本篇下一行

羅校 善言不辯辯言不善諸本並作善者

不辯辯者不善○聖人无積諸本並

作聖人不積○既以爲人開元敦煌並作

既以與人同下句

畢善言辯言河上亦作善者辯者非

攷訂 也當從范本○无積河上亦作不積義同可從

范本。既以為人開无同，下句亦作既以與人。既者盡也，謂盡以與人，己愈有。

盡以與人，極言无積不爭之似害而實利也。義甚通，他本上句皆作既以為人，今仍從范。戰國策魏策引盡以為人己愈有，既以與人己愈多。

全句作兩句皆用與字。俞字[illegible]從

通行作愈。

詳第五章